D0924717

P. -M. de BIA⋯ ⋯ -L. JOUBERT

# Jean-Paul Sartre

par

**Jean-François Louette**

**HACHETTE** *Supérieur*

Couverture : Photographie Brassaï – © Gilberte Brassaï

ISBN  2-01-018718-0
Hachette Livre 1993, 79 Bld Saint Germain, F 75006 Paris
Tous droits de traduction, de reproduction et d'adaptation réservés pour tous pays.

# Références

Ne sont ici répertoriés, les œuvres de Sartre étant classées, dans chaque rubrique, selon l'ordre chronologique de leur première parution (ou rédaction, pour les textes posthumes), que les collections et tirages auxquels renvoient les citations de l'essai. Pour les textes de Beauvoir utilisés, les précisions se trouvent dans la section «Documents et études biographiques» de la Bibliographie critique.

## Textes romanesques

*Écrits de jeunesse*, collection Blanche, Gallimard, 1990.
*La Nausée*, les nouvelles du *Mur*, *Les Chemins de la liberté* : *Œuvres romanesques*, Bibliothèque de la Pléiade, Gallimard, 1982.

## Théâtre

*Bariona* : *Les Écrits de Sartre*, par M. Contat et M. Rybalka, collection Blanche, Gallimard, 1970.
*Les Mouches* : Folio, Gallimard, 1980.
*Huis clos* : Folio, Gallimard, 1980.
*Les Mains sales* : Folio, Gallimard, 1980.
*Le Diable et le Bon Dieu* : Folio, Gallimard, 1980.
*Kean* : collection Blanche, Gallimard, 1987.
*Les Séquestrés d'Altona* : Folio, Gallimard, 1991.

## Textes autobiographiques

*Lettres au Castor et à quelques autres*, 2 tomes : collection Blanche, Gallimard, 1983.
*Carnets de la drôle de guerre* : collection Blanche, Gallimard, 1983.
*La Reine Albemarle ou le dernier touriste* : collection Blanche, Gallimard, 1991.
*Les Mots* : Folio, Gallimard, 1991.
*Entretiens* avec Simone de Beauvoir, *La Cérémonie des adieux* : collection Blanche, Gallimard, 1981.

## Essais

*Situations, I* : collection Blanche, Gallimard, 1978.
*Baudelaire* : collection Idées, Gallimard, 1980.
*Situations, II* : collection Blanche, Gallimard, 1980.
*Situations, IV* : collection Blanche, Gallimard, 1980.
*Situations, IX* : collection Blanche, Gallimard, 1978.
*L'Idiot de la famille*, tomes 1 et 2 : Bibliothèque de Philosophie, 1971 ; tome 3 et notes pour le tome 4 : Bibl. de Philosophie, Gallimard, 1988.
*Un théâtre de situations* : Folio/Essais, Gallimard, 1992.
*Situations, X* : collection Blanche, Gallimard, 1976.

## Philosophie

«La Légende de la vérité» : *Bifur*, n° 8, juin 1931, réédition Jean-Michel Place, 1976.
*La Transcendance de l'Ego* : Vrin, 1975.
*L'Imaginaire* : collection Idées, Gallimard, 1978.
*L'Etre et le Néant* : Bibliothèque des Idées, Gallimard, 1971.
*Cahiers pour une morale* : Bibliothèque de Philosophie, Gallimard, 1983.
*Critique de la raison dialectique*, Tome 1 : Bibliothèque des Idées, Gallimard, 1980.

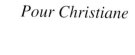

*Pour Christiane*

# Sartre sous tensions

Essai

*Se piquer de violence* : rêve d'écrivain, dont Valéry aimait à se moquer, au dédaigneux motif que «l'*intensité* est le plus aisé des moyens – car il n'y a pas plus de force à dépenser pour écrire un mot plus fort qu'un autre», *fortissimo* ne se distinguant pas de *piano*, et *univers* valant *jardin*[1]. Bon début pour lire Sartre, car cette mauvaise pensée est pour lui mal pesée ; ouvrir un texte sartrien, quoi qu'en ait Valéry, c'est faire l'expérience d'une énergie sans égale, d'un emportement parfois et d'un tonus toujours – bref d'une tension.

Une tension : celle, par exemple, que Sartre déniait, dans ses *Carnets*[2], à *L'Éducation sentimentale*, œuvre où il y aurait si peu de *courant continu* qu'elle supporte – qu'elle tolère – une lecture distraite, désinvolte, un papillonnement lent. Météorologue de fortune devenu standardiste d'occasion, doublement appelé, Sartre soldat peut malgré tout lire Flaubert : c'est dire qu'un tel texte ne le requiert pas, ne le retient pas, se laisse déranger. La littérature selon Sartre est l'envers du téléphone : elle ne parle pas à distance et dans la discontinuité, elle suppose un contact continu. Flaubert : littérature de téléphoniste ; Sartre : écriture électrique. «Je devins un transformateur d'énergie ; le monde usait de moi pour se faire parole»[3]. Inutile de plaider avec Malraux pour Flaubert et la beauté de ses romans paralysés : Sartre défend l'allant, l'élan toujours, la course souvent, presque l'électrochoc ; lecteur, pas de dissipation, «la lecture est une création *dirigée*»[4]. On s'en doute : la tension commande l'attention.

---

1. Paul Valéry, «Mauvaises pensées et autres», *Œuvres*, t. 2, Bibliothèque de la Pléiade, Gallimard, 1960, p. 895.
2. *Carnets de la drôle de guerre*, p. 130. (Pour les éditions utilisées, voir le tableau des références.) – Texte d'autant plus intéressant que Flaubert, et Proust l'en louait, recherchait avant tout l'homogénéité, la continuité.
3. *Les Mots*, p. 177.
4. *Situations, II*, p. 95 (je souligne).

Soldat en Alsace (1939).
Coll. part. L. Sendyk-Siegel.

Bien que la tension soit chose peu saisissable, et que le risque existe de devenir le superflu personnage d'un texte du jeune Sartre (*Les membres d'une noble famille à la recherche d'un papillon*, trop alerte cette fois), ou bien d'aller comme Poulou, un soir de panne de courant, se casser une dent contre une porte[1], c'est cette notion que je prendrai pour objet, et voudrais, sans trop l'amollir, expliquer.

Maigres dangers, au total, car il est facile de relier au concept de tension les principes essentiels de l'écriture sartrienne.

Une œuvre n'existe que par la lecture ; si celle-ci se définit «une grande forme en mouvement»[2], c'est parce que lire revient à prêter sa durée à un texte : qui ne me prend pas, qui me détend trop, m'ennuie et me perd. Une belle œuvre, note Sartre[3], c'est celle qui, tendue de son début vers sa fin, impose unité et nécessité au cours du temps ; un bon dialogue de théâtre, c'est celui où des personnages en conflit, saisis par l'urgence d'une situation qui les presse de choisir, se jettent des mots à la figure, sont sur le point d'en venir aux mains, etc. De façon générale, Sartre écrit en vertu d'une confusion essentielle : «Longtemps j'ai pris ma plume pour une épée»[4].

Catégorie esthétique donc ; mais il faut se souvenir qu'en 1924, sous influence bergsonienne, Sartre esquisse «une philosophie basée sur la tension»[5]. Elle définirait la vie comme la progressive «détente d'un moi tendu» ; l'effort de mémoire, qui rassemble le passé, et la conception intellectuelle, constituent des «montées de tension» dont l'apogée serait la liberté : «faculté de changer (sous de certaines limites) la tension de notre moi, la vitesse». Ce changement de vitesse, quelque vingt ans plus tard, se métamorphosera, dans *L'Être et le Néant*, en concept de projet, que Sartre définit comme l'alliance de la durée bergsonienne (il faut un peu de suite dans le projet) et de l'instantanéisme cartésien (tout projet doit rester modifiable). Cela demeurera une idée constante : la philosophie de Sartre explore un conflit, «une tension indéfiniment maintenue entre l'existence et

---

1. *Les Mots*, p. 177.
2. *Situations, I*, p. 33.
3. *Entretiens*, pp. 272-273.
4. *Les Mots*, p. 205.
5. «Carnet Midy», *Écrits de jeunesse*, pp. 493-494.

l'être»[1] ; chacun porte en lui-même basse tension (à fuir) et haute tension (à rechercher). Exemple : si vous écrivez un journal intime, danger, basse tension, vous allez vous peindre et vous perdre dans vos basses eaux ; un roman, bravo, haute tension, vous montez vers le sommet de vous-même[2].

Pardaillan et sa plume-épée.
© Le Nouvel Observateur – Wiaz.

---

1. *Situations*, IV, p. 264.
2. *Carnets*, p. 417.

Corps de boxeur.

*Dessin de Paul Nizan. Archives Thierry Bodin.*
Photo Éd. Gallimard.

C'est que Sartre ne conçoit l'écriture, *Les Mots* l'expliquent nettement, que comme la transformation d'un corps réel en corps imaginaire : «le corps, c'est un courant qui passe»[1], l'écriture en assure
l'exploitation. Les choses ici sont complexes, le *corpus* sartrien entre-
tenant de difficiles relations avec le corps qui le produit : il *l'utilise*
sans douceur et il *le récompense* par ailleurs ; il lui accorde, dans un
théâtre qui est volontiers de cape et d'épée, les pouvoirs du reître
Pardaillan, hardi gaillard et bondissant, mais après avoir fatigué son
œil louche dans l'exploration du grotesque, de la contingence, de
l'absurde[2].

Tension du corps, et, symétriquement, «l'esprit est tension»[3]. Voici
ce qu'en dit Mathieu, dans *L'Age de raison* : «je ne suis pas entêté, je
suis tendu : je ne sais pas me laisser aller. Il faut toujours que je pense
sur ce qui m'arrive, c'est une défense»[4]. Défense par entassement de
réflexions qui produisent du recul ; Sartre cherchera à sortir de ce
palais de glaces en pensant contre lui-même, en opposant tension à
tension : mes livres, «je les ai souvent faits contre moi, ce qui veut
dire contre tous, dans une contention d'esprit qui a fini par devenir
une hypertension de mes artères»[5]. En vertu de quoi l'œuvre sartrienne est animée, déchirée par une perpétuelle auto-parodie, un sens
insurpassable de l'auto-dérision. Ce *corpus* cherche sans cesse à se
moquer pour se défaire et se refaire ailleurs, et autrement.

Penser contre sa singularité limitée implique une ouverture à l'universalité : aux idées et mots d'autrui. L'écriture est donc aussi ce
moment où se tendent deux déterminations opposées : le singulier et
l'universel – qu'il suffise pour l'instant de rappeler le désir sartrien
d'être un «miroir critique» de l'homme et de l'époque[6], d'en brasser

---

1. *Situations, IV*, p. 356.
2. Pour l'idée de ces jeux d'optique, voir G. Idt, Le Mur *de Jean-Paul Sartre*, 1972 pp. 120-123, et «*Les Chemins de la liberté* : les toboggans du romanesque» ; puis A. Buisine, *Laideurs de Sartre*, 1986. – N.B. : les références complètes des textes critiques se trouvent dans la bibliographie critique sise dans la troisième partie de cet ouvrage.
3. «Carnet Midy», p. 494.
4. *Œuvres romanesques*, p. 579. (Je rappelle que romans et nouvelles seront toujours cités dans l'édition faite pour la «Bibliothèque de la Pléiade», tirage de 1982).
5. *Les Mots*, p. 135.
6. *Les Mots*, p. 205 ; *Situations, IX*, p. 31.

les idées, mais aussi cette banalité (qu'il reprend), selon laquelle user d'un style, c'est chercher à marquer de son empreinte propre (et critique) le langage de tous.

Penser contre soi, c'est donc aussi distinguer l'influence d'autrui, les mots, les mythes et les lieux communs qu'une culture vous lègue, pour batailler contre eux. L'écriture sartrienne est ainsi saturée d'intertextualité, mais pour s'en défaire ; elle constitue le champ où se déploie une lutte furieuse contre le langage, le lieu du déchirement entre les mots et le silence – tel est au moins le lot de l'écrivain, montre *L'Idiot de la famille*, depuis qu'au dix-neuvième siècle il a rompu avec son public naturel : Monsieur Prudhomme et Monsieur Thiers.

C'est dire que le rapport au public est créateur de tension. Après Valéry, mais bien avant que l'esthétique de la réception ne saute lourdement le Rhin, Sartre plaçait ce problème au cœur de l'analyse littéraire – sous la forme, tout d'abord, d'un sujet de dissertation à l'usage des khâgnes françaises : «pour qui écrit-on ?». Sujet moqué dans *La Nausée*, sujet traité dans *Qu'est-ce que la littérature ?*. En 1947, c'est une façon de considérer à nouveaux frais l'Histoire littéraire ; au dix-huitième siècle, l'écrivain est pris entre aristocrates et bourgeois : «cette dualité du lecteur provoque une *tension* caractéristique dans les œuvres et jusque dans le style»[1] ; au dix-neuvième siècle, l'écrivain s'enferme dans son refus du public bourgeois ; inconsolable divorcé de sa classe, fût-il allé au peuple que «son style eût retrouvé une tension interne parce qu'il se fût adressé à un public déchiré»[2] – déchiré en deux : ouvriers à éveiller, bourgeois à contester. Ainsi se trouve défini le projet de Sartre en tant qu'écrivain engagé : par une perpétuelle tension, faire le lien entre bourgeoisie et prolétariat, existentialisme et marxisme, Révolution et règne kantien des fins.

C'est encore trop simple : ce lien, la situation historique rend difficile de l'établir, inutile d'insister sur la lutte des classes entre 1920 et 1980 ; de plus, par sa naissance même, Sartre est fort mal placé pour le nouer. Essayons de retourner sur lui ce qu'il dit, analysant *Black Boy*, du Noir américain Richard Wright, pris entre les Blancs de

1. *L'Idiot de la famille*, t. 3, p. 76.
2. *Situations, II*, pp. 186-187.

quelque bonne volonté et ses frères de couleur (je transpose) : «Eût-il parlé aux Bourgeois seuls, il se fût peut-être montré plus prolixe, plus didactique, plus injurieux aussi ; aux Ouvriers seuls, plus elliptique encore, plus complice, plus élégiaque»[1]. On voit tout de suite que cette transposition *ne marche pas* : le prolétariat, qui lit, selon *Qu'est-ce que la littérature ?*, avec les lunettes du Parti Communiste, comment saisirait-il les raccourcis, les sous-entendus, les tendresses voilées d'un normalien philosophe, qui raviront, en revanche, la connivence d'une bourgeoisie lettrée ? La tension devra donc en Sartre se redoubler : à chacune de ses phrases la dualité de son public applique deux forces opposées, mais la tension résultante s'augmente du fait que l'attention éventuelle du «bon» public prolétaire, dur de l'oreille ou de l'œil, est *à forcer,* et que la complicité du «mauvais» public est à rejeter. Si bien qu'écrire-pour enferme toujours un écrire-contre, la séduction n'allant jamais sans contestation : il ne s'agit plus seulement d'un public déchiré, mais d'un déchirement de la relation à tout public possible.

De cet inventaire, qui n'est sans doute pas exhaustif, que conclure ? D'une part, que Sartre propose une formule décisive pour son esthétique, lorsqu'il note, en 1938, que «la beauté est une contradiction voilée»[2] – avec une autorité concise qui n'aide guère le commentaire. D'autre part, qu'il est possible (il faut bien un choix originel) de tenir pour essentielle la question du public. Mais je n'ai nulle envie de l'aborder en termes de lutte des classes (j'en serais d'alleurs très incapable), pour en arriver benoîtement à conclure, comme Sartre l'a reconnu, qu'il ne put rompre qu'en apparence avec son public naturel, la bourgeoisie lettrée[3], ce qui explique un progressif désenchantement face à la littérature, manifeste dès l'abandon de *La Reine Albemarle*, où le tourisme est rattrapé, et rendu impossible, par la politique, pour culminer avec *Les Mots,* cet adieu aux Belles-Lettres. Mon hypothèse de travail est différente : cette donnée à laquelle j'aboutissais, le

*[marginalia manuscrite : adieu au tourisme, pour la politique]*

1. *Situations, II*, p. 128.
2. *Situations, I*, p. 24.
3. «Des étudiants, des professeurs, des gens qui s'intéressent vraiment à la lecture, qui en ont le vice : cela fait un cercle tout petit» (*Situations, IX*, p.24).

déchirement de la relation au public, qui contribue à fonder la tension de son écriture, Sartre la met en scène dans *Les Mots*, lorsqu'il peint les destinataires de ses premiers écrits, les mandants de sa vocation : les figures familiales.

Elles sont, au moins autant que des souvenirs d'une vie, des figures culturelles, qui représentent des modèles littéraires et des lecteurs possibles ; analyser par ce biais la tension de l'œuvre sartrienne, c'est montrer comment elle est écrite, dans le jeu de ses différents aspects, à la fois *pour et contre chacune de ces figures*.

Qu'on m'entende : si je prends *Les Mots*, non pour seul *corpus*, évidemment, mais pour guide, ce n'est point pour flotter sur le courant qui remet Sainte-Beuve et la biographie à la mode ; ce n'est pas non plus par nostalgie persévérante du jeu des sept familles (quoique...) ; mais d'abord pour éviter de faire semblant de découvrir ailleurs ce que Sartre, sans l'afficher, indique dans un livre qui clôt quasiment et résume quelque cinquante ans d'écriture ; et donc, pour faire coup double aussi, puisqu'il faudra, afin de leur rattacher les thèmes et les formes de l'œuvre (littéraire), démonter les subtiles constructions, facettes obliquement disposées, par lesquelles l'autobiographe vise l'origine, en lui, de l'écriture, cette vocation à laquelle on verra très vite que tous, ou presque, le portent.

Ce qui est en jeu, dans cette pluralité de suggestions familiales, cette multiplicité d'identifications possibles qu'elle implique, c'est précisément un jeu : de cache-cache avec la psychanalyse, ou plutôt avec la *doxa* psychanalytique ; Sartre construit *Les Mots* comme un objet sceptique, qui joue de la psychanalyse pour la déjouer[1], pour en refuser les arrêts ; nul besoin d'être expert, semble-t-il dire ; avec mes quelques lectures[2], et les vôtres, je vous propose une auto-analyse vertigineuse, sa parodie en sus (ou surtout), et un terrain où vous ébattre

---

1. *Situations, IX,* pp. 122-123.
2. Points de repère sur ce qui est aussi, pour Sartre, saisi dans l'air du temps : en 1929, il n'a encore lu, selon Beauvoir, que *L'Interprétation des rêves* et *Psychopathologie de la vie quotidienne,* mais «L'Enfance d'un chef» et *L'Imaginaire* renvoient respectivement à des études de cas parues en 1932 et 1935 dans la *Revue française de psychanalyse* (Freud : Le Président Schreber, L'Homme aux loups, traductions de Marie Bonaparte), et en mars 1933 dans la *Nouvelle Revue Française* (Bl. et P.-J. Jouve, «Moments d'une psychanalyse») ; en 1947-1948, Sartre cite, dans les *Cahiers pour une morale,* un texte de Lacan sur la structure narcissique du moi, Lacan que *Les Mots* pasticheront («Ça parle dans ma tête», p. 177), etc. Voir les mises au point de J. Pacaly, *Sartre au miroir,* 1980, ch. I, et G. Idt, «Des *Mots* à «L'Enfance d'un chef» : autobiographie et psychanalyse», 1982.

en analyste du dimanche ; vous serez, par exemple, amené à supposer que si *Les Mots* décrivent, en substance, les relations de Poulou avec Dieu comme un rendez-vous manqué entre un jeune beau et une vieille belle[1], c'est pour se moquer du paranoïaque exemplaire, le Président Schreber, qui sans cesse se rêvait, à l'inverse, la femme de Dieu ; pour s'attaquer aussi à Karl Schweitzer, qui aime à reprendre le regard et le rôle divins, et joue, pour son petit-fils, la comédie d'une passion aussi hugolienne que donneuse de Loi ; bref, pour satiriser la noire possession qui fonde la relation du clair Créateur et du trouble surmoi avec les pauvres créatures ; vous serez ainsi, dans le travail de l'interprétation, quelque peu inquiété, voire manipulé, mais pour la cause sartrienne, c'est-à-dire dans la connivence[2].

Si bien qu'enfin, je pars des *Mots* par conviction qu'aucune réponse univoque n'étant à attendre de cette autobiographie sauvage, savante, et infiniment ironique, elle fournit le meilleur fil pour se perdre d'un pas sûr dans la complexité tournoyante et ludique de l'œuvre. Et donc, puisqu'à un jeu convient un contre-jeu, «je demande» le grand-père, le beau-père, Anne-Marie, Mamie, et Jean-Baptiste Sartre.

---

**1.** *Les Mots,* pp. 85-86 et 194. D'où il ressort que Sartre aurait pu être *l'homme de Dieu.*
**2.** Cette règle de la lecture des *Mots,* Sartre l'explique très clairement dans *Situations, IX* (p. 57) : l'effort vers le style n'est supportable que s'il amuse l'écrivain, c'est-à-dire s'il lui permet de faire des révélations indirectes, en un jeu de mystification par l'auteur, et de dévoilement par le lecteur : «Au fond le lecteur est un tout petit peu – bien qu'on lui destine tout – mais un tout petit peu, comme un analyste».

# LA BIBLIOTHÈQUE
# EST EN FLAMMES

## Plaire à mon grand-père

Première hypothèse, et qui s'impose d'emblée, Sartre a écrit pour son grand-père. Touchant l'entrée en littérature, *Les Mots* lui font sans fard porter le chapeau (ou la chasuble, puisque l'art forme un succédané de la religion) : «j'écrivais surtout parce que j'étais le petit-fils de Karl Schweitzer» ; l'ironique moteur de la graphomanie sartrienne, ce fut peut-être «l'unique et fol espoir de plaire à mon grand-père»[1].

Fol espoir, car la littérature est aux yeux de Charles infiniment suspecte ; aussi l'écriture n'est-elle concédée à Poulou que sous deux conditions fort restrictives ; elle aura pour loi le plagiat, elle ne sera qu'un métier d'appoint.

La loi du plagiat procède du classicisme grand-paternel. *Les Mots* en proposent un modèle simple : être classique, c'est avant tout peu lire et beaucoup relire (depuis la mort de Victor Hugo, adieu aux nouveautés pour Karl[2], qui déguste par petits morceaux ses auteurs favoris). Si l'on passe de la lecture à l'écriture, un des problèmes que l'héritage grand-paternel pose à Sartre, c'est celui d'un style-Schweitzer, anthologique, toujours à la manière de, capable de juxtaposer une étourdissante série de pastiches, mais jamais d'être sans s'appuyer sur un intertexte. De grands esprits (Céline), et de plus

---

1. *Les Mots*, pp. 116 et 134.
2. *Les Mots*, p. 55. Voir aussi les *Carnets*, pp. 90 et 114-115 (un classique, c'est un homme qui relit, et médite ensuite).

Charles Schweitzer, Dieu mon grand-père.
Coll. part. L. Sendyk-Siegel.

petits (Buisine), ont arrêté là leur jugement : pas de style, ce Sartre, incapable d'inventer sa manière[1]. C'est, on le verra vite, rester sur le seuil de l'œuvre sartrienne.

Certes, pour Charles Schweitzer, écrire, c'est s'inspirer de maîtres qu'on revisite sans cesse : Victor Hugo, bien sûr, le couple Flaubert-

---

1. Voir, de Céline, «À l'agité du bocal» (repris dans *Le Style contre les idées*, Éditions Complexe, 1987), et d'A. Buisine, *Laideurs de Sartre*, 1986, p. 43 (ainsi que la recension très critique de l'ouvrage par J. Simont, «Si, tout de même, n'inquiétait je ne sais quel miroitement...», *Les Temps Modernes*, juillet 1989), puis «Un style, des styles», *Romanic Review*, novembre 1987 ; enfin, de J.-F. Louette, «La boxe du style», *Magazine littéraire*, novembre 1990.

Maupassant. Il faut, de plus, respecter une hiérarchie entre les deux : en retrait, le romantisme des «immortels sanglots» à la Musset, inspirés et productifs, mais aléatoires et effrayants[1] ; en vedette, le sérieux du naturalisme et des patientes observations que Flaubert imposait à Maupassant[2] – Karl est un fervent de la photographie.

Bref, Poulou reçoit de son grand-père mandat pour écrire, mais tout génie dénié. Il faudra de la sueur et de l'huile de coude ; il n'est pas si simple d'être à la fois professeur et cordonnier. Karl a l'habitude de faire craquer un livre «comme un soulier» : par imitation, le sage Poulou sera cordonnier ; comme son oncle Georges, il mourra en laissant dans ses malles «vingt paires de souliers éculés»[3] (textes posthumes à réparer pour publication, travail en cours depuis 1980). Cette rêverie artisanale se nomme, dans l'idiolecte du couple formé par Sartre et Beauvoir, le mythe du Lépricorne : «tapi sous les racines des arbres, ce gnome défie le malheur, l'ennui, le doute en fabriquant de petites chaussures»[4].

Un tel défi, malgré sa modestie, est salut : petits souliers, grands effets, l'écriture sauve de la mort, et rachète l'humanité. Double bénéfice où Sartre finira par voir un double mirage : mirage d'abord de *l'illusion biographique*, par laquelle le futur écrivain croit qu'une vie vécue peut ressembler à une vie racontée, c'est-à-dire obtenir de la mort la durée indispensable à l'édification d'une œuvre, et acquérir cette pure nécessité émanant des biographies de grands hommes que Karl et son époque, laïcisant les vies des saints, proposent en modèle à l'enfant ; à quoi fait pendant, autre legs hérité du grand-père, ce que je nommerais volontiers *l'illusion cosmographique* (ou graphocosmique ?), selon quoi la littérature intéresse le cosmos, qu'elle rédime grâce à la vigilance de ces élus douteux, les écrivains[5].

---

**1.** «M'eût-il prédit que je tremperais mon papier de mes larmes ou que je me roulerais sur le tapis, ma modération bourgeoise se fût effarouchée.» (*Les Mots*, p. 130).
**2.** On se souvient de la leçon d'écriture qui assimile Karl Schweitzer à Flaubert, et Poulou à Maupassant.
**3.** *Les Mots*, pp. 36 et 14. Voir aussi p. 170 : graphomane voué à la gloire, «j'étais prince et cordonnier».
**4.** *La Force de l'âge*, p. 25.
**5.** *Les Mots*, pp. 146-147. «A huit ans, je pensais que la Nature elle-même n'était pas insensible à la production d'un bon livre : quand l'auteur traçait le mot *Fin* une étoile filante devait dégringoler dans le ciel !» (*Situations, IX*, p. 39).

Ainsi les choses seraient-elles simples : Sartre, recevant docilement ce mandat laborieux mais si avantageux, écrit à cause de» son grand-père, et pour son grand-père ; professeur d'abord, et par ailleurs bon petit cordonnier tapi sous son marronnier. Petit-fils appliqué, il renouvelle le mode grotesque, qu'il soit triste (Flaubert : *La Nausée*) ou sublime (Hugo : *Les Chemins de la liberté,* qui devaient s'intituler *La Grandeur*, et presque tout le théâtre) – oui, Sartre joue de «toute la lyre. Du sublime à l'obscène»[1]. Son œuvre déconstruit ces modèles scolaires, ces «récits préfabriqués»[2] transmis par grand-papa : la narration réaliste, la description naturaliste, le mélodrame romantique ou le drame historique ; confondant à jamais cahiers d'école et cahiers de création – ce sont toujours des cahiers d'écriture[3] –, Poulou sera un éternel apprenti de la littérature. Apprenti rétif, certes, mais dont la contestation ne différerait en rien d'un hommage paradoxal, qu'illustre encore, vis-à-vis de Flaubert, *L'Idiot de la famille*. Sartre : victime d'une identification difficile à son grand-père, lui-même avatar de Flaubert ou Hugo. Le fantasme est transitif : Sartre se rêve en Hugo ou Flaubert de notre époque[4].

## Écrivez radical

La logique de cette analyse est claire : Sartre aurait dû être ce prince des Belles-Lettres dans le vingtième siècle naissant : un écrivain radical-socialiste, rien de moins qu'un autre André Chamson, tout un second Pierre Bost.

Tels sont, avec de moindres seigneurs, les auteurs qui produisent la littérature radicale-socialiste que Sartre analyse longuement dans

---

**1.** *Kean*, p. 75. On se souvient que *Toute la lyre* est le titre d'un recueil posthume de Victor Hugo.
**2.** *Les Mots*, p. 41.
**3.** *Les Mots*, p. 137.
**4.** C'est le point de départ de G. Idt dans la «Préface» aux *Œuvres romanesques*. – Sur la relation à Flaubert, il faut lire la brillante étude de B. Pingaud, «Flaubert et le mythe de l'écriture», *L'Expérience romanesque*, 1983.

Au milieu des livres.
Photo Hachette.

*Situations, II*[1]. Le tableau qu'il en propose renvoie très nettement à
son propre milieu familial. C'est la littérature des fonctionnaires de la
Troisième République, et notamment des universitaires, le fait d'une
«petite bourgeoisie anticléricale et républicaine, antiraciste, individualiste, rationaliste et progressiste» ; cette classe moyenne de fins lettrés
se représente l'écriture comme un métier en chambre (voyez aussi les

---

**1.** Pages 229-235. J'en tire les citations qui suivent.

relieurs et les dentellières), flirte avec le populisme, héritier du naturalisme, mais en refusant le déterminisme, et cherche à fonder un
«humanisme discret» sur «une morale laïque». Reprenons encore *Les
Mots*, c'est bien dans ce milieu de «bourgeois modestes et fiers»[1] que
grandit (si peu, précisément...) le jeune Poulou : un grand-père professeur, républicain convaincu, d'un anticléricalisme déclaré, votant radical (au programme : optimisme progressiste, foi dans les Lumières),
et prônant un «humanisme de prélat»[2] doublé d'un individualisme
puritain, c'est assez pour faire de Sartre un normalien professeur,
éponge culturelle marquée par le naturalisme et n'abandonnant ses
petits souliers que pour la tapisserie, dentelle de grand format[3].

Autant le dire d'emblée : c'est là ce dont Sartre a réchappé. De peu,
si l'on considère que Parain lui demande d'estomper l'aspect populiste de *La Nausée*, sensible dès la seconde partie du «Feuillet sans
date», avec ses tramways, ses hôtels, ses voyageurs de commerce ; ce
qui n'empêche point *Le Mur*, en 1940, de se voir attribuer le prix du
Roman Populiste[4]... Sartre est pris au piège de l'épigraphe choisie
pour *La Nausée* : en ce «garçon sans importance collective» se recon-
naîtrait le goût radical-socialiste pour les humbles existences (aussi
bien *Les Temps Modernes* veulent-ils publier sur elles, selon la présentation qu'en fait Sartre, force «documents bruts»). Il s'en est fallu
de peu encore, à en croire ces quelques lignes de veine radicale, laborieuse et morale, qui semblent à l'intention de Karl Bost ou Pierre
Schweitzer, en 1947 : écrire, «c'est exercer un métier. Un métier qui
exige un apprentissage, un travail soutenu, de la conscience profes-
sionnelle et le sens des responsabilités»[5] ; et de peu toujours, si ce
noble sens produit la courte morale laïque de *L'Existentialisme est un
humanisme*. Prenons pour finir quelques lignes moqueuses de *La*

1. *Les Mots*, p. 15.
2. *Les Mots*, p. 58.
3. «Je me rappelle des convalescences heureuses, un cahier noir à tranche rouge que je prenais et quittais comme une tapisserie» (*Les Mots*, p. 120). On pense, bien sûr, à Péguy.
4. Sartre et les populistes : *La Nausée*, p. 187 ; *Situations, I*, p. 14 ; *Lettres au Castor*, I, pp. 115-116, II, pp. 125 et 133 ; *Lettres à Sartre*, II, pp. 115 et 202 ; *Carnets*, pp. 406-409 ; *Situations, II*, pp. 15 et 231 ; *Entretiens*, p. 321 ; G. Idt, Le Mur de Jean-Paul Sartre, 1972, pp. 169-173.
5. *Situations, II*, p. 260.

*Nausée*[1], tournées contre ce «philosophe humaniste, qui se penche sur ses frères comme un frère aîné et qui a le sens de ses responsabilités» (déjà !), c'est-à-dire contre la «tendresse humaine vraie» que revendiquent la charte du prix populiste[2], et l'Autodidacte : elles visent, comme par prémonition apotropaïque, l'image que Sartre donnera de lui après la seconde guerre, tout un destin possible...

# Déplaire à l'élite

Je ne puis cependant croire que Sartre ait été cela. Un épisode de *L'Âge de raison* est significatif, où intervient une cécité qu'on peut bien dire *radicale* : «Il ne *voyait* pas le tableau : Mathieu était sursaturé de réalité, de vérité, transi par l'esprit de la Troisième République»[3]. La logique de l'observation réaliste, c'est de rendre aveugle aux objets imaginaires de l'art ; on conviendra que la chose est embarrassante pour un écrivain. Les propos que Frantz adresse aux Crabes du futur, Sartre eût pu les tenir aux modèles de son passé grand-paternel : «Vous avez pris nos yeux pour inspecter ce qui existe. Mais nous, du temps des hommes, avec ces mêmes yeux, il nous arrivait de voir ce qui n'existe pas.»[4].

Et puis, cet os du handicap (quatre-vingts ans de retard au démarrage, Hugo et Flaubert plutôt que Mallarmé et Gide), os placé en travers de la voix et de la course sartriennes, *Les Mots* disent encore qu'il fut rongé au point de devenir translucide[5] : c'est donc qu'il a fallu *le dissoudre*. Fort à propos, on lit que Poulou entend faire de ses ouvrages futurs des «jets de lumières corrosifs» ; mais aussi que dans un monde radical-socialiste, bienheureux et en perpétuel progrès,

**1.** Page 139.
**2.** Citée par Ph. Thody, *Jean-Paul Sartre*, 1992, p. 83.
**3.** *Œuvres romanesques*, p. 468.
**4.** *Les Séquestrés d'Altona*, II, 5.
**5.** *Les Mots*, p. 54.

cette violence ne trouvait point d'obscurité à sa taille[1], et, languissante, s'éteignait.

Or qu'on ouvre *La Nausée* : la corrosion y règne, et comme elle éblouit. Texte dont Merleau-Ponty admirait «la sauvagerie» ; texte qui, en dépit de son succès, accomplit la rêverie, ou le programme, attribués à l'enfant : «à peine paru, mon premier livre déchaînerait le scandale, je deviendrais un ennemi public»[2]. C'est tout le projet littéraire de Sartre qui est en jeu ici : un admirateur de Proust qui cherche à s'en délivrer, *un lettré qui voulait se faire aussi brutal qu'un barbare.* La chose n'est pas aisée, elle peut déplaire, elle a déplu, Sartre le savait bien, qui fait dire à Lola, dans *L'Âge de raison* : «Je comprends qu'on soit tout l'un ou tout l'autre, une bonne brute ou alors le genre distingué, instituteur, pasteur, mais pas les deux à la fois»[3].

Tel est pourtant le vœu de Sartre écrivain, quoique (parce que) lui-même arrière-petit-fils d'instituteur, petit-neveu et neveu de pasteurs, et son projet philosophique aussi bien, puisqu'il s'agit pour lui de «penser à grands coups d'épée» à la suite du savant et vaillant Descartes[4] ; à dire vrai, c'est la même leçon qui est retirée de Nietzsche, pour faire de Frédéric (le héros de «Une défaite»), une petite brute qui raisonne avec la vigueur d'un boxeur ; lecture analogue de Husserl, lequel permet toujours, contre la philosophie idéaliste des universitaires du temps, d'être simple et rude[5].

Bref : Descartes sautant en croupe derrière les Huns, mais pour les diriger, Sartre veut s'engager, cavalier généreux, droit à travers la forêt des vieilles opinions – mythes, préjugés, mots tout faits et lieux communs – afin d'en débarrasser le monde et de déboucher sur la profusion des choses vives[6] ; et cela quoi qu'il en coûte : se perdre devant

---

**1.** *Les Mots*, pp. 150 et 154.
**2.** *Sens et non-sens*, 1966, p. 80 ; *Les Mots*, p. 153.
**3.** *Œuvres romanesques*, p. 420. – Instituteur ou pasteur radicaux, cela va de soi.
**4.** *Les Carnets*, p. 111. Voir aussi *Entretiens*, p. 194 : «vous appeliez les choses d'une manière assez brutale», s'effarouche encore, rétrospectivement, Simone de Beauvoir.
**5.** *Écrits de jeunesse*, pp. 211 et 231 ; et *Situations, I*, p. 29 (sur la phénoménologie, voir aussi *La Force de l'âge*, pp. 157 et 215).
**6.** C'est ce qu'indique Beauvoir, *Mémoires d'une jeune fille rangée*, pp. 474-475. – Sartre cite, dans son étude de «La liberté cartésienne», le début du fameux article 153 du *Traité des Passions de l'âme* sur la générosité comme liberté et ferme résolution d'en bien user ; quant à la comparaison équestre, on se souvient de la troisième partie du *Discours de la méthode*.

telle racine, «cette masse noire et noueuse, entièrement brute, et qui me faisait peur»[1] – le monde à repenser.

Charles Schweitzer et les radicaux sont dans cette forêt qu'il faut explorer, traverser, abattre. On imagine leur réaction scandalisée, à lire *La Nausée* : qu'attaque, après tout, ce premier roman, sinon un doux monstre à trois têtes, naturaliste et populiste et radical-socialiste ? L'Autodidacte, incarnation de la foi radicale en l'éducation, ne brille point par son intelligence : il vote hardiment socialiste mais pense petitement humaniste. *Le Sursis* montrera l'aboutissement de cette position, à propos de Munich et Daladier. Ce n'est point, d'autre part, la tendre description des classes défavorisées, tant s'en faut, qui intéresse Roquentin, attaché à l'aristocratique M. de Rollebon, pas plus que Sartre peignant un personnage qui, loin d'avoir deux métiers (professeur, cordonnier...), n'en a aucun. D'ailleurs, on n'écrit pas de roman populiste, sans avoir des «faces épaisses et rassurées»[2]. Quant au rejet du naturalisme, la question serait longue à épuiser ; le roman le désigne comme cible par la figure d'Impétraz : le prénom de Gustave et une taille de géant renvoient à Flaubert empêtré dans le langage ; autre indice, Roquentin note que pour les Bouvillois, «c'est un peu comme si leur grand-père était là, sur ce socle, coulé en bronze», et l'on sait à quel point Karl Schweitzer et Flaubert sont toujours liés[3]. Au lieu d'une méditation consciencieuse, érudite et sensible sur les monuments et statues d'Aurillac[4], Sartre propose un jet de vitriol contre un universitaire coulé dans le bronze : en Karl-Impétraz-Flaubert, le naturalisme de grand-père, scolarisé et embourgeoisé, s'est pétrifié.

---

1. *La Nausée*, p. 150.
2. *La Nausée*, p. 187.
3. *La Nausée*, p. 36. – Une variante de *La Nausée* évoquait les visites d'Impétraz à de nobles grands-mères ; qu'elles disparaissent du texte définitif resserre le lien entre la statue et la figure du grand-père.
4. *Les Mots*, p. 153.

# La tension d'un début

Est-ce à dire que Sartre a purement et simplement retourné sa plume ? Liquidation d'un héritage : dès ses grands débuts littéraires, Sartre règle ses comptes avec son milieu culturel. Mais les choses ne sont pas si simples ; il faut, on s'en souvient, pour un style tendu, un public déchiré. Le mieux est de commencer par déchirer son public naturel : Sartre écrit *à la fois pour et contre* son grand-père (escorté des radicaux, etc.). De cette ambivalence (consubstantielle aux jeux lettrés et brutaux de la parodie), il est temps de fournir un exemple : j'analyserai en ce sens, parce que la tension y est stylistiquement moins apparente que dans *Les Mots*, le début de *La Nausée*.

Sartre y donne maints gages à sa bonne éducation. Ainsi de l'épigraphe («C'est un garçon sans importance collective, c'est tout juste un individu»), qui, empruntée à *L'Église* de Céline, a des allures populistes, et surtout renvoie à Jules Renard, dont Sartre cite ailleurs ces phrases : «Mettre en tête du livre : Je n'ai pas vu des types mais des individus. Le savant généralise, l'artiste individualise»[1]. Tout va bien : Poulou devenu grand reprend le projet du dernier des naturalistes, à qui, les vastes machines épuisées par Zola, reste «le détail, l'individuel» – aussi bien s'agit-il, dans le «Feuillet sans date», de «noter soigneusement et dans le plus grand détail». Soulagement posthume de Karl (mort en 1935), Poulou assume sa charge de «greffier» naturaliste, il écrit pour délimiter des vérités d'observation : «tenir un journal pour y voir clair», décrire nettement un encrier, etc.

Qui plus est, il pousse l'obéissance jusqu'à s'effacer discrètement, et à donner du travail aux universitaires. Tel est le sens du montage réalisé dès l'«Avertissement des éditeurs» : Sartre ne publie rien, quelque Gallimard avisé se charge des cahiers d'Antoine Roquentin, et les remet aux soins radicaux du Lanson de l'époque[2], qui rédige poliment les notes indispensables. Cahiers trouvés, sans doute, au

---

**1.** «L'homme ligoté», *Situations, I*, p. 278 .– Tout cet article est essentiel pour comprendre et *La Nausée*, et le projet d'écrivain de Sartre.
**2.** Voir J. Deguy, «*La Nausée* ou le désastre de Lanson», *Roman 20-50*, n° 5, juin 1988.

fond d'une de ces poussiéreuses malles aux chefs-d'œuvre qu'on rencontre si souvent dans *Les Mots,* et qui illustrent le thème de la gloire posthume (ainsi du chantre d'Aurillac : «à ma mort on trouverait des inédits dans mes tiroirs»[1]). Le traditionnel procédé de l'Avertissement sert ici à créer ce «faux incognito»[2] qu'aimait Poulou, modeste génie et de génie modeste, sans importance collective... apparente. Nulle surprise alors si le *je* du Feuillet initial ne reçoit ni nom ni prénom ; autant rester dans l'ombre un moment. Ce sera satisfaire grand-père, qui a «une préférence secrète pour les anonymes»[3], pour les bâtisseurs qui savent leur place derrière leur œuvre ; il sera toujours assez tôt pour paraître une fois mort.

Peu importe, d'ailleurs, le moment ; voici, plus loin dans le roman, Roquentin devant une de ses propres phrases : «elle était là, en face de moi ; en vain y aurais-je cherché une marque d'origine. N'importe qui d'autre avait pu l'écrire»[4] ; c'est dire (notamment) que l'écriture, tout particulièrement dans le cas d'une biographie consacrée à Rollebon, mais aussi par essence, efface le moi au profit de l'anonymat. Grâce au Saint-Esprit de la culture, vénéré par Karl sous les espèces de l'incognito, on n'écrit jamais avec *son* sang ; mais toujours avec celui d'autrui – avec des bruits répandus, avec des papiers ramassés, avec des morts tronçonnés[5] : *La Nausée* de Poulou abrite ainsi son début – liste non close – derrière les cahiers de Roquentin, le *Journal* de Jules Renard, *Eupalinos* de Valéry (le galet !), le *Journal d'un curé de campagne*, ou encore telles mises en scène éditoriales du dix-huitième siècle (Prévost, Marivaux). Sartre paraît ainsi continuer à appliquer la méthode qu'il attribuera à Poulou plagiaire : «je n'ambitionnais pas d'être publié mais je m'étais arrangé pour qu'on m'eût imprimé d'avance et je ne traçais pas une ligne que mon modèle ne cautionnât»[6]. C'est plus sûr.

Mais la forme du Journal ? Genre de Narcisse, qui n'aime point l'anonymat, ni le plagiat ! Non point : *Livre de raison*, à la manière

**1.** *Les Mots*, p. 129.
**2.** *Les Mots*, p. 110.
**3.** *Les Mots*, p. 53.
**4.** *La Nausée*, p. 114.
**5.** Ce sont les morceaux choisis de Karl Schweitzer : *Les Mots*, p. 57.
**6.** *Les Mots*, p. 117.

Sartre et Gide à Cabris, août 1950.
Photo Harlingue-Viollet.

des protestants. Bon fils, Karl avait conservé le cahier de son instituteur de père, pasteur rentré, à la fois chronique des événements principaux de la famille, recueil de maximes morales ou pieuses (c'est la
même chose), ainsi que d'exhortations à soi-même. Il le montra un
jour à Poulou, rapportent *Les Carnets* (à propos de la lecture du
*Journal* de Gide)[1] ; livre où la fonction de l'écriture, note alors Sartre,
est de fixer et de graver, de permettre aussi des ressaisissements. Tous
ces traits s'appliquent au Feuillet qui ouvre *La Nausée* : Roquentin
écrit pour fixer, déterminer des événements (de son scandaleux céli-

1. *Les Carnets*, pp. 114 sqq.

bat, certes) : chute d'un galet, naissance de la nausée ; la sentence y pullule («il ne faut pas mettre de l'étrange où il n'y a rien», etc.), avec présent gnomique et modalité déontique de rigueur ; l'exhortation à soi passe par le lexique moral et les infinitifs à valeur d'impératif, etc ; il ne s'agit pas de s'amuser à noter des niaiseries intimes, mais bel et bien de se reprendre en main, de s'assurer qu'on peut avoir «l'air égaré» sans être fou – c'est vraiment un livre *de raison* que commencent le méthodique Antoine Roquentin, et le sage Poulou Sartre. Ils sont en train de souscrire à ce vieux mythe : «on écrit pour soi ou pour Dieu», ou pour les deux ensemble, c'est le mieux, l'écriture est «une occupation métaphysique, une prière, un examen de conscience»[1]. On ne se défait pas du protestantisme, Gide le savait bien.

À ceci près que dans *La Nausée* tous les gages donnés sont *soumis à corrosion*. Et d'abord parce que la raison enveloppe la déraison, jusqu'à la scène paroxystique de la contingence découverte. Or celle-ci est l'expérience d'un mélange, l'affolante sensation que les frontières s'effacent entre l'homme et les choses, qui ont la commune propriété d'exister sans fondement : il n'y a donc pas de vie intérieure qui puisse demeurer une intimité préservée – d'où le mot de Roquentin («je ne suis ni vierge ni prêtre pour jouer à la vie intérieure»), lequel vise directement Charles Schweitzer, fils d'un défroqué malgré lui, et constamment assimilé à un desservant de la Culture dans *Les Mots*. Pas de vie intérieure : ce qui commence est un faux journal. Un livre de folie aussi ; il est logique alors qu'on puisse encore lire le «Feuillet sans date», avec ses ratures et ses blancs, comme une parodie de cet autre livre de raison perverti : *Les Cahiers d'André Walter*[2]. Et, par un paradoxe sournois, c'est le genre même du Journal, si rassurant en apparence, qui expose à la déraison : «on s'exagère tout, on est aux aguets, on force continuellement la vérité». Gros galet dans le jardin de la sincérité protestante : en tout pasteur du vrai se dissimule un amateur de la chasse au faux, un veilleur du mensonge.

---

1. *Situations, II*, p. 166.
2. G. Prince, *Métaphysique et technique dans l'œuvre romanesque de Sartre*, 1968, p. 27.

Quant à l'incognito d'essence produit par l'écriture, il est à repenser en fonction de cette intuition sartrienne décisive, et dont Charles Schweitzer avait grand peur : celle de la contingence. Roquentin, au miroir, se perd dans les marécages de son visage, dans un étouffant redoublement de soi ; qu'en revanche il se coupe à dessein devant une feuille blanche, ce sera pour y voir «cette petite mare de sang qui a cessé enfin d'être moi»[1]. Ainsi écrire délivre de soi, certes ; mais si est recherché, malgré les *je* de l'énonciation, le pouvoir d'impersonnalité propre à l'écriture (aux impersonnels, aux infinitifs...), ce n'est point pour rejoindre le Saint-Esprit de la Culture, mais pour se défendre contre l'engluement. L'enjeu, ce n'est pas de se manifester poliment dans la gloire collective de la littérature, mais d'échapper à l'avalement par la contingence.

Lui échapper, tout en la faisant sentir : on commence à comprendre que Sartre est un virtuose du double jeu. Car le montage éditorial du texte (les cahiers trouvés par chance, le faux incognito), Sartre le réinterprète lui-même, indirectement, lorsqu'il évoque, à propos de *L'Étranger*, le désir que l'œuvre ne soit pas saisie comme nécessaire : elle n'est qu'un feuillet «détaché d'une vie, injustifié, injustifiable, stérile, instantané, délaissé déjà par son auteur»[2]. Cet abandon la prive de la nécessité subjective que produiraient les fermes revendications d'inspiration irrésistible, de propriété et de qualité littéraires, ainsi qu'une signature d'auteur explicite. Quelle négligence, au rebours, chez Roquentin, qui ne se nomme pas, qui laisse blancs et ratures, qui hésite sans cesse à commencer pour de bon, qui ne date même pas son feuillet, lui ôtant tout ancrage assuré dans son propre temps. Par la faute de Roquentin, *La Nausée,* formée des feuillets contingents d'un auteur de hasard, donne terriblement l'impression qu'elle aurait pu ne pas être. Et Karl de dire : où est passé ton mandat ? Quel manque de conviction ! On se doit à son public ! Décidément, la littérature moderne ! «Comprends pas !»[3].

---

1. *La Nausée*, p. 119.
2. *Situations, I,* p. 99.
3. Telle est sa réaction face aux nouveautés que lit sa femme : *Les Mots,* p. 37.

Sartre, assis, déguisé en Lanson.

*La Revue des Deux Mondes ou le désastre de Lang-son, 1925.*
Photo Archives C. Canguilhem.

Incompréhension et agacement ; car les notes lansoniennes ne brillent pas, elles non plus, par leur nécessité. Leur loi est l'inutile redondance par rapport au texte : un blanc dans une phrase appelle la note «un mot laissé en blanc», on précise que «dix heures et demie» s'entend du soir – ce que le texte dit quatre lignes plus bas, etc. : nul lecteur ne sent de manque cruel lorsque le texte renonce à leur présence. Sartre poursuit ainsi de sa verve celui qui dirigeait l'École Normale Supérieure alors qu'il y était élève, et qu'il brocardait déjà férocement dans une revue de fin d'année demeurée mémorable. Bel exemple de trahison : familiale et du sérail.

Enfin, *La Nausée* accomplit le meurtre symbolique du naturalisme, qui se terminait piteusement en Jules Renard. (À propos : selon Sartre, c'est clairement un radical-socialiste, puisqu'il écrit pour «une petite société de bourgeois aisés et cultivés»[1], l'élite de la Troisième République). Le roman s'ouvre par une déconstruction du modèle scopique, celui du regard descripteur cher à Zola ou à «l'œil fixe et dur»[2] de Charles Schweitzer. C'est ce qu'implique, de prime abord, la mention «sans date», alors que pour Renard la précision temporelle est une caution indispensable de la vérité[3]. Autre indice, voici Poulou inspectant un fauteuil selon les ordres naturalistes : «qu'y avait-il à dire ? Eh bien, qu'il était recouvert», etc.[4] ; or le même patron de phrase se retrouve sous la plume de Roquentin face à son étui de carton : «Il faudrait essayer de dire comment je le voyais *avant* et comment à présent je le          . Eh bien ! C'est», etc. Superposition de textes qui ne peut laisser le moindre doute sur l'échec ici affronté : la leçon de description donnée dans *Les Mots* conduit à une paralysie de plume, à une agraphie. Dans le blanc, résistant à l'écriture, le chiasme de la phrase fait attendre le verbe *voir* : il désigne la posture qui interdit d'écrire.

Si Roquentin s'obstine, c'est un langage géométrisant qui lui vient, pour aussitôt tourner court ; mais en ce «parallélépidède rectangle» dont il n'y a *rien* à dire, impossible de ne pas reconnaître, en première

1. «L'homme ligoté», p. 286.
2. *Les Mots,* p. 120.
3. «L'homme ligoté», p. 282.
4. *Les Mots,* p. 131.

analyse, ce «misérable relevé de lignes et de surfaces», que Proust, dans *Le Temps retrouvé*, stigmatisait chez les naturalistes ; quant au «rien à en dire», il renvoie sans douceur à Renard, qui pour Sartre n'a littéralement rien de neuf à écrire. L'aboutissement logique du naturalisme, Sartre l'explique dans «L'homme ligoté», c'est le mutisme, le vide, une collection de petits riens qui font un grand *rien*.

Karl pratiquait volontiers «le coup de l'index»[1], pour se faire servir sans dire mot : silence, puissance, viser du regard et du doigt, c'est parler. Sartre lui fait le coup du galet ; ce précieux caillou fournirait volontiers une image adéquate de la beauté selon Jules Renard : «la beauté, c'est l'économie de pensée, c'est un minuscule silence de pierre ou d'airain, en suspens dans le grand silence de la Nature»[2] ; à quoi les malheurs de Roquentin répondent ironiquement que la plume naturaliste, prise au piège de son esthétique, se pétrifie bel et bien, que regarder sans inventer son regard, c'est laisser tomber tous les pouvoirs du langage, qu'il faut donc *se dépêtrer* de cet héritage : «je me suis arrêté, j'ai laissé tomber le caillou». Plouf, un Renard à la mer, ou perdu dans les sables.

Il faudrait développer les attendus de cette critique du naturalisme : c'est elle aussi qui implique, dans le roman, la déconstruction de la biographie (c'est-à-dire, bien entendu, de *pages de vie*), qui motive, en partie, l'introduction du fantastique contre la neutralisation (intrigue sans drame et héros fort moyen revendiqués par Zola), qui explique le recours tortueux à la mise en abyme ; j'aurai l'occasion d'y revenir. Mais il importe plus de tirer deux leçons de ces débuts sartriens. La première, *Les Mots* la formulent encore[3] à propos des cahiers d'écriture de Poulou :

*«Je déversai toutes mes lectures, les bonnes et les mauvaises, pêle-mêle, dans ces fourre-tout. Les récits en souffrirent ; ce fut un gain, pourtant : il fallut inventer des raccords, et du coup, je devins un peu moins plagiaire.»*

---

**1.** *Les Mots*, p. 130.
**2.** «L'homme ligoté», p. 287.
**3.** *Les Mots*, p. 121.

On voit déjà à quel point Sartre a tiré parti des apprentissages de Poulou ; dans *La Nausée*, le récit ne souffre pas de la charge intertextuelle, bien au contraire ; les lectures y sont admirablement cousues ou fondues ; d'autant mieux que la progression de l'intrigue est pour une large part faite de leur répudiation par Roquentin : d'un combat contre les fausses vérités qu'elles portaient.

Seconde leçon, la nécessité d'entrer dans un autre tourniquet. Le plus beau coup de force sartrien, en ce début de *La Nausée*, consiste à rompre insolemment avec le naturalisme agonisant en aphasie, *tout en conservant un rôle essentiel au silence*. C'est ce qui est allusivement indiqué à propos de Renard : tout maladroit qu'il soit, il se trouverait à l'origine de la littérature moderne[1] – c'est-à-dire, on s'en doute bien, de *La Nausée*.

Je voudrais développer chacun de ces deux points : montrer comment Sartre se fait raccordeur de textes et brûleur de mots – cordonnier incendiaire.

# Raccords

Sartre raccordeur : deux remarques s'imposent, sur la distribution d'intertextes et l'articulation entre textes. Quant à la première, j'en emprunte un exemple à une belle analyse qui fut proposée des *Chemins de la liberté*[2]. Dans cette trilogie l'évolution des références intertextuelles est elle-même signifiante : *L'Âge de Raison* constitue une explication avec les modèles romanesques français de l'entre-deux-guerres, et avant tout avec Gide (la jeunesse et la maturité, le couteau dans la main, le vol dans une librairie...) ; *Le Sursis* mêle pastiches de Maupassant et France, souvenirs de Virginia Woolf et Dos Passos : la forme même dit l'éclatement du gallocentrisme[3] ; enfin,

---

**1.** Sartre souligne ce rôle par trois fois, tout en restant évasif sur ses modalités d'efficace : à bon entendeur... : «L'homme ligoté», pp. 282, 285, 288.
**2.** G. Idt, *«Les Chemins de la liberté* : les toboggans du romanesque»*, Obliques*, 1979, n° 18-19.
**3.** Voir le Prière d'insérer rédigé par Sartre pour *L'Âge de raison* et *Le Sursis*, *Œuvres romanesques*, pp. 1911-1912.

malgré diverses réponses à Malraux (la visite du Musée de New York : voyez *L'Espoir*) et à Camus (le sermon vichyssois : *La Peste*), *La Mort dans l'âme* propose une écriture moins chargée d'intertextualité, sèche comme un reportage, qui est certes un genre littéraire, mais de tradition récente[1] : à monde neuf (de la défaite consommée), style dénudé.

Le deuxième usage du raccord (comme articulation de textes, qui ne sont pas forcément des intertextes) se donne à lire dans *Le Sursis*. Roman tenu pour difficile, parce qu'il est une tempête verbale, un tourbillon de fragments et de points de vue qui se succèdent sans relâche, et embraient sans prévenir les uns sur les autres. De là une sottise épaisse, et répandue, qui tient *Le Sursis*, récit des journées de Munich, pour un banal avatar du *Drapeau noir*, où Jules Romains peint la veille de la Première Guerre mondiale, en suivant, dans un même chapitre, divers personnages. Et j'entends bien que Sartre se souvient plus d'une fois de l'unanimisme, mais, d'ailleurs, plutôt de *Mort de quelqu'un* que du *Drapeau noir*, et toujours pour le transformer, aussi bien en ce qui concerne les thèmes, que la technique romanesque.

Prenons le motif, essentiel à l'unanimisme, du passant multipliable, «infiniment seul et infiniment accompagné»[2], personne et tous à la fois, perdu dans une agilité somme toute quiète, l'ennemi (le drapeau noir) poussât-il à la guerre, car cosmiquement relié au spirituel et au social, et à même de s'approprier symboliquement, par son vertige, le monde dans sa totalité. Sartre ne s'empare de l'idée que pour la dramatiser : Mathieu se nomme, certes, Delarue, souvent pénétré du sentiment d'être n'importe qui, mais c'est avec une angoisse faite de solitude, de liberté, de contingence, de responsabilité historique, de mort imminente, qui se place aux antipodes de l'expérience unanimiste. Car Sartre refuse les assurances de l'âme, qu'elle soit singulière («J'ai perdu mon âme»[3], dira Mathieu), ou surtout collective (et étendue par Romains jusqu'à la race canine) ; sous sa forme tentacu-

---

**1.** Sartre en fait l'éloge dans *Situations, II*, p. 30, et notamment du *Testament espagnol* de Kœstler, qu'il lit entre septembre et décembre 1939.
**2.** *Le Drapeau noir*, Chapitre XIX, «Le passant de Londres».
**3.** *Le Sursis*, p. 1047.

laire il la traitera, dans les *Carnets,* de «naturalisme statistique»[1], avant de constituer contre elle – dans la *Critique* – les analyses de la série et du groupe en fusion ; il lui est impossible d'admettre le flirt que Jules Romains entretient avec les prolongements vitaux des catholiques (le souvenir d'un mort comme une première résurrection, ou, à défaut, une transsubstantiation chez les vivants) ; c'est le sens, dans *Le Sursis,* de l'épisode du trépas d'Armand Viguier, qui décède avec un passé et un avenir de paix, à la veille de la guerre : bien loin d'aucunement survivre, il meurt deux fois, comme personne singulière et comme agent floué de l'Histoire[2] – refait par son époque, cocu de sa vie.

À cette dramatisation de la vision correspond une accélération du rythme narratif, par laquelle Sartre se démarque très nettement de son prédécesseur (pour ne rien dire du choix d'une focalisation attentive à peindre de l'intérieur les personnages, quand Romains use d'un narrateur surplombant, et qui s'efface peu). Chez Jules Romains, c'est le concept d'âme qui assure l'unité du roman, le récit n'a pas à la constituer, les enchaînements sont très rares entre fragments (comme ils sont quasi absents des romans de Dos Passos) ; pour Sartre, l'unité n'existe pas *a priori*, l'Histoire est une force à la fois centrifuge et centripète (la *Critique de la raison dialectique* parlera de totalisation détotalisée), un mouvement où tout se tient et où tout se dénoue ; l'écriture en redouble la course en se faisant toupie[3], en glissant d'une vie à une autre, en brisant là pour se relancer ailleurs, mais elle ne peut faire l'économie d'aiguillages, d'articulations, et use habilement de l'ambiguïté de pronoms pris à la fois comme anaphoriques et cataphoriques, de phrases à double énonciateur, ou à double référent, et surtout d'un époustouflant montage à la Einsenstein, par attractions, qui fait que l'essentiel du sens est à tirer des juxtapositions[4]. Le dernier chapitre du *Drapeau noir,* Jules Romains l'intitule «Tourbillon de

---

1. *Les Carnets de la drôle de guerre,* p. 13. – Sur Romains, voir encore pp. 14-15, 66, 85, 214-215 ; la rupture, après l'influence reconnue dans «La Semence et le Scaphandre», apparaît dès «Une défaite» (*Écrits de jeunesse,* pp. 141 et 216), puis dans *La Nausée* (l'Autodidacte est unanimiste : pp. 137 et 189).
2. *Œuvres romanesques,* pp. 806-808.
3. Métaphore du texte littéraire dans *Situations, II,* p. 91.
4. Voir l'analyse de M. Contat, *Œuvres romanesques,* pp. 1966-1971 (citée dans l'anthologie critique).

feuilles mortes avant l'orage» – mais c'est plutôt une valse alanguie.
Sartre comble l'écart qui existe chez Romains entre vision unanimiste
et sagesse technique, en risquant un entrecroisement d'images et de
vitesses, qui devient pour de bon un tourbillon ; il suffisait pour
Poulou d'oser s'inspirer des films de son enfance, afin d'obtenir, par
transposition narrative des effets de synchronisme cinématographique,
un résultat analogue : «Il y a déplacement brutal de l'attention : on la
tire d'un objet à un autre, tous deux s'imposent à nous (...) La respiration est coupée»[1].

En ce sens, c'est *Le Sursis* qui représente l'apogée de l'originalité
sartrienne : une somme de romans possibles, esquissés et raccordés,
qui passent l'un dans l'autre à vive allure. Mais dès *La Nausée*, Sartre
savait user de vieux papiers, de ciseaux, de colle – et d'allumettes.

## Théodore cherche des allumettes

Revenons à l'expérience décrite dans *La Nausée*. Qu'on y songe un
peu : le temps de l'existence est composé «d'instants larges et mous»,
or le silence et l'instant «ne sont qu'une seule et même chose» ; qui
dit existence dit contingence, or il est possible «de comprendre la
contingence, non de l'exprimer. Tout au plus peut-on la faire sentir» ;
enfin, si Roquentin durant son «extase horrible» pense «sans mots,
*sur* les choses, *avec* les choses», il finit bien par l'écrire[2]. Bref :
conversion de l'attention et révolution du langage (comme Sartre le
dira de Ponge) vont ici de pair ; pour faire enfin sentir le réel dans
toute sa vérité (la silencieuse contingence, ignorée du déterminisme
zolien ou du scientisme renardien), il faut transformer le mutisme *en
renonçant aux moyens naturalistes* ; c'était un échec, il conviendra
d'en faire un triomphal naufrage de mots.

**1.** «Apologie pour le cinéma», *Écrits de jeunesse*, p. 401.
**2.** *La Nausée*, p. 28 ; *Situations, I*, p. 71 ; «Carnet Dupuis», *Œuvres romanesques*, p. 1685 ; *La Nausée*, pp. 155 et 152.

Pourquoi cette hantise du silence ? Et quels moyens pour ce naufrage ? En voici déjà un, qu'enseigne Roquentin. Au nombre de ses menues particularités on compte le goût des vieux papiers, qu'il partage donc avec Sartre, ramassés d'où qu'ils viennent[1] :

> «*Tout cela est bon à prendre. Quelquefois je les palpe simplement en les regardant de tout près, d'autres fois je les déchire pour entendre leur long crépitement, ou bien, s'ils sont très humides, j'y mets le feu, ce qui ne va pas sans peine ; puis j'essuie mes paumes remplies de boue à un mur ou à un tronc d'arbre.*»

Encore une fois, il convient de lire ces lignes de façon spéculaire : elles décrivent un principe essentiel de l'écriture sartrienne, qui est *l'incendie verbal*. Sartre n'est rien d'autre qu'un nouvel Erostrate, et comme on s'en doute bien, ce n'est point par hasard qu'il intitule ainsi une de ses nouvelles : l'Ephésien mit le feu au temple d'Artémis pour immortaliser son nom, c'est le temple grand-paternel de la culture classique que Sartre veut enflammer[2]. De fait, si l'écrivain classique (jusqu'à Gide inclus, bien sûr) lui paraît écrire pour faire effet à la deuxième ou troisième lecture, Sartre, pour sa part, veut «que les mots se brûlent» ; cela pour le roman ; au théâtre, même désir : à propos de la pluralité des référents historiques pour *Les Séquestrés d'Altona* (l'Allemagne nazie, l'Union soviétique, la France en Algérie), Sartre note que les diverses interprétations qu'elle permet coexistent, s'affrontent – «et elles brûlent»[3].

On comprend alors pourquoi *Les Mots* précisent que Poulou n'aimait pas se relire[4] : c'est déjà indiquer sa rupture avec le classicisme. De même s'éclaire le sens de la démarche anthologique : loin d'être un embaumement salutaire, c'est un «pillage de fleurs qu'on fait mourir en les cueillant»[5]. À force d'être soumis à la culture clas-

---

**1.** *La Nausée*, p. 15.
**2.** Cette métaphore désigne les lectures inspirées par Charles Schweitzer : *Les Mots*, p. 64.
**3.** *Lettres au Castor*, 22 octobre 1939, et «Entretien avec Bernard Dort sur le théâtre», *Les Temps Modernes*, n° spécial *Témoins de Sartre*, 1990, p. 885.
**4.** Page 148.
**5.** *Écrits de jeunesse*, p. 390 ; *Les Mots*, p. 148.

sique, Sartre se révolte et tourne les unes contre les autres ces vieilles paroles ; prenant pour plume un sécateur enflammé, il cherche à incendier le langage, à accomplir «un holocauste de mots»[1], afin qu'entre les cendres des mots foudroyés advienne une silencieuse appréhension du réel : la contingence (révélée par un... *tronc d'arbre*), le goût rugueux d'un homme (le *mur* multiple de notre condition), le bruit caché de l'Histoire (un *long crépitement*), les difficultés de l'acte (les *paumes boueuses*, objet des *Chemins de la liberté,* puis du théâtre). Or par cet incendie Sartre accélère irrésistiblement et refait son handicap : il rejoint, même si ses moyens et ses fins sont différents, la modernité de sa naissance, et qui comptera aussi pour une bonne part dans celle de son siècle, il retrouve le Mallarmé de *Crise de vers*, qui rêvait de mots s'allumant de mille feux réciproques[2].

Fins différentes, car il ne s'agit pas (c'est au moins ainsi que Sartre lit Mallarmé) de nier le réel (d'abolir des bibelots), mais d'en provoquer une saisie tacite ; et puis l'entreprise n'est pas étrangère à la politique :

> «*En 1930, (...) l'intellectuel avait mission de brouiller les paroles et d'emmêler les fils de l'idéologie bourgeoise ; des francs-tireurs mettaient le feu aux brousses, des secteurs linguistiques tombaient en cendres.*»[3]

Sartre ne votait pas avant-guerre, il avait, peut-être, d'autres pratiques, plus secrètes, de citoyen actif. Moyens différents, et il faudra analyser les ressources narratives, dramatiques, et stylistiques de cette «âme d'incendiaire» que *Les Mots* attribuèrent à leur auteur, âme attirée, aussi, par l'instant de foudre qu'est la gloire[4]. Cela viendra en son temps ; alors que j'ai choisi jusqu'ici de les rapprocher[5], il conviendra

---

1. C'est la définition que Bataille propose de la poésie : voir *Situations, I*, p. 194. – «J'enrage de n'être pas poète», lit-on dans les *Carnets*, p. 381.
2. Incendie que Sartre commente dans *L'Idiot*, t. 2, pp. 1827 et 1999.
3. *Situations, IV*, p. 175.
4. Pages 136 et 157.
5. Il me paraît tout à fait vain de vouloir distinguer constamment Roquentin de Sartre, alors que *Les Mots* disent : «*J'étais* Roquentin (...) et en même temps, j'étais *moi*, l'élu» (pp. 203-204). Tantôt Sartre s'exprime à travers Roquentin (*La Nausée* décrit un projet d'écrivain et ses difficultés), tantôt il se tire de pair et d'affaire.

de distinguer les ressources de Roquentin, biographe naturaliste qui échoue, et celles de Sartre, qui réussit à écrire sa bio-graphie (récit d'existence) ; disons par provision, pour retrouver la photographie, dont Sartre sait trop bien qu'elle n'est rien d'autre que «goût des poses et des tableaux vivants»[1], qu'il s'agit de *faire poser les poses* : exploiter l'ambiguïté entre posture et feinte, renchérir sur l'irréel (la feinte) pour éclairer indirectement le réel (la posture, et non la position, car point de réel sans comédie), employer non pas un miroir, mais des miroirs sans accord – ou alors «un miroir de flamme qui brûle tout ce qui s'y reflète»[2].

Une précision, pour l'instant, et une question. La première porte sur *Théodore cherche des allumettes* : certes, c'est le titre d'une saynète en un acte de Georges Courteline, et ardemment Poulou poursuit la cuisinière de la famille pour lui lire ce chef-d'œuvre[3] ; mais comment ne pas voir, en ce titre, une image encore de tout le dessein sartrien ? Il suffit de rapprocher divers épisodes[4] : Poulou est bel et bien Théodore, puisque son grand-père tremblant d'amour le nomme «cadeau du Ciel» ; mais, sans gratitude aucune, il cherche des allumettes pour brûler, non point seulement le petit tapis de la salle de bains, mais aussi les beaux tapis de la culture classique, ceux-là mêmes sur lesquels il lisait Fontenelle. À travers ses substituts laïques, les grands écrivains sacralisés, c'est défier Dieu, témoin du forfait de l'enfant, plutôt que s'adresser aux cuisinières. Poulou, offusqué de son indiscrétion, cesse alors de croire en lui ; Sartre montrera que sous le tapis des mots, j'y reviendrai, se tapissent d'autres absolus – à commencer par la contingence, qui ne peut être pensée qu'après la mort de Dieu.

Poulou pyromane fait de Sartre l'écrivain d'une Apocalypse athée : il dévoile par embrasement, il embrase pour dévoiler. Tel est le moment, le climat par essence de l'écriture sartrienne : le compositeur de *Some of these days,* air de jazz qui fournit un modèle aux désirs

---

1. *Les Mots*, p. 23.
2. *Situations, II*, p. 196.
3. *Les Mots*, p. 58.
4. *Les Mots*, pp. 129 (cadeau divin), 85 (tapis brûlé), 43 (Fontenelle).

D'autres absolus.

Photo Brassaï.

esthétiques de Roquentin, travaille alors que «le ciel brûle», dans une chambre obscure où il «cuit à gros feu» ; Roquentin n'est pas si mal doué pour l'imiter, puisqu'il est doté, en guise de cheveux, d'une «belle flamme rouge»[1]. À New York, sous un soleil de plomb, Gomez apprend que les Allemands sont entrés dans Paris : catastrophe assassine, trépas de la vieille Europe, vanité de l'art devant la souffrance[2] ; à l'autre bout de l'œuvre, *Les Troyennes* adaptées font chanter à Euripide modernisé la mort commune des dieux et des hommes, après que *Les Séquestrés d'Altona* ont permis à Frantz, prophète d'outre-tombe, de délivrer son message de bruit et de fureur, escomptant et redoutant qu'une bombe, atomique, atomisante, ne souffle toutes lumières.

La précision était nécessaire : il y a là quelque souffle qui dérange la modestie radicale. Ce goût de l'absolu métaphysique, du tragique, de la mort, du Mal, qui se nouent dans le thème de la fin du monde (constant aussi dans *Les Chemins de la liberté*), inutile de le chercher chez eux[3]. Même lorsque Pierre Bost devient fort sombre, après avoir passé *Un an dans un tiroir* [4], c'est pour se répandre en un mépris de l'homme qui forme une variante aigre de l'humanisme, mais d'une sécheresse infinie, rassise et sans élan : moralisme pseudo-éternel d'un La Rochefoucauld en deuil de particule, le talent en moins, et qui cherche à s'excepter petitement de cette bassesse prêtée aux prisonniers, qu'il sent le contaminer ; Sartre refusera ces faibles aigreurs. D'où la question, qui est simple : d'où vinrent à Poulou le goût de l'absolu et la force de la révolte incendiaire ? Comment sera-t-il celui qui invente des spectacles neufs parce qu'il «apporte l'œil»[5] ?

---

**1.** *La Nausée*, pp. 207-208 et 22.
**2.** Tels sont les thèmes du début de *La Mort dans l'âme*.
**3** C'est l'argumentation de *Situations, II*, pp. 234-235.
**4.** Une aigreur bostienne au hasard (Gallimard, 1945, p. 25), et cuistre : «J'ai souvent pensé que les souvenirs de captivité s'intituleraient très bien : "Méprisons"». – Le frère de Pierre Bost, Jacques-Laurent, modèle du Boris des *Chemins de la liberté*, est l'auteur du *Dernier des métiers*, admirable récit de sa guerre (Gallimard, 1946).
**5.** «L'homme ligoté», p. 276.

# LES MÂLES DE L'ESPÈCE

## Le coupable masqué

«Contre qui, contre quoi me serais-je révolté : jamais le caprice d'un autre ne s'était prétendu ma loi» ; aussi bien, «on se rebelle contre un bourreau, et je n'avais que des bienfaiteurs» : *Les Mots*[1] *semblent* par là indiquer leur propre limite, à savoir le refus d'expliciter l'origine de la révolte qui éclatera dès *La Nausée*.

Le reste de l'œuvre sartrienne fourmille, cependant, d'indications salvatrices, qui désignent un grand coupable : le second époux de maman, Joseph Mancy, qui convole en avril 1917 avec Anne-Marie. De ces indications je ne retiens que trois : le début de *Baudelaire*, préface aux œuvres intimes du poète, publiée en 1947, s'applique mot pour mot à l'adolescence de Sartre – une mère tant aimée se remarie avec un soldat (le général Aupick, le polytechnicien Mancy), l'enfant est mis en pension[2] ; distance, fêlure, blessure inguérissable, les mots de Baudelaire valent pour Poulou : «quand on a un fils comme moi (...) on ne se remarie pas»[3]. Et voici la conséquence, expliquée sur un mode théorique dans *La Reine Albemarle*, qui enchaîne ainsi les concepts, non sans l'usuelle ironie contre l'allure psychanalytique du raisonnement : visibilité douloureuse de l'enfant et haine du (beau)-père produisent une colère, une composante agressive qui alimente un foyer d'énergie vigilante[4]. Enfin, aveux complets sur le tard : mon

---

1. Pages 24 et 94.
2. À partir de 1920, pour Sartre.
3. *Baudelaire*, pp. 20-21.
4. Pages 92-93.

«J'ai vécu dix ans de ma vie sous la coupe d'un polytechnicien : il se tuait à la tâche ou plutôt, quelque part, à Paris sans doute, la tâche avait décidé qu'elle le tuerait. C'était l'homme le plus futile : le dimanche il rentrait en soi, trouvait le désert et s'y égarait : il tint bon, pourtant, sauvé par la somnolence ou par des colères de vanité. Quand on le mit en retraite, c'était la guerre, heureusement : il lut les journaux, découpa des articles et les colla sur les pages d'un cahier. Au moins déclarait-il son jeu à vue : sa chair était abstraite.» (*Situations, IV*, pp. 160-161).

Photo Hubert Josse/Gallimard.

beau-père ? «Ç'a été, constamment, le type contre lequel j'écrivais. Toute ma vie ; et le fait d'écrire, c'était contre lui»[1].

Il suffit de confondre beau-père et grand-père pour avoir d'inépuisables cibles – ce qui est fait dès *Qu'est-ce que la littérature ?* : l'écrivain est «un parasite de «l'élite» dirigeante. Mais fonctionnellement, il va à l'encontre des intérêts de ceux qui le font vivre. Tel est le conflit originel qui définit sa condition»[2]. Impossible de mieux peindre la situation du jeune Sartre, entretenu par son grand-père puis son beau-père («nous ne fûmes jamais chez nous : ni rue Le Goff ni plus tard, quand ma mère se fut remariée»[3]). Ironie familiale : de sa République idéale Charles Schweitzer chassait les ingénieurs[4] ; c'est, en un sens, grâce à l'existence de son ingénieur de beau-père que Poulou se munit d'une verve corrosive insurpassable, et fuit loin de la douce République littéraire des radicaux.

Je ne crois pas que Sartre, paralysé, *stupéfait*, au sens étymologique du terme, ait privé *Les Mots* de ce qu'il explique si nettement ailleurs. Certes, sa version officielle consiste à dire qu'il ne pouvait, sa mère vivant encore, y publier qu'elle avait épousé un con[5]. Mais pour qui suit le texte au lieu d'écouter l'homme, plus d'une scène est ambiguë : lorsque Poulou entend sa mère lire (et non plus raconter) le conte des Fées, une voix masculine, qui n'est pas seulement celle de l'auteur Perrault, ou de l'adaptateur Bouchor, vient parasiter le chant maternel (la fusion, dans l'Imaginaire), et terrifier l'enfant ; Sartre tendait ainsi la perche à la critique, qui ne s'est pas fait faute de parler de castration symbolique, ou par le Symbolique (Père et Culture). Et comment ne pas sourire lorsqu'un épisode, sous couvert d'une nouvelle rêverie de Poulou-Pardaillan, illustre au mieux l'habileté oblique et spéculaire qui fait le prix du texte ? Ignorant toute chronologie réelle, un micro-récit, aux naïves apparences de souvenir enfantin, constitue la transposition allusive d'événements postérieurs à l'époque (1905-1916)

---

1. *Entretiens*, p. 186. – On pourrait multiplier les références ; voici encore le résumé d'*Hamlet* selon *Kean* : «un homme qui n'a qu'un geste à faire pour tuer son beau-père et qui met cinq actes à s'y décider !» (p. 14).
2. *Situations, II*, p. 129.
3. *Les Mots*, p. 74.
4. *Les Mots*, p. 50.
5. Sic : conversation rapportée par John Gerassi, *Jean-Paul Sartre*, 1989, p. 60.

JEAN-PAUL SARTRE

que couvre *Les Mots*, et aussi bien une indication sur les origines et les formes de l'écriture sartrienne.

Voici cet épisode[1]. Anne-Marie joue du piano ; Poulou, épique spadassin, se raconte des histoires. Faute de connaissances *ad hoc,* il ne sait consommer son amour pour une noble comtesse de son invention, qu'il «protège contre le propre frère du Roi» ; en cette belle apeurée l'on ne peut que reconnaître une image oblique d'Anne-Marie, dont un passage précédent disait : «Elle me raconte ses malheurs et je l'écoute avec compassion : plus tard je l'épouserai pour la protéger»[2]. Bref, l'inceste imaginaire est évité de peu. Pour tirer son aventure d'embarras, Poulou se résout à faire enlever l'aimée par une myriade de truands, à la solde bien sûr du frère du Roi :

> *«C'est le moment d'entrer dans mes années sombres :*
> *la femme qui m'aime est captive, j'ai toutes les polices*
> *du royaume à mes trousses ; hors-la-loi, traqué, misé-*
> *rable, il me reste ma conscience et mon épée.»*

Qu'on y songe : ce sont tout simplement les noires années de La Rochelle, et chaque détail correspond à un fait autobiographique ; maman est captive d'un royal truand (frère du Roi, frère d'une figure paternelle, faux père, beau-père, un «bâtard» encore, comme ce duc défié en combat singulier quelques lignes auparavant) ; Poulou, qui l'a volée pour régaler ses petits camarades du lycée, a été pris la main dans le sac, et s'est bel et bien retrouvé hors-la-loi, car banni moralement (comme Jean Genet) par le vrai roi : son grand-père, conformément aux événements[3], ou, dans le fantasme, son père ; peu importe, puisqu'il s'agit avant tout de jouer avec la psychanalyse ; il reste, heureusement, toujours muni de sa conscience et de sa plume, qui devient à l'époque fort acérée, il suffit pour s'en rendre compte de lire son roman roche-

**1.** *Les Mots*, pp. 105-106.
**2.** *Les Mots*, p. 21.
**3.** Sur ces vols de sa mère par Poulou et leurs conséquences (rupture avec le grand-père, froideur du beau-père, mise en pension à Paris), voir un projet de nouvelle («Le Sac»), *Écrits de jeunesse*, pp. 470-471 ; *Sartre, un film*, 1977, pp. 20-21 ; les *Entretiens*, pp. 169-191 et 426 ; et les entretiens utilisés par John Gerassi dans sa biographie, aux pp. 61-63 de l'édition américaine.

lais, *Jésus la chouette, professeur de province*, où triomphent une vigilance sans pitié pour les ridicules, une énergie de prédateur.

(Bon prince, Sartre aide le lecteur distrait à démonter son petit récit, en notant, pour le conclure, que «la fiction se confondait avec la vérité» ; certes, certes : fiction de la rêverie épique, pseudo-souvenir qui vise de biais la vérité d'une vie... Cet épisode est en effet exemplaire par ce qu'il apprend sur l'écriture des *Mots* : elle est fondamentalement, il faut le répéter, révélation oblique, où un fragment, ne prenant sens que rapproché du tout[1], dit autre chose que ce qu'il paraît dire, mais en le signalant discrètement à qui a compris la règle du jeu – pratique jubilatoire de la connivence et du clin d'œil, avec laquelle on n'en a, heureusement, jamais fini).

Donc, révolte contre le beau-père ; il serait trop aisé d'interpréter en ce sens l'intrigue des *Mouches*. Mais au remariage de sa mère s'ajoute, pour former les années sombres du jeune Sartre, et sa réserve d'énergie contestatrice, la découverte d'autres violences : l'hostilité de condisciples qui, transposant les valeurs brutales d'une France en pleine guerre[2], reprenant les doux usages enfantins, et manifestant une ouverture d'esprit toute provinciale, font de Poulou, le Parisien, un risible souffre-douleur ; et puis l'expérience cruelle, face au sexe faible mais acerbe, d'une laideur trop visible (beau, Poulou était empli d'une «déférence affable pour l'ordre établi»[3]) – de là une raideur, expliquera Sartre, une méfiance, voire un dégoût, face aux humains[4].

## Suis-je de cette espèce ?

Quoi qu'il en soit des détails de ces circonstances biographiques, Sartre n'est pas en bons termes avec les hommes. C'est trop peu dire : il n'est pas sûr d'être *de leur espèce* ; et d'ailleurs, s'y ferait-il accep-

---

**1.** Qu'on se rappelle ces deux définitions : «le style (...) est d'abord une manière de dire trois ou quatre choses en une» ; «le travail du style ne consiste pas tant à ciseler une phrase qu'à conserver en permanence dans son esprit la totalité de la scène, du chapitre, et au-delà, du livre entier» (*Situations, X*, pp. 137-138).
**2.** Jusqu'en 1914, Poulou vit dans un Bien sans Mal : *Les Mots*, p. 35.
**3.** *Les Mots*, p. 26.
**4.** *Entretiens*, p. 368.

ter ? Dans «La Chambre», une nouvelle dont le héros, Pierre, semble rendu fou par le père de sa femme, son beau-père donc, voici un étrange délire carnavalesque : lors de la cérémonie du «Couronnement de la République» (radicale ?), «les avortons qui se glissent sous les tables et croient passer inaperçus sont découverts et cloués sur le champ par mon Regard»[1]. Un avorton est-il encore un homme ? Et qu'est-ce qu'un homme ? À quelles conditions un homme se fait-il un homme ? Il ne serait pas exagéré de dire que ces questions dominent l'œuvre sartrienne, et sont toujours traitées par référence à deux contre-modèles : cet «humanisme de prélat»[2] dont Charles Schweitzer est représentatif, un humanisme d'ingénieur symbolisé par Joseph Mancy – «Qu'avez-vous fait de votre Science ? Qu'avez-vous fait de votre humanisme ? Où est votre dignité de roseau pensant ?»[3]. Propos qui évoquent naturellement leur pendant, qui n'est pas leur opposé, car le sarcasme y subsiste estompé, la fin des *Mots*, où Sartre espère être enfin devenu «tout un homme, fait de tous les hommes et qui les vaut tous et que vaut n'importe qui». On pressent qu'il n'en est pas venu là aisément.

Son point de départ serait plutôt celui-ci : pas de méprise, loin de ramper *sous* les tables humaines, je suis *au-dessus* de tous les hommes – rien de moins qu'un surhomme. Telle est la tentation nietzschéenne, celle de la sécession supérieure, qui correspond, d'un point de vue biographique, à l'amitié avec Nizan (les surhommes vivent en couple). Nietzsche imprègne de son influence un important roman de jeunesse, «Une défaite», qui transpose la relation triangulaire entre le jeune philosophe allemand, Richard Wagner, et sa femme Cosima, roman dont le héros, Frédéric, a pour idéal la Force : «il était musclé et pensait vigoureusement»[4] ; ce qui veut dire, d'abord, penser dans le vide ouvert par la proclamation de Zarathoustra, en 1883 : «*Dieu est mort*».

1. *Œuvres romanesques*, p. 258.
2. *Les Mots*, p. 58.
3. *La Nausée*, p. 189. – Sur cette figure de l'ingénieur, homme de l'universel légaliste, voir aussi *La Force de l'âge*, pp. 41-42.
4. *Écrits de jeunesse*, p. 208.

Couple de surhommes sur la terrasse du Luxembourg, en 1928.
Coll. part. L. Sendyk-Siegel.

Cette tentation nietzschéenne semble exorcisée dès «Erostrate», satire d'un pseudo-surhomme dont la logique est celle du crime qui *tire de pair*, mais la vérité névrose et lâcheté, si bien partagées. La même tendance est contestée encore dans *La Nausée*[1], où Roquentin, qui surplombe Bouville, peut conclure à sa différence, mais pas véritablement à sa puissance, la supériorité dans l'espace ne révélant aucune supériorité ni *sur* ni *de* l'espèce, et laissant voir à quel point la Nature menace nonchalamment, par prolifération molle et non par énergie décidée, une ville trop humaine : de bœufs et de boue. C'est qu'il y a contradiction nette entre l'idée de la contingence, qui implique toujours (sur le plan du fait, non de la valeur) quelque mollesse, et les thèmes musclés de Nietzsche : des imbéciles viennent «vous parler de volonté de puissance», mais un peu d'attention enseigne que les arbres sont plutôt «des verges lasses»[2]. L'intuition centrale de la pensée sartrienne est donc aussi (c'est-à-dire pas seulement) de toute évidence un retournement de l'ontologie nietzschéenne : «Il n'y a nulle part de volonté de puissance. Tout est trop faible ; toutes choses tendent à mourir»[3]. Débandade universelle où point cette inquiétante vérité : il n'y a pas de surhommes, voire pas d'hommes véritables, et peut-être rien que des avortons.

Il reste que Sartre ne rompra jamais tout à fait avec Nietzsche (n'y trouvait-il pas une précoce et admirable critique du socialisme humaniste ?) ; il le conteste, certes[4], mais souvent dans un ton qui est le sien, si volontiers prophétique, apocalyptique même ; ton qui transparaît, quoique assourdi, dans cette contemplation que j'évoquais, par Roquentin perché sur sa colline, de la Nature sans les hommes, ou encore, de façon plus éclatante, dans la vision de l'univers par le dernier homme, sorte de Titan abattu, Frantz. Comparez son monologue, qui clôt *Les Séquestrés d'Altona*, et un texte de Nietzsche intitulé «Œdipe»[5], qui se présente comme le «soliloque du dernier philosophe» – dans les deux cas, c'est bien d'un «fragment de l'histoire de

**1.** *Œuvres romanesques*, pp. 186-187.
**2.** *La Nausée*, p. 158.
**3.** Lettre de 1929 citée dans les *Écrits de jeunesse*, p. 434.
**4.** Ainsi de «commander, obéir, c'est tout un» (*Les Mots*, p. 20), qui vise sans doute le chapitre «De la domination de soi» dans *Ainsi parlait Zarathoustra*.
**5.** *Le Livre du philosophe*, Garnier-Flammarion, 1991, pp. 73-74.

la postérité» qu'il s'agit, fragment prélevé juste avant l'extinction définitive des feux de la planète. Mais entendez aussi le grand secret dévoilé par Frantz : l'humanité est une espèce carnassière au-dessus de laquelle on ne s'élève pas, à laquelle on n'échappe pas – «un et un font un, voilà notre mystère» ; sous une allure de comptine, un pastiche des formules de la Trinité chrétienne, pour dire que toute violence et toute imperfection sont, ici-bas, de tous le lot et la faute, sans aucune sécession possible (enfin : les uns écrivent, les autres pas, il faudra en tenir compte). C'est un des mouvements d'ensemble de l'œuvre sartrienne que cet adieu difficile à l'éminente danse de Zarathoustra.

## L'homme seul face aux contre-hommes

Cessant d'être un surhomme, Sartre ne redescend pas pour autant tout de suite parmi les hommes. Une invention de jeunesse lui assure longtemps une confortable position marginale, celle d'un nietzschéisme frotté d'une relative modestie : dans «La Semence et le Scaphandre», cette trouvaille se nomme théorie du témoin, puisqu'elle implique une prédestination, par la grâce d'un tempérament lucide, à «être des témoins de la vaine agitation du monde»[1]. Témoignage et solitude vont de pair : «La Légende de la vérité» peint la domestication du monde par les militaires et les savants, au prix de l'éviction des hommes seuls, «merveilleuses canailles» qui errent de ville en ville, et de la Nature savent et les secrets qu'elle cache et les terreurs qu'elle inspire : ancêtres de Roquentin, donc...[2]. Mais plus largement, cette figure (ou ce mythe), correspond à une situation d'écriture qui, des textes rassemblés dans les *Écrits de jeunesse* jusqu'aux nouvelles du *Mur*, domine toute la production sartrienne.

---

1. *Écrits de jeunesse*, p. 143.
2. Comment ne pas penser au début de *La Nausée* en lisant ceci : «ils prenaient peur à considérer les changements obscurs, les formes sans géométrie qu'ils portaient en eux» («La Légende de la vérité», *Bifur*, n° 8, juin 1931, réédition Jean-Michel Place, 1976, p. 88).

Voire plus tard encore : si l'homme seul est «un homme qui ne pense que par lui-même et qui illumine la cité grâce à ce qu'il pense, à ce qu'il sent»[1], comment ne pas y reconnaître l'Oreste des *Mouches* ? Ou Frantz, dont la mauvaise foi enveloppe tant de vérités... Cet homme essentiellement libre «prend parti pour l'homme tel qu'il est», contre ceux qui veulent en donner des représentations systématiques, et par là en font un «contre-homme»[2]. C'est un fait décisif : Sartre n'écrira jamais, benoîtement, directement *pour* les hommes (en gros, c'est un des reproches qu'il adresse au Malraux de *La Condition humaine*) ; il écrit *contre les contre-hommes*.

N'écoutant que son courage et sa liberté, l'homme seul s'attaque à chaque composante de l'humanisme traditionnel. Idéologie paradoxale, elle est à la fois idéaliste et scientiste, religieuse et technicienne : elle fait de l'homme plus et moins qu'un homme. Sartre se lance dans une double entreprise : dégonfler le ballon idéaliste, desserrer l'étreinte scientiste. Suivre ces manipulations reviendrait à faire une étude thématique de toute l'œuvre : je ne propose que quatre points de repère, qui cherchent à indiquer les choix fondamentaux faits par Sartre.

*Le choix de la philosophie.* L'ingénieur est homme de science, et Sartre sans détours d'expliquer par là son goût de la philosophie *contre* la science, ou mieux, *au-dessus* de la science ; la critique (épreuve et fondation) des sciences relève de la philosophie, donc le philosophe domine le savant[3] ; c'est l'un des torts de l'Autodidacte que de prendre la «Science humaine» pour faite et non plus à fonder ; le jeune Sartre en savait plus long, qui dans «Er l'Arménien» proclame son dégoût des «vérités mortes», vérités d'autrui qui s'imposent et qu'on ne produit pas[4]. Si l'humanisme existentialiste doit se constituer, c'est à partir du sentiment que l'homme est liberté créatrice – autant éviter les prisons savantes.

---

1. *Entretiens*, p. 198.
2. Sur cette théorie de l'homme seul, voir *Entretiens*, pp. 184, 198, 316 et 446-447 ; *Situations, X*, pp. 176-177 ; *La Force de l'âge*, pp. 56, 172, 416 ; Anna Boschetti, *Sartre et* Les Temps Modernes, pp. 125 sqq.
3. *Entretiens*, p. 177.
4. *Écrits de jeunesse*, pp. 301-302. – La même opposition entre évidence produite et évidence subie fonde tout l'article intitulé «La liberté cartésienne» (*Situations, I*).

*Le choix d'écrire.* La philosophie est, pour Sartre, un moyen d'apprendre le monde dont, écrivain, il parlera : c'est tout un que de se faire philosophe et de se faire écrivain. Revenons au «Feuillet sans date» : face à cet étui de carton devenu étrange, la vision de l'ingénieur-géomètre condamne à un silence stupide. De fait, le géomètre trace des formes déterminées et stables, quand la nausée expose comme on sait à l'indétermination[1] et aux inquiétantes interpénétrations. Derrière l'intertexte proustien (les lignes et surfaces), saluons Platon renversé : *Nul n'entre ici* s'il est *géomètre* – ici : dans le roman, dans l'écriture.

*Anti-rationalisme.* Cette polémique contre la vision géométrisante renvoie encore à une autre cible : Descartes, pourtant choyé, mais philosophe-géomètre par excellence. *La Nausée* adopte, dès son ouverture, la forme de la méditation cartésienne (un homme seul repense le monde et le fonde à nouveaux frais), non sans le signaler par un discret pastiche[2]. Mais c'est pour faire éclater le rationalisme cartésien, en évitant de se débarrasser trop vite de l'hypothèse du Malin Génie, dont la nausée est un avatar moderne et laïcisé ; songeons au sourire des choses que surprend Roquentin : en bas lieu l'on se fiche de nous. Or tous les ingénieurs sont les lointains héritiers de Descartes, dont le *Discours de la méthode*, en sa sixième partie, assignait cette belle tâche à l'humanité : «nous rendre comme maîtres et possesseurs de la nature». Mission accomplie, à en croire *La Nausée* : tous les grands personnages du Musée de Bouville, on est forcé de reconnaître qu'avec «le concours de Renaudas et de Bordurin, ils avaient asservi toute la Nature : hors d'eux et en eux-mêmes». Mais sorti du Musée et monté sur sa colline, Roquentin voit le dessous des cartes : «comme la ville a l'air *naturelle*, malgré toutes ses géométries, comme elle a l'air écrasée par le soir»[3]. Bref : la nature pourrait très bien décider de reconquérir les villes, et de se passer des ingénieurs ; il suffirait que demain il tombe, sur la ville, un vrai déluge (de boue, bien sûr).

---

1. D'où la fonction, protectrice et exploratrice à la fois, assignée, dès le premier paragraphe, à l'écriture : «déterminer exactement l'étendue et la nature de ce changement.»
2. «Déterminer exactement l'étendue et la nature», «je vois même avec évidence»... Pour G. Poulet (*Études sur le temps humain, III*, 1964), tout le roman est une parodie du *Discours de la méthode*.
3. *La Nausée*, pp. 107 et 187-189.

Impossible d'embrasser le rationalisme. Sartre cherche à en montrer les limites, en relevant l'influence et la tentation qu'exercent, sur nos raisonnements, des façons de penser prélogiques, enfantines ou magiques[1] ; tantôt sur un mode satirique (Anny dans *La Nausée*, Pierre ou Monsieur Darbédat dans «La Chambre», Lucien dans «L'Enfance d'un Chef», Frantz dans *Les Séquestrés)* ; tantôt sur un mode philosophique : l'*Esquisse d'une théorie des émotions* soutient que l'émotion n'est pas un désordre physique ou psychique, mais une conduite incantatoire par laquelle la conscience transforme les rapports du corps au monde dans l'espoir que le monde change ses qualités ; et Sartre de relire La Fontaine : renard, je ne puis saisir des raisins haut perchés – donc ils me dégoûtent – car ils sont trop verts – à plus tard. Mais l'analyse décisive, pour un écrivain, consiste à montrer que le langage, en tant qu'action à distance sur autrui, est par essence fascination magique[2]. De là viendra une des croix de Sartre dramaturge : son théâtre prétend par le langage libérer, agir et faire agir, mais un magicien n'a rien d'un politicien[3]...

*Bouffon plutôt que chef.* Asservir la nature : un ingénieur a vocation à être un chef conscient de ses prérogatives. Se promenant rue Soufflot (un des hauts lieux, selon *Les Mots*, de son enfance), Sartre un jour dut tomber en arrêt, au numéro 17, devant la vitrine des pieuses Éditions Spes : saintement muni du *Nihil obstat* en 1926, oint réglementairement de l'*Imprimatur* en 1927, constamment réédité jusqu'en 1937, *L'Evangile du Chef*, une des meilleures ventes, multiplié à plus de trente-cinq mille exemplaires, ne pouvait qu'y trôner en gloire. Ce petit chef-d'œuvre d'A. Bessières défend un catholicisme social, et donc fermement paternaliste : «le chef d'industrie, l'ingénieur (...) *aimera* ses ouvriers, saura montrer qu'il s'intéresse à leur sort et qu'il les comprend.» L'âme formée au contact de la nature, apte à considérer «les lys des champs qui ne travaillent ni ne filent», et à apprécier leur oisive beauté pour n'en suer que mieux, exemple

---

1. *La Force de l'âge*, p. 153.
2. *L'Être et le Néant*, pp. 441-442.
3. Quoi qu'on puisse penser de la proposition inverse... – La contradiction entre fascination et libération a été depuis longtemps signalée par Francis Jeanson dans *Sartre par lui-même*, 1955.

Sartre bouffon : sur les toits de l'École.
Photo coll. Henriette Nizan.

incomparable, si dur avec lui-même, tendre et fort à la fois, etc., ce capitaine d'industrie est tout ensemble un connaisseur des hommes et un amateur de Dieu[1].

---

1. *L'Évangile du Chef*, Éditions Spes, 1937, pp. 95 («L'exercice du commandement dans l'industrie et le commerce»), 34 (les lys) et 85 (l'expérience).

Inutile d'insister : je ne jurerais pas que ce livre n'ait été offert à Poulou par son catholique beau-père, directeur d'usine puis de chantier naval. Et l'adolescent de méditer son *Contre-Évangile du chef,* disséminé dans toute l'œuvre, mais qui occupe avant tout *La Nausée* – «adieu beaux lys, (...) adieu salauds»[1] – et «L'Enfance d'un Chef», où les séjours champêtres de Lucien à Férolles et le caricatural Monsieur Fleurier semblent tout droit sortis des pages de la rue Soufflot. Là encore, la contingence vient à pic pour nourrir l'opposition sartrienne : si usurper un droit (d'amour, d'autorité) définit le statut du beau-père, c'est en bonne logique du ressentiment qu'il faudra s'employer à démontrer qu'il n'y a pas de droits, même pas de droit à être, aucune nécessité, sauf pour les «salauds», attachés à se masquer leur injustifiable existence[2].

Ce qui domine l'ensemble de ces choix, c'est le refus de tout esprit de sérieux. Un refus physique : une nausée – «Je confondis le dégoût avec l'esprit de sérieux»[3]. Par l'écriture, Sartre devient ou demeure Peter Pan : désembourbé du soucieux sérieux des ingénieurs, et des règles de la technique, envolé dans un monde préservé et ludique, celui de l'imaginaire[4]. C'est presque au sens propre qu'il faudrait prendre cette déclaration à Beauvoir : mon beau-père ? «Le fait d'écrire me mettait au-dessus de lui»[5]. Sartre sait voler, lui. On comprend alors qu'au projet d'être Dieu, structure profonde de la réalité humaine, *L'Être et le Néant* n'oppose qu'un seul et unique concurrent : le projet de jouer, fondé sur la liberté, et visant un tout autre type d'être, celui de la conscience ironique. Ce qui est suggéré encore dans la page inaugurale des *Mots* : toute une généalogie le prédestinait à devenir pasteur, instituteur, ou professeur, mais Sartre saura, à la différence de Charles, sinon rompre avec elle, du moins «*éluder* la vocation familiale»[6].

---

**1.** Page 113.

**2.** Voir les remarques de M. Contat, *Œuvres romanesques,* p. 1774.

**3.** *Les Mots,* p. 67.

**4.** Voir «Je suis un petit garçon qui ne veut pas grandir», *Écrits de jeunesse,* pp. 407-410.

**5.** *Entretiens,* p. 187.

**6.** Je souligne. – Sur ce ludisme essentiel, voir encore, dans les *Écrits de jeunesse,* «Une défaite», p. 226 ; *Carnets,* pp. 394-397 ; *L'Être et le Néant,* pp. 669-670 ; ainsi que J.-F. Louette : «Sartre : Dieu ou le football», *Les Temps Modernes,* juillet 1989.

«Rien n'est sérieux au monde», dit Sartre-Peter Pan, et dans *La Nausée*, même les terribles choses sourient. Un épisode moins inquiétant a fait couler beaucoup d'encre : la partie de manille à laquelle assiste Roquentin. Serge Doubrovsky en a proposé une fertile psychanalyse : l'as de carreau d'un vieillard (père) est coupé par le roi de cœur d'un jeune homme (fils), selon une contre-castration qui ne peut que laisser ce dernier, et Roquentin avec lui, *new of heart* (le neuf de cœur est la dernière carte mentionnée dans l'épisode), enfin virils[1]. Mais je lirais volontiers la scène autrement ; quand le neuf de cœur paraît, c'est en toute ironie, car trop tard : la musique s'est arrêtée, la mélancolie revient, le neuf est moins fort que le roi de cœur, bref le jeu, la donne du jeune homme pourrait faiblir, et celle de Roquentin, qui ne s'est éloigné de la nausée que pour quelques instants, et retrouve les soucis de son vieux cœur écœuré. L'important, en tout état de cause, est ceci : le jeu se voit investi de la même fonction que l'aventure, ou la musique : il délivre, puisqu'il peut «accomplir la métamorphose heureuse du contingent en gratuit»[2]. Mais le divertissement n'est que passager, au point d'en devenir inutile : «j'ai perdu la partie. Du même coup, j'ai appris qu'on perd toujours», il y a toujours maldonne, conclut Roquentin, «*jouer* avec l'absurdité du monde» ne le change en rien[3]. Ce sera aussi le point où Gœtz, à force de jouer sa vie aux dés, finira par parvenir.

Autrement dit : le choix ultime passe entre être chef et être bouffon[4] ; mais Sartre ne saurait souhaiter accéder à la suffisance du chef, et la bouffonnerie risque de mener à une piètre impuissance. Si tout allait au mieux, il faudrait que la bouffonnerie conduise, malgré tout, à une forme de maîtrise. Vous vous doutez, comme moi, que Sartre y a songé.

---

**1.** «Le neuf de cœur. Fragment d'une psycholecture de *La Nausée*», *Obliques,* n° 18-19, 1979.
**2.** *Carnets*, p. 381.
**3.** *La Nausée*, pp. 185, 207, 154.
**4.** *Carnets,* pp. 339-340 ; et G. Idt, Le Mur, *Techniques et contexte d'une provocation*, 1972, pp. 209-212.

Allègre Mauriac.
Sartre et Mauriac en juin 1957.
Photo A.F.P.

## L'homme risible

Un jour qu'il était d'humeur folâtre (un dimanche ?), François
Mauriac écrivit dans *L'Express* un article intitulé : «O Sartre, pourquoi êtes-vous si triste ?». Venant d'un gai luron réputé, à l'allégresse
confirmée, une telle question ne pouvait que faire trembler. C'était
n'avoir rien compris à la bouffonnerie sartrienne.

Ce qui est premier, Sartre le suggère, c'est l'expérience de la *risibi-lité* : laideur et petitesse font de Poulou un souffre-douleur pour ses camarades de La Rochelle, ou telle belle dédaigneuse. Sa réaction, Sartre l'indique à propos de Flaubert[1] :

> *«Bouffon, je me libérerai en produisant ce que je subissais ; plus tard, chaque soir, devant des salles combles, je les châtierai par où ils ont péché puisque je retournerai contre eux la domination qu'ils exer-çaient sur moi ; provoqué, suscité à l'improviste, le rire les étouffera ; je serai roi, on m'obéira au doigt et à l'œil, je leur ferai suer leur méchanceté, leur vulga-rité, je les abrutirai par une cascade de petits scan-dales imprévisibles, nécessaires et rapides.»*

Ce projet de vengeance, ou de maîtrise, par le rire, Sartre, pas plus que Flaubert, n'estime nécessaire de le cantonner au théâtre ; peu importe le genre, ce qui compte c'est une exploration ontologique, qui découvre la risibilité du monde. Tel est, pour une bonne part, le spec-tacle neuf que Sartre entend proposer.

L'enjeu est clair : ne plus être le gringalet des *Mots*, mais un gars laid qui grince[2], donner le grinçant spectacle du grotesque universel. Or il se trouve, par une chance sans égale qui implique un choix sans faiblesse, que de satisfaire ce désir son propre corps fournit à Sartre le moyen. C'est son corps qui à l'écrivain «apporte l'œil» qui avait tant manqué à Jules Renard, puisque ce corps est doté d'un œil qui louche, à géométrie variable : tantôt aveugle, tantôt crépusculaire, tantôt dédoublé.

Je réserve l'œil crépusculaire, qui ne se comprend que par son ori-gine grand-maternelle ; voici le solitaire, dans «Une défaite»[3] : «Tous le croyaient remarquable, ayant foi en son œil unique, mélancolique et malin» ; et le dédoublé, dans *La Nausée*, où, selon d'inquiets fan-

---

**1.** *L'Idiot*, t.1, pp. 824-825. Sur ce sentiment d'être grotesque, voir aussi «Une défaite», p. 208.
**2.** Voir l'astucieuse série d'associations proposées par A. Costes, «Les chemins de l'écriture sartrienne : premiers balisages», 1979, *Études sartriennes*, II-III.
**3.** *Écrits de jeunesse*, p. 218.

Au café de Flore, en 1945.

Photo Brassaï

Sartre chez lui, en 1968.

Photo Keystone.

tasmes de Roquentin, une mère qui regarde un bouton sur la joue de son enfant «verra la chair se bouffir un peu, se crevasser, s'entrouvrir, et au fond de la crevasse, un troisième œil, un œil rieur apparaîtra»[1] – chair qui se bouffit : naissance d'un bouffon. Car un seul œil ou trois yeux, c'est tout un, ils sont toujours malins et rieurs : l'œil louche de Poulou deviendra l'instrument de son esprit négatif, *l'outil de la vision bouffonne.* Comme le monde est bien fait : il fallait choisir le ludisme contre les atteintes des railleurs, et le sérieux du beau-père, et pour y parvenir, Poulou est loin d'avoir le mauvais œil.

Risible parce que louche, Sartre fait donc, non sans courage maso-chiste, de sa loucherie l'instrument de sa puissance bouffonne. Il convient d'en distinguer diverses modalités : le comique, le carnava-lesque, le grotesque, et divers rires aussi (qui ne les recoupent pas), commodément colorés : rires blanc, jaune, noir.

*Le comique.* C'est, comme on sait depuis Baudelaire, le regard du rieur, et non l'objet du rire, qui fait le comique ; voici Charles, allongé sur son lit d'infirme[2] :

> «*Il regarda son petit bout du monde dans son troi-sième œil. Un œil poussiéreux et fixe, avec des tave-lures brunes : il décomposait toujours un peu les mouvements, c'était amusant pour ça, ils devenaient raides et mécaniques comme dans les films d'avant-guerre.*»

À bien des égard, Sartre est Charlot écrivain. Il évoque souvent, et avec émotion, les films burlesques américains : s'ils conjoignent «destruction et poésie»[3], c'est parce que la maladresse mécanisée n'y étouffe pas entièrement la fantaisie sautillante d'une liberté. Bergson a donc tort de nommer comique la *réduction* de l'humain au mécanique : il n'a, aux yeux de Sartre, décrit que la satire[4]. Le

---

1. *La Nausée*, pp. 187-188.
2. *Le Sursis*, p. 760.
3. *La Force de l'âge*, p. 128.
4. *Cahiers pour une morale*, p. 351.

comique proprement dit naît de la *contradiction* entre liberté et déterminisme, subjectivité et objectivité ; comme le disgracieux, il procède d'une présence inadaptée à une situation. Il implique soit une obtuse régularité mécanique, soit des actes heurtés et violents : trop ou pas assez d'ordre. Au comique ainsi défini correspondent deux techniques dominantes. D'une part le procédé de la vitre, commenté, dans *Situations, I*, à propos de l'*Étranger*, procédé analytique qui décompose une action en mouvements dépourvus de sens global, comme s'ils étaient vus de derrière une vitre : songez aux salutations de *La Nausée*[1]. C'est un comique de bêtise ; que l'analyse, «le coup d'œil médical», «le regard-bistouri», puissent produire de la bêtise en leur objet, c'est ce sur quoi reviendra brillamment *L'Idiot de la famille,* à propos de Homais[2] (il est vrai que chez lui ce n'est pas volontaire, quand Sartre et Camus, j'imagine, savent ce qu'ils font). Seconde technique, le pastiche du style de Dos Passos, lui-même fondé sur une perpétuelle addition narrative, scandée de «et» lancinants, et sur la transformation des paroles en déclarations de presse : «un ton faussement objectif, d'une ironie voilée»[3], qui dénonce le basculement incessant du singulier dans le social. Style qui est très fréquent dans *Le Mur*, et notamment pour Rirette et Lucien, dont on sait l'originalité : midinette à prétentions, chef prétendu ; mais style employé aussi, sous une forme plus souple, pour le Boris des *Chemins de la liberté,* dont la naïveté décidée, le refus de trop penser, sont, aux yeux de Sartre, d'une drôlerie formidablement sympathique.

*Le carnavalesque.* Tant qu'il est «sain comme l'œil», Poulou sait mesurer ses truquages d'enfant[4] ; d'où l'on déduit qu'un œil malade ne peut que produire une comédie généralisée, une vision de l'homme comme acteur et du monde comme carnaval. On connaît bien le premier thème, grâce au garçon de café de *L'Être et le Néant* : il n'y a

---

1. *Œuvres romanesques*, pp. 55-56.
2. *L'Idiot*, t.1, pp. 640-648 : «De la bêtise comme négativité».
3. *La Force de l'âge*, p. 256. – Voir aussi p. 159 (*Quarante-deuxième parallèle*) ; *Carnets*, p. 22 (un exemple de pastiche) ; «À propos de John Dos Passos et de 1919», *Situations, I* ; ainsi que G. Idt, Le Mur *de Jean-Paul Sartre*, 1972, pp. 62-65 et 75-79.
4. *Les Mots*, p. 168.

pas de naturel ; le second est tout aussi important : le monde est une farce, où se multiplient renversements, déguisements et faux-semblants. C'est par là que s'explique le goût sartrien du canular («canuler c'est tenter de faire marcher l'homme à rebours ou la tête en bas»[1]), et en un sens toute l'œuvre sartrienne est un vaste canular : «ceux qui prennent mes ouvrages au sérieux sont des gogos»[2], avis aux amateurs.

De cette dimension carnavalesque l'analyse a été faite par les remarquables travaux de Geneviève Idt : elle implique un collage de langages hétérogènes (j'en ai suggéré l'usage incendiaire), une perversion des lieux communs les mieux établis (il suffit, par exemple, et pour y revenir, de remplacer l'indéfini par le défini dans le syntagme figé «un homme de Dieu»...) ; elle repose sur des schèmes d'intrigue (l'occasion manquée, la farce qui tourne mal, l'action paradoxale : Roquentin perdant à nouveau Anny, Pablo refait de sa blague dans «Le Mur», la reculade de Munich tournée en victoire par la lâcheté publique, etc.) ; elle suppose encore des traits stylistiques : une prédilection satirique pour l'échange, par métaphore, des règnes au détriment de l'humain (l'Autodidacte est un poulet, un âne, un chien, une brebis, Lucien devient une poule, un crapaud, une punaise, une asperge), une dissonance constante : «nul n'est mieux qualifié que le commis-voyageur, là-bas, pour placer la pâte dentifrice Swann», «le cou sentait l'ambre, la bouche le caporal ordinaire»[3], etc. Carnaval qui vaut aussi pour le théâtre : c'est clairement le cas de *Nekrassov*, fondé sur l'éphémère royauté d'un imposteur, du burlesque anti-religieux dans *Le Diable et le Bon Dieu*, de la transformation, par Frantz, qui ne cesse de sauter de rôle en rôle, de l'Histoire en danse, ou en farce, funèbres.

*Le grotesque.* On pense, bien sûr, à Diderot, à Flaubert, à Maupassant et Sartre, qui n'en n'est pas à une ambiguïté près, n'eût pas désavoué cette lignée. Mais le grotesque qu'il propose est, quant à lui, sans modèle, dans la mesure où il a, pris dans un sens strict, partie

---

**1.** «Une défaite», *Écrits de jeunesse*, p. 216.
**2.** *Carnets*, p. 407.
**3.** *La Nausée,* p. 132 ; *L'Âge de raison*, p. 396.

liée avec la contingence. Si le comique est avant tout social, le grotesque est essentiellement métaphysique. Est grotesque ce qui révèle
la contingence se redoublant comme excès passif, comme «épanouis-
sement inerte»[1] : le grotesque se place du côté de l'obscène, qui en
constitue la modalité sexuée, quand le comique se relie au disgracieux, moins pesant. (Il y a un autre versant de la contingence : l'exigence – on *a à être* sa contingence ; mais on cesse alors d'être
grotesque pour, peut-être, devenir authentique). Le grotesque sartrien
reprend donc les deux visages qu'en offre la tradition : plaisante dérision, énigme métaphysique[2] ; mais il les relie en avançant que la
contingence, clé de l'énigme, *est aussi dérision*.

Soit, en effet, les deux expériences où se fait sentir le grotesque de
la contingence : la vision d'un corps, la contemplation des choses. Les
choses de *La Nausée* sont «grotesques, têtues, géantes»[3] ; grotesques,
et non point comiques : ce serait trop dire, ce serait se sauver de la
gratuité par la communauté, le comique supposant une rassurante collectivité de rieurs ; le grotesque est moins intense (il ne fait pas vraiment rire), mais plus inquiétant (conformément aux origines du
terme), car il est saisi avant tout par l'homme seul, et renvoie à cette
trouble «espèce de liberté des choses» par laquelle Sartre un jour définit la contingence[4]. Dans le grotesque se profile la possibilité que les
choses se moquent des hommes, les provoquent ou les défient, en fassent des personnages de vaudeville, honteux d'être là : c'est à cette fin
narquoise que le jardin du marronnier sourit à Roquentin. Sourire qui
implique aussi l'abandon d'un privilège : il ôte à l'homme l'exclusi-
vité du rire, pour mener à une vision fantastique – l'existence est «une
grosse bête immobile», qui s'éveille doucement[5].

S'il n'a pas une nature, quoi qu'en pense l'humanisme, l'homme,
en tant qu'existant, est malgré tout «horriblement naturel»[6]. C'est
ainsi que, face au miroir, Poulou découvre, dans ses grimaces, la

---

**1.** *L'Être et le Néant*, p. 471 (où l'analyse de la grâce, du disgracieux, de l'obscène est elle-même conduite à partir du *Rire* de Bergson).
**2.** E. Rosen, *Sur le Grotesque*, Presses Universitaires de Vincennes, 1991.
**3.** *Œuvres romanesques*, p. 152.
**4.** *Entretiens*, p. 446. Ou *Situations, I*, p. 279 : contre le déterminisme, Sartre croit à une «indétermination partielle de l'univers».
**5.** *La Nausée*, p. 156.
**6.** *Les Mots*, p. 91.

secrète défaite du visage humain, dont Roquentin aussi fait l'expérience, et Flaubert, et sur laquelle Sartre reviendra très explicitement dans les *Entretiens* : en raison de cet œil louche, impossible de se voir sans tomber dans un marécage, ou sans rire aigrement du «singe obscène et grotesque» qui paraît[1]. Là encore, le grotesque naît d'une sorte de revanche, non plus des choses sur les hommes, mais de la chair sur l'esprit. Le visage d'autrui révèle le même retournement : Mme Parrottin, un jour d'audace, voit enfin les traits de son mari, chair «bouffie, baveuse, vaguement obscène»[2] ; on retrouve la bouffissure, l'excès grotesque où naissait le troisième œil rieur. Voici enfin, pour en venir à l'antagoniste du visage, le pauvre corps de Charles : «Ça l'avait pris dans le ventre comme un fou rire, cette sombre et violente envie de s'ouvrir et de pleuvoir par en-bas»[3] – il faut prendre la métaphore au sérieux : le grotesque sartrien paraît sur le fond d'une contingence qui, pour sa part, naît de ce renversement du ciel, que nul, après les clameurs de Zarathoustra, ne peut plus ignorer, et qui expose à d'étranges précipitations.

## Rire ou s'unir

Qu'il regarde en-haut, ou en-bas, l'intuition fondamentale de Sartre lui fait voir la contingence se mêlant avec le grotesque. Nulle surprise alors si la *nausée* de Marcelle est «quelque chose comme un grand rire au fond de sa gorge»[4] – mais c'est dire aussi que la bouffonnerie, inversement, ne va pas sans dégoûts.

Au point d'en devenir suspecte, puisqu'elle se trouve, par nature, ambivalente, et à un double titre : elle défait les supériorités, mais à partir d'une position de surplomb ; elle conteste, mais pour séduire. Sous le premier aspect, elle est par Sartre vite critiquée, dès l'article qu'en 1943 il consacre à Georges Bataille[5]. C'est là que sont distin-

**1.** *Entretiens*, p. 394 ; *L'Idiot*, t. 2, p. 1323.
**2.** *La Nausée*, p. 107.
**3.** *Le Sursis*, p. 956.
**4.** *L'Âge de raison*, p. 464.
**5.** «Un nouveau mystique», *Situations, I*.

gués deux rires, blanc et jaune. Le rire blanc est celui de Bergson : sanction sociale, il constitue un ostracisme plus ou moins léger, mais qui soude superficiellement les rieurs dans la désolidarisation face à un tiers risible. Superficiellement, car chacun ne rit avec l'autre que par le biais de la cruauté acceptée : rire sériel, dit Sartre dans *L'Idiot*[1], et non rire de groupe. C'est le rire de Lucien camelot, apprenant la mutilation d'un adversaire : piètre rire purificateur de toute pitié, rire fort par lâcheté, défense contre la peur de l'infirmité[2]. Rire classique aussi : celui de Molière, dit un peu brutalement *Qu'est-ce que la littérature ?,* interne à un ordre en fait incontesté, et qui «traduit l'action répressive que la collectivité exerce sur le faible, le malade, l'inadapté ; c'est le rire impitoyable d'une bande de gamins devant les maladresses de leur souffre-douleur»[3]. Sartre sait bien que ce rire est conservateur ; il refuse d'en user, et c'est pourtant celui qu'implique si aisément la position du satiriste : «la satire, le pamphlet viennent d'en haut. Les conservateurs y excellent»[4]. Bref, c'est la pente où risque de s'engager «l'homme seul», qui a besoin de ce qu'il détruit si allègrement, tout en provoquant chez ses lecteurs une complicité de supériorité partagée ; ce n'est point par hasard qu'Anny évoque «des bouffons assis sur les marches du trône»[5] : c'est leur lieu naturel.

Le rire jaune, celui de Bataille, n'a quant à lui rien de royal, il prend, au rebours, amertume de l'insuffisance humaine ; rire de qui voudrait être Dieu, être tout, et n'est qu'un absolu manqué en manque d'absolu. De là le choix de l'abjection, un désir de surenchérir sur le défaut d'être par la perte de soi. Ce rire a cet avantage sur le précédent de ne pas se moquer à partir d'un point de vue assimilable par l'ordre bourgeois ; Roquentin songe à expliquer à un beau monsieur respectable ce qu'est l'existence : «À l'idée de la tête qu'il ferait, j'éclate de rire (...) Je ris aux larmes.»[6]. Mais ce «rire bas et sombre, qui s'élevait en hennissant et retombait par cascades»[7], cette célébration spasmo-

---

**1.** I, pp. 680-684 et 809-831.
**2.** «L'Enfance d'un Chef», p. 374.
**3.** *Situations, II*, p. 141.
**4.** *Situations, I*, p. 146.
**5.** *La Nausée*, p. 174. – «Cet ordre, pour ma part, j'aimais qu'il existât et pouvoir lui jeter ces bombes : mes paroles» (*Situations, IV*, p. 147).
**6.** *La Nausée*, p. 132.
**7.** Marcelle, dans *L'Âge de raison*, p. 705.

dique de l'insuffisance, dissimule une messe jaune, où la bête humaine, par un «qui perd gagne» sournois, recherche l'angélisme d'une relation mystique au divin. Toute la lettre que Daniel, dans *Les Chemins de la liberté*, adresse à Mathieu, est empreinte de cette dérision pleine de mauvaise *foi* : ses «pleurs de rire» marquent assez qu'il est un Pascal du vingtième siècle ; et l'épisode, si décrié, de *La Mort dans l'âme*[1], où Mathieu, au milieu des soldats vaincus et de leurs rires amers, par effort de solidarité, boit un vin ignoble, indique pour finir la précarité d'une *communion* humaine qui passerait par l'abjection.

Seul le rire noir a une valeur incontestable. Héritier de la «grande satire» à laquelle auraient atteint Beaumarchais, Vallès, ou surtout le pessimisme de Céline[2], c'est le rire de Pablo à la fin du «Mur» ; celui, tout aussi grinçant, de Frantz à la fin des *Séquestrés d'Altona* ; son nom (von Gerlach) est à lui seul une définition, qui mêle «guerre» et l'allemand «lachen» : un rire dérisoire de guerre à la guerre ; mais aucun texte ne le peint mieux que ce passage encore de *La Mort dans l'âme*[3], qui décrit la réaction de nos glorieux soldats à l'annonce de l'Armistice :

> «*Mathieu se laissa gagner par ce rire désagréable, il y eut un moment atroce : on l'avait jeté, tremblant de fièvre, dans des draps glacés ; puis son éternité de statue se cassa, vola en éclats de rire. Ils riaient, ils refusaient les obligations de la grandeur au nom de la canaille, faut pas s'en faire pourvu qu'on ait la santé, le boire et le manger, j'emmerde la moitié du monde et je chie sur l'autre moitié, ils refusaient les consolations de la grandeur par austère lucidité, ils se refusaient même le droit de souffrir ; tragiques : même pas, historiques : même pas, nous sommes des cabotins, nous ne valons pas une larme ; prédestinés : même pas, le monde est un hasard. Ils riaient, ils se*

---

1. Pages 1254-1255. – Cet épisode est programmé dans *Situations, II*, p. 250 : Mathieu «boit le calice jusqu'à la lie, c'est-à-dire qu'il éprouve jusqu'au bout sa condition d'homme».
2. *Situations, II*, p. 141.
3. Pages 1204-1205.

> *cognaient aux murs de l'Absurde et du Destin qui se*
> *les renvoyaient ; ils riaient pour se punir, pour se*
> *purifier, pour se venger : inhumains, trop humains,*
> *au-delà et en-deçà du désespoir : des hommes.»*

Seul vaut ce rire qui fait tournoyer la contradiction pour lutter contre la pétrification par l'Histoire, ce rire désolé qui abrite le manège affolé des hommes et des contre-hommes ; car, il faut enfin l'admettre, ce sont les mêmes.

Que peut-il cependant, ce rire lucide, ou plutôt que dure-t-il ? On sait l'ironie sartrienne, dans la suite du roman : fausse nouvelle, l'Armistice n'est pas encore signé, tout est à refaire : «le temps coulait doucement, il fallait se remettre à vivre» – ou, comme Frantz, à mourir lentement. C'est indiquer que le rire noir (comme, d'ailleurs, le rire jaune de Bataille) ne «tient» que dans l'instant. Il allège sombrement un instant, il ne construit aucunement un projet. La contestation fait place nette, mais elle ne dure qu'un temps, elle a vite fait son temps. Le *projet*, en tant qu'il suppose une durée, sera moins drôle ; il ne peut qu'être politique – «arracher aux bourgeois l'humanisme»[1] : il faudra trouver quelque moyen d'aimer les hommes – après tout, la bouffonnerie était déjà une façon de les séduire.

## L'homme-femme et l'orang-outang

Ainsi toute l'œuvre de Sartre peut-elle être lue au regard de cette déclaration des *Carnets* : «je n'aime pas les hommes, je veux dire les mâles de l'espèce»[2]. Mais, on le pressent, ce serait la simplifier abusivement que de ne pas lui appliquer la proposition inverse.

L'une des secrètes faiblesses de l'humanisme, c'est d'ignorer la dimension sexuelle de ses propres idées, et la richesse des goûts de

---

**1.** *Situations, IV*, p. 220.
**2.** Page 338.

son objet préféré. L'Autodidacte de *La Nausée* se révèle pédéraste ; c'est redéfinir burlesquement l'humaniste : homme qui aime (trop) les hommes[1] ; en tout humaniste sommeille un homosexuel qui s'ignore. Non point qu'il s'agisse ici pour Sartre de condamner ; il veut au rebours indiquer que l'humaniste, par effroi, n'a pas fait le tour de sa propre humanité, ou n'en accepte les virtualités que dans la honte, reconnaissant ainsi le pouvoir sur et en lui de ce «petit homme» : le Corse aux moustaches de tambour-major. Dans *Les Chemins de la liberté,* Daniel est grotesque non parce qu'il est pédéraste, mais faute d'assumer sa préférence : la ressentant comme une faiblesse, il se ridiculise en démonstrations de force (c'est l'épisode de la lutte avec Ralph). Bref, pédérastie et homosexualité sont prisonnières d'une réduction, une de plus, chère à l'humanisme : confondre l'homme avec le grand mâle dominant des gorilles.

À dire vrai, c'est la menace qui pèse sur toute démonstration sexuelle : qu'on relise, dans «Intimité», le commentaire de Rirette sur la scène de ménage entre Lulu et Pierre, qui veut la reconquérir : «il avait l'air d'un orang-outang» – et pourtant, la virilité n'est pas son fort. Lorsque la situation se pimente, c'est pour aboutir à cette scène qui unit, dans «L'Enfance d'un Chef», Lucien et Maud, en une «bête aveugle qui palpitait dans les draps». Qu'on examine enfin Pinette en plein effort : «La tête ne s'abaissait pas, raide, blanche, aveugle», et les «bras raccourcis semblaient des ailerons»[2], bref Pinette, à la fois avion et poisson, cherche à survoler la Nature autant qu'à plonger en elle ; autant dire qu'aimer, c'est perdre la lucidité qui veille et vole pour se poser ou se noyer dans la chaleur de l'animalité. L'hétérosexualité paraît ainsi, elle aussi, reconduire l'homme à la bête, même tendre ; et pourtant, selon le commentaire de Mathieu, ce n'est là rien d'autre que «faire son métier d'homme».

C'est dire que pour bien faire ce métier, pour échapper aux sarcasmes du grotesque, pour refonder l'amour, il conviendrait de commencer par substituer le modèle de l'homme-femme à celui de l'orang-outang. L'homme-femme : terme que les *Carnets* reprennent à

---

1. «C'est à peine de la sensualité, son humble     ır contemplatif pour les jeunes garçons – une forme d'humanisme plutôt» (*La Nausée*, p. 189).
2. *La Mort dans l'âme*, p. 1282.

Proust, afin de désigner l'envers de l'ingénieur moustachu. Sartre en propose une vision explicite, à propos de Gustave, dans *L'Idiot de la famille* («Sa sexualité, partiellement féminine, réclame un changement de sexe qui lui permettrait un plein développement de ses ressources»[1]), et implicite avec Lucien de «L'Enfance d'un Chef» ; car c'est de la même proposition bisexuelle que la nouvelle se propose de fournir comme une démonstration *a fortiori*, menée à partir du cas le plus difficile : si, comme l'apprend l'exemple de Lucien, tout chef recèle une petite fille qui se refuse, un angelot qui s'est par angoisse raidi contre l'incertitude sexuelle de son enfance, et de son adolescence, que penser du reste de l'humanité... À preuve, la distribution des moustaches dans le récit : comment pourraient-elles marquer au dénouement la virilité enfin conquise de Lucien, alors que «Madame Besse était une grande et forte femme avec une petite moustache», et que si maman se munit des pantalons de papa, la question se pose de savoir si une moustache noire ne va pas aussitôt lui poindre ? Moustache : poils de hasard, pièce d'un costume, et non vérité d'une virilité[2]. On saisit alors que la pileuse décision finale de Lucien reproduit, malgré les apparences, son hésitation initiale : «Il n'était plus tout à fait sûr de ne pas être une petite fille.»

Dans cette revendication de bisexualité, une lecture psychanalytique a voulu voir une incapacité (faute de père) à admettre la différence sexuelle[3], et une homosexualité déniée. Petit secret, qui n'en était sans doute pas un pour Sartre : dans le premier des *Carnets*[4], pour expliquer sa «peur nauséeuse de l'amitié», n'évoque-t-il pas «comme une pédérastie larvée et barrée» ? On ne s'étonnera pas alors si l'opposition à la figure du beau-père recèle quelque ambivalence.

---

1. Tome 1, p. 685.
2. Je suis loin d'avoir tiré tous les poils de cette moustache (hitlérienne, en 1939) : il faudrait entre autres faire intervenir la «moustache bien pensante» d'un polytechnicien mort en bas âge, et la parodie fameuse : «je ne pense pas donc je suis une moustache» (*La Nausée*, p. 112 et 121) ; ou encore la broussaille qui *masque la chair* de Karl ; les «fortes moustaches» du père de Sartre, et Poulou en chantre d'Aurillac, «moustachu comme mon père», etc. (*Les Mots*, pp. 71, 19, 151).
3. C'est la position de J. Pacaly dans *Sartre au miroir*. – Là encore, *Les Mots* semblent jouer du thème : la symétrie est trop belle, qui fait Charles Schweitzer se consoler «avec de fortes idéalistes, moustachues», et montre en Monsieur Simonnot un «quinquagénaire aux joues de fille qui cirait sa moustache».
4. Inédit, folio 115.

Le couple que forment, dans *Le Sursis*, Philippe et le rude général des secondes noces maternelles, laisse, peut-être, paraître un désir homosexuel refoulé ; c'est en ce sens aussi que la textanalyse a lu «La Chambre» et «Erostrate»[1]. Là encore, *Les Mots* enferment divers montages révélateurs ; j'en repère au moins deux.

Prenons un autre des micro-récits héroïques chers à Poulou ; on appréciera le vague de la référence possessive : «pour sauver son futur beau-père et sa fiancée, l'explorateur de *Pour un papillon* lutta trois jours et trois nuits contre les requins»[2] : fiancée à qui ? Au beau-père ? Alors pourquoi les sauver ? En bonne logique, il vaudrait mieux laisser périr les traîtres à Poulou. Même si ces deux personnages sont un collectionneur (de papillons) et sa fille (promise au héros), quelle belle incertitude, ici, de la phrase... Et voici qui est plus net : la compagnie du père Barrault, son instituteur, qui réserve à Poulou un traitement de faveur (comme M. Mancy donnant au jeune Sartre des leçons supplémentaires... de géométrie), cette compagnie donc lui procure ces «plaisirs studieux et mêlés que j'éprouvais dans la compagnie des hommes mûrs», des «gênes exquises» : l'allusion à Valéry est invite à jouer sur l'étymologie du vocable, «géhenne», qui renvoie alors à ce «bourreau» indispensable pour faire naître une rébellion[3] – mais la gêne subie est exquise...

Si ces troubles phénomènes me paraissent importants, c'est parce qu'ils ont des conséquences sur l'écriture sartrienne elle-même, qui ont été, notamment, mises au jour à propos de *La Nausée*[4]. Serge Doubrovsky a montré de façon peu réfutable, et avant même d'avoir pu lire cette formule décisive sur la «peur nauséeuse de l'amitié», que la progression de l'expérience de la nausée se présentait comme le mouvement «d'un désir/dégoût, chez Roquentin, de la transformation imaginaire de son sexe en sexe femelle»[5], qui suscite fantasmes de

1. Voir G. Idt, «*Les Chemins de la liberté* : les toboggans du romanesque», art. cité, et les études de J. Bellemin-Noël sur les deux nouvelles.
2. *Les Mots,* p. 121.
3. *Les Mots*, pp. 67 et 94.
4. Mais pas seulement : pour les biographies de Sartre, voir l'étude de J. Halpern, *Critical fictions : the literary criticism of Jean-Paul Sartre*, 1976.
5. Voir «Le Neuf de cœur. Fragment d'une psycholecture de *La Nausée*», 1979, et «Phallotexte et gynotexte dans *La Nausée* : "Feuillet sans date"», 1982, p. 32.

sodomisation et de castration (l'existence prend et viole par-derrière ; les arbres, on s'en souvient, sont des verges lasses, et Roquentin est traité de vieille bonne femme par Anny, de tante par le Corse, etc). Retour encore au «Feuillet sans date» : Roquentin est un gars laid attiré par les jeux des gamins – ou la main des gars ? Car, *comme l'Autodidacte,* double déchu dont il partage la laideur, et qui caresse une paume pour la trouver caressante, Roquentin, en butte à leurs moqueries, s'inquiète de leur faire peur, et peut-être de sa propre «main espiègle»[1].

Mieux encore, c'est *l'énonciation générique elle-même* qui dans *La Nausée* se partage entre féminité (le journal à l'usage des vierges ou prêtres) et virilité : «cette bande d'acier, l'étroite durée de la musique»[2], modèle pour le roman projeté, et écrit (que les deux se confondent ou non). Ce fantasme de bisexualité vaut au-delà de *La Nausée,* puisqu'il définit la condition de l'écrivain ; *Kean* en propose encore une image, qui juxtapose ces deux propositions contradictoires : l'homme de théâtre (acteur ou auteur) n'est qu'une illusion d'homme, mirage et reflet voué, quoi qu'il en ait, à l'imaginaire, ou pire, prêtre d'une communion esthétique – il reste qu'à travers le souci de séduire, lui dit le prince de Galles, «c'est nous (...), nous les *vrais* hommes que tu veux posséder»[3]. Comme quoi, homme ou femme, on ne va pas voir une pièce de Sartre sans prendre quelques risques.

Sartre définissait Flaubert, «un androgyne imaginaire à demi»[4]. Formule qui s'applique à lui-même, «Une défaite» le prouve, puisque pour Frédéric, transparente projection autobiographique, conter en cherchant à séduire c'est «désirer comme une femme ses propres pensées»[5]. Sartre écrivain est donc celui qui séduit en se séduisant, et se séduit en séduisant. Coquine et coquette partie : à condition d'aimer en soi une femme, une virile plume-épée conquiert le public, cet être féminin, pour mieux le posséder comme une assistance masculine. Activité qui implique passablement de tension, et pas moins de provocation : contester et se faire aimer, laisser espérer et refuser, se rendre transparent et opaque à la fois.

1. *La Nausée*, p. 194.
2. *La Nausée*, p. 28.
3. Pages 52 et 67.
4. *L'Idiot*, t. 1, p. 696.
5. *Écrits de jeunesse*, p. 239.

Cette sexualisation ambiguë de l'écriture, mais aussi le désir sans mesure d'être libre contre les livres (l'incendie), et encore, à l'opposé, l'infinie volonté de se faire nécessaire et non plus contingent, bref de devenir un livre contre sa propre liberté – ces déterminations contradictoires, un terme les rassemble au mieux : celui de *libricité*[1].

1. J'emprunte ce néologisme à Charles Asselineau, pour qui il désigne la «sensualité littéraire» (*L'Enfer du bibliophile*, Édition des Cendres, 1985, p. 20. – Je reviens sur ce terme dans une étude intitulée «L'expression de la folie dans *Les Séquestrés d'Altona*», *Les Temps Modernes*, août-septembre 1993.

# TRANSPARENCE ET OPACITÉ

Détourner la révolte vers le projet d'agir, cesser de rire des hommes pour s'unir à eux, contester l'orang-outang, technicien ou nietzschéen, par l'homme-femme – Sartre, autant le dire d'emblée, n'y réussira jamais tout à fait. J'en veux pour preuve l'usage qu'il fait du bordel. À ses lectures nobles (le temple), inspirées par l'exemple de son grand-père, Sartre oppose ses lectures libres, qui lui viennent du bon côté, féminin, de la famille : «je passais des vacances au bordel»[1]. Mais qu'y faisait-il, au juste ? Il y lisait, pour écrire, bien sûr ; il cherche à écrire *pour* les filles légères (Anne-Marie, à coup sûr[2] ; Louise Schweitzer ; Simone de Beauvoir, aussi) ; mais il ne peut les approcher tout à fait. La quête de la transparence, loi de l'amour, valeur, également, à laquelle devrait, en première analyse, se subordonner l'action, ne peut entièrement surmonter l'opacité. Formulation rousseauiste – aussi bien Althusser tenait-il Sartre, après quelques autres, pour le Rousseau de notre temps[3].

## *Transparence*

### J'ai trois amours

Sartre a trois amours : maman, Simone et les hommes-femmes. Dans les trois cas, la valeur à laquelle il faut s'efforcer d'atteindre est

---

1. *Les Mots*, p. 64.
2. Puisque la vocation vient d'elle, comme des autres : «Mon petit bonhomme écrira !» (*Les Mots*, p. 127).
3. «Ce romancier philosophe à la Voltaire mais à l'intransigeance personnelle à la Rousseau» : *L'Avenir dure longtemps*, Stock/Imec, 1992, p. 170. Cependant, la transparence sartrienne est (politiquement) un horizon, non une origine comme pour Rousseau.

Veuve à l'enfant.
*Coll. Arlette Elkaïm.*
Photo Josse /Gallimard.

celle de la transparence[1]. À dire vrai, en ce qui concerne la relation entre Poulou et Anne-Marie, il n'y a point de peine à se donner : dans les années quatorze, bonheur fusionnel, «ma mère et moi nous avions le même âge et nous ne nous quittions pas ; (...) je lui disais tout». On comprend, d'une part, que Poulou ait pu, en ces temps bénis, être, *pour de bon,* un homme-femme : il est le petit homme de sa mère, son protecteur, mais devant les approches viriles, il s'effraie comme elle : «nous ne fîmes plus, Anne-Marie et moi, qu'une seule jeune fille effarouchée qui bondit en arrière»[2]. Petit homme et jeune fille, ou biche, à la fois. D'autre part, cette intimité de transparence est un modèle insurpassable : elle définit l'espace même de l'amour, sa musique[3]. Du fameux pacte conclu avec Simone de Beauvoir la formule est exactement analogue : «Il fut donc convenu que nous nous dirions tout»[4] ; il est trop évident que le pacte de l'adulte constitue une réduplication, un prolongement de la communion vécue par l'enfant, et répétée déjà, entre-temps, par l'adolescent avec Paul Nizan. C'est, quoi qu'il ait été par ailleurs des amours contingentes et mensongères de Sartre, la règle d'une relation authentique, et aussi bien dans le monde romanesque de l'écrivain : Mathieu et Marcelle sont censés tout se dire ; le souhait de Mathieu face à Ivich, ce serait «que vous soyez obligé de penser tout haut», il espère d'ailleurs se confondre avec elle, «être Ivich sans cesser d'être moi»[5]. Et pour en finir avec le gaillard et poétique Mathieu, voici l'heureuse conclusion de ses amours avec Irène, la bien-nommée dans un roman de la paix en sursis, dont il regarde les yeux : «C'étaient deux lacs de glacier, transparents et sans fond»[6].

Comme de juste, on retrouve ces yeux lorsqu'il s'agit de justifier le titre *Drôle d'amitié* : au moment où Brunet le communiste et Schneider l'intellectuel enfin se rapprochent, voici que «Schneider lui fait un grand sourire, presque complice ; brusquement ses yeux deviennent transparents et gais»[7]. C'est dire qu'il y a entre eux accord

**1.** Sur cette notion un texte est essentiel, «Autoportrait à soixante-dix ans», dans *Situations, X.*
**2.** *Les Mots,* pp. 176 et 178.
**3.** La même intimité est connue par Baudelaire avant l'irruption du général Aupick, et par Merleau-Ponty : une «intersubjectivité d'immanence» (*Situations, IV,* p. 197).
**4.** *La Force de l'âge,* p. 23.
**5.** *L'Âge de raison,* pp. 454-455. – De même Daniel souhaite-t-il être Marcelle, etc.
**6.** *Le Sursis,* p. 1080.
**7.** *Œuvres romanesques,* p. 1469.

Sartre, Beauvoir, Fidel Castro.
Photo Gérard Siegel.

de conscience à conscience[1] ; cet accord est lent à construire : Brunet pense longtemps que seuls les communistes sont des hommes, et les autres des tapettes ; Schneider défend, contre cette vision qu'il juge quelque peu abstraite, les droits de la «subjectivité» : enfance, amour, affectivité, scepticisme aussi. L'union de Mathieu et Brunet, on peut en pressentir le goût lorsqu'un groupe entre en fusion ; Mathieu le décrit alors qu'il s'en sépare : «une âme énorme l'avait empli, distendu, s'était retirée, l'avait laissé vide et flasque, vieille mamelle éreintée pour avoir eu trop de lait»[2]. Ce qui est décisif dans ces pensées, par-delà l'ironie tournée contre l'âme à la Romains, c'est le mélange des métaphores : pénétration, détumescence, allaitement...

1. Elle se définit «une petite transparence vivante et impersonnelle» (*La Nausée*, p. 200).
2. *La Mort dans l'âme*, variante, p. 2076.

1938, Sartre à l'enfant (son filleul, fils d'une amie, Gégé Pardo).
Coll. part. Frédéric Pardo.

Bref : Brunet et Mathieu réunis, ce serait un homme-femme à vertus humaines et politiques, l'être de l'avenir.

Il faut souligner ceci : dans l'échange heureux des regards, si les yeux deviennent transparents, c'est parce qu'ils ne réservent rien, certes, mais aussi parce qu'ils ne butent sur rien, parce qu'ils ne reflètent pas le corps ou la pensée de l'autre, sa pesanteur ou sa noirceur, sa différence opaque. De sorte que dans le monde sartrien, selon un principe absolument décisif, aussi bien que paradoxal, aimer c'est ne pas voir, être aimé c'est ne pas être vu. Georges part à la guerre et quitte son enfant : «Elle commençait à m'aimer. Il aurait fallu être là à toute heure, l'habituer si profondément à ma présence qu'elle ne puisse plus me *voir*.»[1]. Quel sens du sacrifice, qui rend à ce point transparent... Frantz n'a pas cette chance, qui n'échappe, et mal, à son

---

1. *Le Sursis*, p. 841.

**81**

géniteur qu'en se séquestrant : invisibilité maudite du fils, faute de la transparence prescrite aux pères.

Ainsi la transparence est-elle une valeur à la fois privée et publique, singulière et politique. Elle ne se manifeste qu'épisodiquement : dans quelques amours d'une vie, dans quelques moments de l'Histoire ; aux origines, lorsque les Titans d'*Er l'Arménien* vivaient dans la fraternité ; aux bons moments de la Révolution française, que Sartre pense à travers Michelet ; ou bien, paraît-il, sous l'Occupation : «il y avait entre Français une transparence des cœurs, inoubliable, qui était l'envers de la haine»[1] ; et enfin lorsque le communisme mâtiné d'existentialisme aura établi «une collectivité sans clivages»[2].

## Un diamant écrivain

En somme, la transparence est l'envers du regard grotesque, de la virilité suraffirmée dans la solitude et la critique corrosive ; son désir produit cette tonalité de l'œuvre sartrienne que Roger Nimier définissait excellemment : «une sentimentalité bourrue», celle d'un «émotif violent» (mais qui se tient en main)[3]. J'oubliais cependant l'essentiel : la transparence s'atteint *par l'écriture*. Résultat qui s'obtient déjà alors que Sartre est l'homme seul, mais sous une forme quelque peu narcissique. *La Nausée* ne laisse aucun doute là-dessus ; Roquentin espère, par son roman à venir, se rapprocher de ce type d'être dont la musique lui fournit l'exemple : «Elle emplissait la salle de sa transparence métallique, en écrasant contre les murs notre temps misérable.»[4] L'écriture transforme la molle contingence en rigoureuse transparence. Une métaphore revient, à peine moins paradoxale, pour désigner cette transsubstantiation : celle du diamant. C'est le sens d'un épisode célèbre de *L'Âge de raison,* où Mathieu, qui s'était

---

**1.** *Situations, IV*, p. 193.
**2.** *Situations, II*, p. 194.
**3.** Cité dans les *Œuvres romanesques*, p. 2021 ; et *Journées de lectures*, Gallimard, 1965, p. 252.
**4.** *Œuvres romanesques*, p. 29.

pensé limace, se réjouit des mots d'Ivich – «un diamant, (...) elle a dit : un petit diamant» – qui semblent le récompenser de s'être, à son tour, incisé la main ; mots qui ne peuvent manquer de surprendre, puisque Ivich a dit tout au plus, et à un autre propos, qu'elle l'avait (fugitivement) trouvé «presque beau»[1]. Ce déplacement souligne l'alternative essentielle : être limace ou diamant. Mais l'amour étant peu sûr, dans le monde sartrien, pour se métamorphoser, mieux vaut écrire ; l'épisode des Fées, dans *Les Mots,* évoque, je l'ai dit, la rupture entre la mère et l'enfant, en faisant se télescoper motifs de l'intrusion masculine et de la laideur, à laquelle les crapauds du conte ne peuvent manquer, comme les limaces, de renvoyer ; pour se sauver de cette laideur, véritable péché originel[2], une seule voie, l'écriture, qui fait entendre une voix de diamant[3], une voix qui résonne partout sans être assignée à la résidence d'un corps enfin effacé ; c'est ce qui s'appelle avoir un nom : «réduit à la pureté d'une essence négative, il gardait la transparence incompressible du diamant»[4]. Plénitude paradoxale qui est celle de la beauté, de l'absence, et de la gloire.

Pour obtenir cette gloire transparente, pour avoir un nom, il faut se donner la peine de séduire. Sartre revient souvent sur ce désir : enfant, il faisait des ravages parmi les petites filles du Luxembourg, non par ses grâces, mais par ses talents de montreur de marionnettes ; prisonnier, il égayait les soirées de ses compagnons en faisant le conteur (voire le bouffon), ou en inventant une pièce (*Bariona*) qu'ils pourraient jouer[5]. Écrire, c'est rechercher cette trêve des armes, métamorphose de la contingence, suspension des rires subis, avènement des rires conquis. Symétriquement, lire, c'est ne point menacer : de façon étonnante, dans *L'Être et le Néant*[6], lorsqu'il s'agit de montrer qu'autrui ne me vole pas entièrement le monde, Sartre prend l'exemple d'un promeneur qui lit – au moins, celui-là ne désintègre mon univers que virtuellement, il est occupé ailleurs, il ne me menace

---

**1.** *L'Âge de raison*, Chapitre XI.
**2.** C'est en ce sens que Sartre interprète le conte à propos de Mauriac : *Situations, I,* p. 37.
**3.** Celle de Kean, par exemple : *Kean,* p. 147.
**4.** *Les Mots,* p. 77.
**5.** *Carnets*, pp. 321-323 ; *Entretiens,* p. 448.
**6.** Page 313.

que peu, et s'il lit un de mes livres, alors tout va bien, il est déjà conquis...

Liée à la séduction, la transparence se socialise ; Sartre en fait l'essence et le but de la littérature engagée. Telle est la signification de *Qu'est-ce que la littérature ?*. Il ne s'agit pas de subordonner l'écriture à une fin qui lui serait hétéronome ; Sartre est plus subtil que cela, il sait bien que Kant tenait l'œuvre d'art pour une finalité sans fin, et que Novalis rêvait sur la «Selbstsprache», le langage s'enchantant de lui-même ; il ne s'imagine pas en porte-étendard. Son coup de force (son sophisme, diront certains) consiste à poser que l'essence de la littérature est la liberté (une libre communication entre égaux, une transparente relation) ; une littérature qui choisit le parti de la liberté *pour tous* ne s'inféode pas à autre chose qu'elle-même, elle cherche à rejoindre son essence, elle contribue à créer un monde, un public, une collectivité réunifiés, qui la laissent se déployer pleinement – elle tente de devenir ce qu'elle est.

# Un pacte de correspondance

Que la correspondance de Sartre soit dans le prolongement du désir de transparence par séduction, un texte de jeunesse l'indique au mieux : «Si seulement elle pouvait entendre mes premières paroles avant de voir ma figure, pensait-il, elle serait déjà sous le charme, et ma laideur passerait comme une lettre à la poste»[1]. La comparaison est révélatrice : les lettres satisfont à coup sûr ce désir de proposer la parole avant le corps, la parole et non le corps. Elles jouent un rôle essentiel en période de séparation longue et imposée : ainsi durant la guerre, et surtout la drôle de guerre (puisqu'ensuite le format des cartes allemandes restreint la course de la plume sartrienne...)[2]. Sartre épistolier, séducteur à distance, déploie ses talents de causeur, sa

---

1. *Écrits de jeunesse*, p. 354.
2. G. Idt, J.-F. Louette, «Sartre et Beauvoir : «Voilà de la lettre ou non ?»», *Études sartriennes*, V, septembre 1993. J'en reprends ici quelques formules.

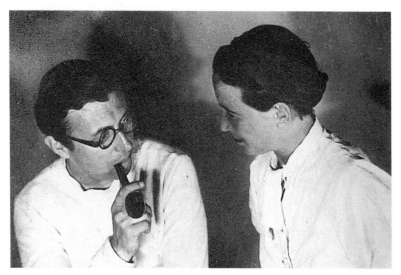

Un couple de diamants : Sartre et Castor, Juan-les-Pins, 1938.
Photo Coll. Liliane Siegel.

verve bouffonne, qui s'inspire volontiers (à l'armée, c'est de rigueur)
du comique troupier cher à Courteline (déjà l'un des auteurs favoris
de Poulou), et son incomparable façon de faire du sens avec le tout-
venant du quotidien. C'est que les lettres ont pour fonction de préser-
ver le pacte d'existence conclu avec Beauvoir. Je rappelle la
métamorphose qu'il visait[1] :

> *«J'étais engagé dans une forme d'existence rayon-
> nante et un peu torride, sans vie intérieure et sans
> secrets, où je sentais constamment sur moi la pression
> totale d'une autre présence et où je me durcissais
> pour supporter cette présence. La vie en couple me
> rendait dur et transparent comme un diamant, autre-
> ment je ne l'eusse pas supportée.»*

1. *Carnets*, p. 329.– Sartre précise que cette vie de couple dure depuis sa dix-septième année :
*transparente* allusion à Nizan ; qui résiste encore à l'image de l'homme-femme ? – Il faudrait aussi
s'interroger sur la transparence réelle des diamants (translucides, plutôt...), et sur le refus de la mort
qu'implique cette métaphore.

Pour rester diamant malgré l'absence du témoin privilégié, Sartre soldat établit, avec l'actif assentiment de Beauvoir, des règles simples, mais contraignantes : il faut écrire chaque jour, et ne point négliger d'aller chercher la lettre du jour ; il convient de tout dire (et Sartre trouve dans les récits détaillés de Beauvoir l'occasion de se faire représenter sa propre absence, ce glorieux manque) ; la lettre doit noter fidèlement la nuance particulière de la journée ; sa qualité enfin dépend de son immédiateté : pas de vieux, de refroidi, mais on écrit du jour même ; et dans un idiolecte qui se veut, comme *L'Idiot* le dira de Flaubert épistolier, un «équivalent écrit de la séduction orale»[1], langage où Brice Parain voyait le parler de Montparnasse, à la grande fureur de Sartre, qui du coup en propose une genèse détaillée : «préciosité du brutal avec influence indéniable du pathétique des romans américains»[2] (on verra l'importance de cette formule pour *Les Chemins de la liberté*).

Le respect du protocole d'échange évite que la correspondance ne devienne cet espace mélancolique d'un repli sur soi, où l'on se plaît, où l'on main-tient l'autre, mais à distance[3]. Pas de cela chez Sartre, la lettre ne produit pas de la distance, elle est une séduction pleine d'habileté et de proximité – *pleine d'adresse.*

## Un «réalisme brut de la subjectivité sans médiation ni distance»[4]

Et Sartre romancier ? Le roman existentialiste, pour satisfaire au désir de transparence, qui implique ici la plus grande proximité possible entre personnage et lecteur, s'inspire du modèle cinématographique : on se souvient que Poulou commence à écrire en arrachant de

---

1. *L'Idiot,* t. 1, p. 888.
2. *Lettres au Castor,* 10 mai 1940.
3. Voir les analyses de Vincent Kaufmann, *L'Équivoque épistolaire,* Éditions de Minuit, 1990.
4. *Situations, II,* p. 327.

sa tête des images elles-mêmes conçues par imitation des films qui l'enthousiasment, et que Sartre avait pour cet art récent presque autant d'estime que pour la littérature[1]. À cette affection, deux raisons. D'une part, *le cinéma est barbare* : moderne et populacier, il ne répugne pas aux effets un peu appuyés, il présente l'univers à la grosse ; or on se souvient des ambitions sartriennes : être Descartes qui saute en croupe derrière les Huns, manifester l'omniprésence de la maladroite comédie humaine. Merleau-Ponty a très justement, dans *Sens et non sens,* souligné la proximité du cinéma et de la philosophie existentielle : tous deux ne font pas d'embarras, ne se replient pas douillettement à la manière idéaliste, mais décrivent un mélange de la conscience avec le monde, le corps, les autres, une façon d'être-jeté-dans. Et pourtant *le cinéma est tendre* : il favorise une absolue identification aux personnages, puisqu'il joue des effets de présence de corps et de décors, au point de faire pleurer (Beauvoir rapporte comment Sartre se tirait volontiers des larmes dans les salles obscures) ; c'est qu'il permet une proximité de conscience à conscience : «accompagné de la musique qui est ce qui ressemble le plus à une âme : le film est une conscience»[2] ; et de fait il propose la même temporalité, une durée organique et organisée, fluide et rigoureuse, non point un temps discontinu et additif (ordinaire et contingent) ; enfin, dans la salle, le public est uni par une communion (mieux : par une adhérence), que Poulou partage d'autant plus profondément qu'il y a toujours sa mère pour compagne[3]. Le cinéma propose donc *une force sensible* ; ce sera la loi de l'écriture sartrienne : saisir, emporter le lecteur, *lui faire violence* mais *pour l'introduire à une connivence.*

Il faudrait à ce point analyser les scénarios de Sartre : ce n'est pas un effet du hasard si *Les Jeux sont faits* constitue le texte le plus désarmé, le plus touchant, le plus tendre en un mot, qui soit né de la plume sartrienne, et si l'on y trouve jusqu'à un sincère aveu d'amour dans une bouche masculine ; ce n'est pas sans raison non plus qu'a été écrit *Le Scénario Freud* : la forme du film est, peut-être, seule assez souple, assez ouverte à la fugacité et aux superpositions, pour évoquer

---

**1.** *Les Mots*, p. 117 ; *La Force de l'âge*, p. 59.
**2.** «Carnet Midy», *Écrits de jeunesse*, p. 446.
**3.** *Les Mots*, pp. 98-102 et 116-117.

**87**

les replis évanescents de l'inconscient – Sartre jeune homme le disait sans faillir : «le cinéma seul peut rendre un compte exact de la psychanalyse»[1] (aussi la fin de la scène primitive[2] décrite au début de «L'Enfance d'un Chef» – Lucien, redevenu poupon passif dans le giron de sa mère – présente-t-elle les couleurs violettes et crayeuses que *Les Mots* diront caractéristiques du cinéma). Mais si je m'en tiens aux textes romanesques, il convient de se demander ce qui, du cinéma, passe dans la technique de la fiction sartrienne.

La réponse est simple : ce qu'il était possible, sinon de transposer, du moins d'adapter. Ce qui est décisif, c'est la grande règle du roman existentialiste, à savoir le choix de renoncer au narrateur omniscient pour toujours coïncider avec un personnage, sans jamais en dire plus que ce qu'il peut savoir, sans anticiper sur son avenir ni formuler de lois éternelles, sans surplomber sa conscience : on voit tout de suite que la transparence défaillerait si elle ne respectait pas l'obscurité à soi-même de chaque conscience. Et pourtant, «c'est bien, en effet, une transparence : nous voyons tout ce qu'elle voit»[3] – on parlerait aujourd'hui de focalisation interne. Comme Sartre l'explique lors de sa polémique contre Mauriac, là réside le seul moyen de capter la durée du lecteur ; et ce qui est en jeu, c'est bien cette même relation qui existait au cinéma entre Poulou et sa maman, Poulou et ses héros : de «complicité», de «proximité absolue»[4].

Cette règle de coïncidence souffre, bien entendu, des exceptions. D'une certaine manière, c'est une récompense que Sartre attribue à ses créatures méritantes ; le choix esthétique suppose un jugement éthique, ou pour en revenir aux formules célèbres, «une technique romanesque renvoie toujours à la métaphysique du romancier»[5], c'est-à-dire qu'elle exprime des positions existentielles. Il y a coïncidence du narrateur avec un personnage, explique Sartre à propos de Dos

**1.** «Apologie pour le cinéma», *Écrits de jeunesse*, p. 398.
**2.** Cette nouvelle débute en fait par trois scènes primitives : deux sont sartriennes et superposées (la chute sous le regard d'autrui, le poupon passif, voir *L'Idiot*, t. 3, p. 592 et t. 1, p. 846) ; la troisième, freudienne, est parodiée. – J'ai analysé cette ouverture dans «La dialectique dans "L'Enfance d'un Chef"», *Études sartriennes*, IV, juin 1990. Notons aussi que *Les Séquestrés*, débat avec la psychanalyse, usent de "cinéma dans le théâtre" : les scènes-souvenirs.
**3.** *Situations, I*, p. 107.
**4.** *Situations, I*, p. 39.
**5.** *Situations, I*, p. 66.

Passos, chaque fois qu'il est «sincère, chaque fois qu'il y a en lui, de quelque façon que ce soit, une plénitude». En revanche, lorsque le personnage devient inauthentique, le narrateur se décale par rapport à lui – et c'est l'ironie qui naît, le comique, voire le grotesque : ainsi le récit, dans «L'Enfance d'un Chef», est-il mené du point de vue de Lucien, mais avec ce type de décalage dissonant ; ainsi le lecteur se trouve-t-il, face aux personnages d'«Intimité», dans la situation du spectateur de comédie, mieux informé que les acteurs ridicules. Enfin, dans «Le Mur», le décalage ne marque nulle ironie ; mais le récit ne pouvait être d'outre-tombe que si le narrateur (Pablo), vivant, par hypothèse, s'écartait de Pablo (personnage), condamné et déjà comme mort : d'où le choix d'un mode d'expression qu'objectivité et temps passé rendent distant[1].

Qu'implique la coïncidence ? Les analyses sartriennes sur ce point sont complexes ; je ne fais que résumer les positions adoptées. Du point de vue de l'intrigue[2], l'adhésion du lecteur dépend de l'habileté à ménager du suspens : Simone de Beauvoir le rappela, après lecture d'une première version de ce qui allait devenir *La Nausée,* à Sartre, qui fut amené à concevoir la découverte de la contingence comme une enquête, avec temps morts et révélations, et à développer la dimension fantastique du récit ; mais sans pour autant négliger de faire sentir le poids du temps et de la banalité, selon la leçon tirée des naturalistes et de Hemingway, par le choix de scènes quotidiennes (promenades, déjeuners, conversations). Dans *Le Mur,* Sartre ne recourt au modèle de l'énigme que pour le pervertir, en se plaisant à suggérer trop tôt la réponse : c'est une façon d'indiquer la mauvaise foi de ses personnages. En revanche le suspens fait retour dans *Les Chemins de la liberté* ; il est désormais lié au problème de l'acte, individuel ou collectif : Mathieu volera-t-il Lola, Marcelle gardera-t-elle son enfant, la guerre éclatera-t-elle, Brunet et Mathieu pourront-ils s'évader, etc. Au fur et à mesure que le texte progresse, Pardaillan montre le bout de la rapière, fût-ce pour en venir à la transformer, si le texte avait été achevé, en carte critique du Parti.

---

1. G. Idt, Le Mur *de Jean-Paul Sartre,* pp. 66-67 et 72.
2. *La Force de l'âge,* p. 124, *Entretiens,* p. 253.

Je ne reviens pas sur le refus des généralisations qui marque la narration sartrienne, refus conquis contre une tendance de jeunesse à la sentence balzacienne, sensible dans *Jésus la chouette,* et refus qui vise à faire oublier l'auteur (c'est le critère d'un bon roman[1] : toujours la valeur du manque *en personne*). Sartre propose, par ailleurs, une éblouissante analyse des emplois du pronom de troisième personne, susceptible, tantôt, de signifier un *je* dont l'opacité, l'ignorance à soi est préservée, bref d'assurer une transparence sans traître violence, ou, tantôt, de révéler un jugement de surplomb qui produit une mauvaise transparence, celle par laquelle l'omniscience, d'un personnage, fait un pantin. Enfin, la dissimulation de la causalité vise à effacer le travail de mise en ordre que tout récit fait subir à la contingence du temps. Ces questions ont été longuement étudiées[2] ; je voudrais seulement insister sur quatre ou cinq procédés qui sont très importants dans le grain du texte.

Le premier pourrait se nommer rupture syntaxique : il consiste à passer de phrases construites à des phrases non verbales (ou sans verbe conjugué), qui prennent place dans les monologues intérieurs des personnages. Leur impersonnalité exprime souvent, dans *La Nausée,* la découverte de l'impersonnalité de la conscience ; dans *Les Chemins de la liberté*, cette rupture convient tantôt à des vœux moraux[3], surtout chez Daniel et Mathieu, en quête d'une loi ou d'un acte, tantôt à la froideur de constats, tout en favorisant le glissement entre points de vue, si bien qu' elle relance toujours l'élan du roman.

Un autre type de rupture affecte le mode narratif, par subit abandon du récit d'événements pour le récit de paroles :

> *«Il ouvrit les persiennes : la rue était déserte, le ciel bas et gris, il faisait moins chaud que la veille, c'était un vrai matin. Il ouvrit le robinet du lavabo et se plongea la tête dans l'eau : moi aussi, je suis du matin.»*[4]

---

1. *«Sartoris»*, Situations, I, p. 7.
2. Par G. Idt dans son étude du *Mur*, 1972, par G. Prince, au chapitre IV de *Métaphysique et technique dans l'œuvre romanesque de Sartre*, 1978.
3. «Être sans odeur et sans ombre, sans passé, n'être plus rien qu'un invisible arrachement à soi vers l'avenir» (*L'Âge de raison*, p. 486).
4. *L'Âge de raison*, p. 614.

Sartre décrit lui-même, en le retrouvant chez Malraux, son procédé : une façon «un peu heurtée d'entrer brusquement dans le style direct et d'en sortir»[1] ; à l'effacement des frontières entre actions et pensées s'ajoute le basculement de la troisième à la première personne, dont la rudesse est soulignée par l'absence de guillemets[2] – Sartre pousse au brutal la vivacité de Stendhal, qui lui était si cher, et poursuit de façon plus systématique, en supprimant toute intrusion d'auteur, un but analogue : rapprocher consciences du narrateur, qui n'apparaît pas, du personnage, surpris par ses pensées et dans ses pensées, et du lecteur, *saisi*.

La présentation phénoménologique constitue un troisième procédé mis au service de la transparence : «une grande fleur mauve montait vers le ciel, c'était la nuit»[3]. Ce qui compte, c'est l'ordre : d'abord l'apparaître, dit ici par une métaphore, temps fort de la phrase, qui exprime un face-à-face avec l'objet, une perception singulière qu'il s'agit de faire partager par brusque saisissement ; ensuite seulement, l'explication, le jugement, la nomination, temps faible et socialisé. Cet ordre crée de la tension, de la durée romanesque ; il n'anticipe pas *à contretemps*.

Il faut, enfin, relever un usage particulier des démonstratifs : Sartre souvent leur assigne une fonction non point endophorique (pas de renvoi à ce qui précède ou suit dans le contexte, ou alors c'est secondaire), ni même véritablement exophorique, mais avant tout déictique et intensive : il s'agit de renvoyer à un objet du monde fictif, chose ou sentiment, qui apparaît, mais que le personnage ne peut montrer, ne peut viser comme une réalité définie ; sorte de *deixis* à demi externe, à demi interne, où le démonstratif, affectif et allusif, invite à ressentir à son tour, sollicite l'investissement personnel du lecteur. En voici deux exemples – ce sont deux réveils, de tonalités antithétiques :

> *«Il plongea la tête dans l'abreuvoir, le petit chant élémentaire devint cette fraîcheur muette et lustrée dans*

---

1. *Carnets*, p. 429.
2. C'est donc une erreur de l'édition faite pour la Bibliothèque de la Pléiade que de dire que «le guillemetage ne semble pas avoir obéi à une intention stylistique» (p. CIX).
3. *L'Âge de raison*, p. 573. Sartre commente ce tour dans *L'Imaginaire*, p. 83, dans *Situations, I*, pp. 282-284 (Renard donne maladroitement le jugement avant l'image), et dans *L'Idiot*, t. 3, p. 676.

> *ses oreilles, dans ses narines, ce bouquet de roses mouillées, de fleurs d'eau dans son cœur : les bains de la Loire, les joncs, la petite île verte, l'enfance.»*

> *«Il y avait ce casque d'acier sur sa tête, ce goût de buvard dans sa bouche, cette tiédeur le long de ses flancs et, sous les bras, au bout des poils noirs, ces perles de froid.»*

On se doute qu'il s'agit d'abord de Mathieu, ensuite de Marcelle[1] ; dans les deux cas, c'est au lecteur de faire le texte, de créer la transparence, en répondant à l'appel des démonstratifs. J'insiste sur ce point parce qu'il révèle une dimension essentielle de l'écriture sartrienne, que la métaphore, visuelle, de la transparence, indique mal, mais qui se place dans la logique de la rupture avec le naturalisme, et dans le prolongement des analyses de *L'Imaginaire* sur la conscience de lecture, pauvre en images mentales[2] : tous comptes faits, l'écriture de Sartre cherche moins à faire voir qu'à faire goûter – ou à dégoûter. Le rêve de Sartre, c'est que ses lecteurs aient le même goût que lui, aux deux sens du terme : l'apogée de la proximité que permet l'œuvre, ce serait un cannibalisme esthétique, voire une autophagie partagée.

Un tel usage des démonstratifs en dit déjà long sur les descriptions sartriennes. Elles sont conçues contre le modèle naturaliste enseigné par la tradition Schweitzer, accusé de géométrisme et de théâtralité (des mesures, une mise en scène), et contre les lenteurs proustiennes ; aussi Sartre commence-t-il, dans *La Nausée*, par parodier les vues surplombantes (Paris, Yonville, Bouville...), en montrant que le pseudo-naturalisme y coquette avec le nietzschéisme, avant d'exposer, dans ses essais critiques, quelques préférences : brièveté, perspective d'un personnage, lien à une action, à un faire, comme chez Saint-Exupéry, donc à un effort de l'homme et à une résistance du monde, ce qui permet d'indiquer la lourdeur du temps, puisqu'un obstacle est peint sur

---

**1.** *Œuvres romanesques,* pp. 1174 et 463. Pour Mathieu, le démonstratif est à la fois affectif-allusif et (*puis*) cataphorique.– Un type analogue de sollicitation passe par des «vous» dits éthiques : «On plongeait dans une lumière académique (...) : ça vous entrait, doré, dans les yeux, etc» (*L'Âge de raison*, p. 467).
**2.** *L'Imaginaire,* pp. 126-127.

le chemin du héros, et sur la voie du dénouement. Il reste que l'antinaturalisme n'est professé qu'au nom d'un réalisme supérieur (lisant *La Nausée*, «on devait *être dans le jardin*»[1]), qui implique souvent le recours à un modèle mystique d'écriture, sur lequel je reviendrai.

Pour finir, la transparence implique un traitement particulier des dialogues. C'est une question importante, dans la mesure où Sartre (et Beauvoir) pensent souvent leurs chapitres en termes d'entrevues ou de rencontres (la chose est très nette pour *L'Âge de raison*). Là encore l'écriture cherche à coïncider avec l'intersubjectivité, jusque dans ses difficultés ; elle s'interdit cette facilité qui consiste à trop vite faire sens, à trop bien nouer les idées et les propos. Au rebours, Sartre tend, tout en élaguant quelque peu, à résumer le moins possible, à rapporter les balbutiements, les bifurcations, le hasardeux sans programme. Deux scènes de *La Nausée* sont à cet égard exemplaires : le déjeuner du couple de la brasserie Vézelise, d'un bavard si peu cohérent, les retrouvailles avec Anny, où tout pourrait encore advenir.

Autrement dit, si les descriptions font sentir la résistance des choses, les dialogues révèlent celle des mots. Dans les deux cas, la durée romanesque s'y retrouve ; mais le paradoxe de la transparence esthétique reparaît, qui doit, pour être, tenir compte, sous diverses formes, de l'opacité.

## Deux absolus

Opacité : j'ai anticipé, de façon peu sartrienne, car il me faut d'abord en venir au théâtre. Dans le roman, la transparence s'ordonne au singulier : je veux dire que le roman fait avant tout coïncider des consciences. Pour être plus exact, et reprendre des catégories que Sartre utilise très souvent à partir de la guerre, il faudrait avancer que

---

**1.** *Obliques*, n° 18-19, 1979, p. 22.– Sur la description, voir, outre les articles sur Renard et Ponge de *Situations*, *I*, les pages 263-265 de *Situations*, *II* ; les *Entretiens*, p. 280 ; *La Force de l'âge*, p. 392 ; *L'Idiot*, t. 3, p. 669.

le roman sartrien est régi par une tension qui va de l'universel au singulier : on se souvient que le point de départ est une bibliothèque, un donné universel fait des langages de la tradition et de l'époque, de leurs lieux communs, aussi ; contre quoi, les techniques de l'incendie et de la transparence *visent* le singulier d'une expérience (de la contingence, de l'Histoire, du groupe). On m'objectera qu'à l'inverse *Le Sursis* semble, au moins par son contenu explicite, montrer comme une dissolution de l'homme dans l'Histoire. Ce qui est vrai, mais il faut comprendre sous quelle forme.

La lecture du premier des *Carnets* est sur ce point décisive. La perspective de la guerre, et donc de la mort, implique, pour Sartre, un passage à l'indistinct : «en guerre je suis n'importe où, n'importe qui, n'importe quand. Et mon corps est une misère anonyme.»[1]. Mathieu évoquera, de façon analogue, une perte de son âme, une disparition de l'intime, qui lui donne le sentiment de l'équivalence de toutes les vies[2]. Pour qui se souvient d'une des modalités du romanesque présentée dans *La Nausée* («*il m'arrive que je suis moi et que je suis ici*»[3]), la conclusion paraît claire : la découverte de l'Histoire marque la fin du romanesque, la mort des fausses aventures. Or c'est l'inverse qui se produit, et voyez le bénéfice immédiat, et qui est double, que Sartre parvient à retirer de la guerre.

D'une part, l'anonymat misérable est aussitôt rebaptisé absolu. Je suis un mortel anonyme ? Certes – mais le monde n'existe que par moi, ma conscience en est le support, rien ne peut m'ôter cet instant que je vis, ce qui pour moi a eu lieu *fut* ; l'imminence de la mort, Sartre s'en défend ainsi par un tour de passe-passe : le singulier, le relatif, est absolu, il est absolu dans sa relativité même en tant que fugace liberté – c'est «l'absolu existentiel en moi»[4] ; Sartre ne peut en effet (ce qui l'écarte infiniment de la littérature radicale-socialiste), il ne peut ni ne veut faire son deuil de l'absolu, qu'il le nomme contingence, liberté, historicité, l'engagement étant d'ailleurs conquête de

---

**1.** *Journal de guerre* (Carnet 1), inédit, f° 88.
**2.** *Le Sursis*, pp. 1046-1048.
**3.** *Œuvres romanesques*, p. 66.
**4.** *Carnets*, p. 112.

l'absolu par le choix même du relatif[1]. De ce point de vue, l'éventuelle dissolution du moi n'entame en rien son éminente qualité.

D'autre part, la conscience de l'historicité implique, contrepartie de la dissolution, *une absorption* de toutes les vies par la vie de Sartre, le monde entier lui correspondant ; comme le dit Mathieu voyant une vieille femme, «sa vie est *ma* vie»[2] – et ce n'est pas l'inverse qui se trouve écrit. On retrouve, par-delà la destruction de l'aventure, une autre modalité du romanesque éprouvé par Roquentin : «je suis tout seul, je marche comme une troupe qui descend sur la ville»[3]. Je suis n'importe qui ? Certes : fait de tous les hommes, la monade prend l'eau, elle se généralise et se dissout, mais «sans jamais sombrer»[4], et l'identité passe désormais par *l'universalité qui se coule et coule infiniment en une singularité.*

L'écriture romanesque est donc régie chez Sartre par ce double désir : ne pas porter le récit à l'absolu (ne pas adopter le point de vue extérieur et intemporel de Dieu fait romancier[5]) – mais pour exprimer dans la transparence cet autre absolu engagé dans l'Histoire qu'est la conscience, ou plutôt ces absolus multiples que sont les consciences *singulières*, sans oublier, bien sûr, «l'absolu ou l'absurde» qu'est la contingence, donnée fondatrice du monde sartrien[6].

L'écriture théâtrale n'obéit pas aux même règles. Il me semble que Sartre a deux visions de son projet théâtral ; si je m'en tiens, pour l'instant, à la version la plus optimiste, il est clair que le théâtre, lui aussi, recherche la transparence, sous une nouvelle forme, qui est l'union des spectateurs ; on dirait que les conditions dans lesquelles Sartre a découvert son talent de dramaturge l'ont marqué, que toute pièce est pour lui l'occasion de rêver à un renouvellement de la fraternité des prisonniers devant *Bariona*. Mais il ne s'agit plus de faire avant tout partager, comme dans les romans, la finesse d'une expérience singulière ; Sartre veut au rebours grossir les effets, proposer

---

1. *Situations, II,* p. 16. C'est tout le sens aussi du texte intitulé «Écrire pour son époque».
2. *Le Sursis,* p. 1047.
3. *La Nausée,* p. 67.
4. «Prière d'insérer» pour *L'Âge de raison* et *Le Sursis, Œuvres romanesques,* p. 1911.
5. *Situations, I,* p. 43 ; *Situations, II,* pp. 171 et 183-184.
6. *La Nausée,* p. 153.

**95**

un spectacle qui atteigne à la puissance par l'universalité. Aussi son théâtre est-il animé par une tension qui va, pour le coup, du singulier vers l'universel[1.]

Tel est le mouvement qui définit le sujet d'une pièce : Sartre choisit un problème historiquement situé et l'élève vers le mythe – *Les Séquestrés d'Altona* traitent ainsi de la torture nazie, mais aussi bien française en Algérie, soviétique dans les camps – bref, de la violence humaine dans l'Histoire. Mythe désigne ici un récit qui vaille pour tous, où tous se retrouvent, mais sur un plan qui a cessé d'être étroitement (et petitement ?) individuel.

Ces retrouvailles adviennent de façon progressive : telle est l'évolution de la relation que Sartre dramaturge veut établir entre le spectateur et le spectacle ; l'identification initiale, sur un modèle aristotélicien, à un univers distant (l'essence du théâtre, pour Sartre), mais encore familier (souvent démarqué du Boulevard, parfois du mélodrame), et à un héros singulier (de préférence joué par une vedette), doit, peu à peu, céder la place à la conscience critique (comme chez Brecht, et avant lui, estime Sartre perfidement, comme dans le théâtre classique) ; non plus seulement émotion ou croyance, mais pensée, conscience que c'est de *notre* condition qu'il est traité. En ce sens, l'absence de Frantz, le vide de la scène, à la fin des *Séquestrés d'Altona,* constituent une façon de produire de la transparence, de favoriser la réunion des esprits et des cœurs, par suppression des acteurs, par effacement de tout contour défini, au profit d'une voix enregistrée : mécanisée et aliénée, certes, mais aussi une «transparence métallique», comme l'annonçait *La Nausée*...

C'est enfin selon le même mouvement, du singulier vers l'universel, que Sartre se transforme, ou transforme ses héros, en individus exemplaires, par-delà leur époque, de l'humanité ; diverses figures, ou divers mythes, se télescopent alors, sur lesquels les pièces reviennent sans cesse : Oreste face à ses parents (*Les Mouches,* bien sûr, mais aussi *Les Séquestrés*[2]) ; Samson, qui dresse de viriles colonnes de

---

**1.** J'avance ici des remarques esquissées dans «Le prix de Sartre» et que je développerai dans «*Les Mots* : écrire l'universel singulier», *Comment Sartre a écrit* Les Mots, M. Contat éd., à paraître.
**2.** Pour paraphraser Frantz, la pièce pose deux questions qui n'en font qu'une : condamnerez-vous votre mère (votre époque) ? Condamnerez-vous votre père (qui vous a légué la violence) ?

liberté révoltée vers le vide du Ciel (*Bariona, Le Diable et le Bon Dieu, Les Séquestrés*) ; Orphée, à la voix magique, et qui fascine par son expérience de la mort, à moins qu'il ne chante encore d'entre les morts (Oreste, Frantz, séquestré mort-vivant, sa voix *post mortem* au magnétophone) ; Atlas, l'un des Titans révoltés contre les Olympiens, coupables du Mal qui règne en ce bas monde, Atlas dont les efforts musculeux intéressent la sustentation de l'humanité ; Jésus-Christ, bien sûr, enfin devenu pour de bon, en Sartre, un fils laïc *de l'homme*, tout en restant bouc émissaire de la violence du monde.

Sartre en effet se rêve en nouveau Christ : arrière-petit-fils d'un Philippe-Chrétien, lointainement annoncé, plus qu'engendré, par son père Jean-Baptiste, il a pour mère une vierge avec tache, pour grand-père le Bon Dieu, pour grand-mère l'Esprit (moins saint, certes, que critique), il est un «enfant du miracle», toujours occupé à jouer à qui perd gagne, rédigeant dans sa prime jeunesse une composition sur la Passion, etc.[1]. Mais ce nouveau Christ est, pour reprendre le sous-titre de Bariona, cette pièce sur la Nativité *et la stérilité*, «le Fils du tonnerre» : il apostrophe, en une clameur de bronze, le Ciel qui n'en peut mais, afin de faire résonner le silence de Dieu, et de donner à voir son inexistence. C'est particulièrement net dans *Le Diable et le Bon Dieu*, où il s'agit de mettre «le Tout-Puissant mal à l'aise»[2], en le défiant de paraître sur scène ; on voit que le théâtre de Sartre ne se coupe pas de l'absolu, fût-ce pour en manifester l'inexistence. De cet appel à comparaître Paul Ricœur se disait «blessé»[3], ce qui était le but recherché par Sartre : la communauté des hommes ne peut se souder qu'au prix d'un difficile renoncement à Dieu.

Souder une communauté : on ne s'étonnera pas si ce théâtre peut aussi paraître relever d'un modèle épique. Poulou racontait à sa mère les petits incidents de sa vie en style épique – Sartre transpose cette habitude et conçoit une littérature des situations extrêmes[4]. C'est dans *Qu'est-ce que la littérature ?* qu'elle se trouve ainsi baptisée ; mais

---

**1.** Toutes informations données par *Les Mots*, et commentées par Cl. Burgelin dans «*Jean sans terre*, ou les mots pour ne pas le dire», 1980.
**2.** Page 105.
**3.** *Esprit*, novembre 1951.
**4.** *Les Mots*, p. 177 ; *Situations, II*, pp. 250-251 ; *Un théâtre de situations*, p. 20 ; *La Force de l'âge*, p. 39.

plusieurs thèmes (la solitude érigée en règle de vie, la découverte de la contingence, les frôlements de la folie) rattachent déjà à cette esthétique *La Nausée*, cette moderne descente aux enfers. Chaque nouvelle du *Mur* constitue, de même, une interrogation sur les situations-limites où se joue l'accès à l'humain : la mort, la folie, le meurtre, le choix d'objet sexuel, le désir de pouvoir. On pourrait poursuivre la litanie : *Les Chemins de la liberté* devaient s'intituler *La Grandeur* (Sartre rougissait de l'avouer à Simone de Beauvoir) ; et de fait c'est ce que recherchent aussi bien Charles le potteux, qui n'a plus tout son corps, que Mathieu l'intellectuel, qui a trop d'âme. Mais dans le genre romanesque, Sartre doit lutter contre un héritage naturaliste ; même chez Faulkner, pour qui la tradition pèse moins, et qui vit dans ces rudes Amériques, il n'y a plus que des traces de l'épopée ; les rêveries de cape et d'épée ne peuvent dans le roman se donner tout à fait libre cours, c'est au théâtre que l'esthétique des grandes circonstances trouvera à se déployer.

Non point que les thèmes soient très différents : face à la torture, tombe-t-on inéluctablement dans la bestialité (*Morts sans sépulture*) ? L'assassinat a-t-il un sens en politique (*Les Mains Sales*) ? Est-ce la sainteté ou l'action sans illusions qui efface l'impossibilité d'être homme (*Gœtz*) ? La folie est-elle mensonge d'un soldat coupable ou vérité de l'Histoire (*Les Séquestrés*) ? Mais le théâtre se prête bien mieux que le roman à l'amplification épique. En tant que cérémonie, il est propice à une solennité que Sartre ne dédaigne pas, et notamment, je l'ai dit, en lui donnant une couleur prophétique ; elle s'accompagne d'un lyrisme noir, où la déréliction s'exprime en métaphores et rythmes poétiques, toujours marqués d'une emphase maîtrisée – c'est très net dans le monologue de Gœtz renonçant à la sainteté, ou dans les tirades incendiées de Frantz ; quant aux dialogues, ce sont rarement des duos, souvent des duels ; la langue y est tout entière de confrontation entre deux forces qui vont : concise, pressée, péremptoire – l'inverse des conversations romanesques[1].

Ce désir de transparence, qui passe par l'entassement de mythes et la séduction de l'amplification, cette tension d'une force jetée vers

---

1. Sur cette opposition, voir la fin de l'article consacré à Mauriac dans *Situations, I*.

l'absolu d'un ciel vide, une image les résume, que *Les Mots*, sans insister, suggèrent encore une fois, et qui transforme Sartre écrivain en tour de Babel, *mais indestructible* : «je suis dans toutes les bouches, langue universelle et singulière» ; en Sartre tous parlent à tous, et sont pris dans le mouvement énergique d'une ascension : «je n'eus plus qu'une loi : grimper»[1]. Montez dans Sartre, vous vous y retrouverez sans défaillance.

Une telle ascension est protestation – contre Dieu, même s'il manque depuis longtemps à l'appel, contre le Mal et ses noirceurs. Symétriquement, l'écriture romanesque révélait qu'il existe une mauvaise et une bonne transparence : celle qui transperce tout de ses lumières violentes, et celle qui préserve la liberté des personnages, la profondeur d'un clair-obscur. Roman et théâtre doivent donc faire sa part à l'opacité.

## *Opacité*

Grimper, c'est tenter d'échapper à l'opacité, mais elle se niche partout, jusque dans la transparence, qui tourne trop aisément au néant vertigineux, ou à la surexposition. *Au néant* d'une béance : c'est la définition même de la conscience, une réflexivité sans repos, qui vous fait «transparent jusqu'à l'infini et pourri jusqu'à l'infini»[2] ; de là un fantastique de l'inexistence, que Sartre affectionne (il y a chez lui un immense plaisir à proclamer l'absence : sur le fond du manque et du rien éclate toute la force du verbe). *À la surexposition* : de façon très significative, le cinéma, cet art de l'heureuse transparence, devient, par deux fois au moins, un instrument de torture pour paranoïaques : dans «La Chambre», en tant qu'il produit une visibilité absolue, sans reste, dont Pierre s'affole («s'ils veulent savoir ce que je fais, ils n'ont qu'à le lire sur l'écran, ils n'ont pas besoin de bouger de chez eux»),

---

1. *Les Mots*, pp. 159 et 191.
2. *L'Âge de raison*, p. 579.

et pour Frantz, qui décrit, de façon analogue, à sa sœur Leni, une vitre noire sur laquelle le moindre geste humain s'inscrit à jamais (à commencer par leur inceste).

Il y a donc une noirceur possible de la transparence, et l'alliance des contraires (vitre/noire) en suggère la réversibilité : elle est valeur et anti-valeur, communion ou oppression, connivence ou violence. Symétriquement, il se pourrait que l'opacité du mensonge soit nécessaire à l'édification d'une transparence future : telle est la douloureuse expérience de Nizan, au moment du pacte germano-soviétique, revirement qui impliquait qu'il ait été berné par les dirigeants du Parti[1] ; et c'est aussi, Hugo refusant ces tromperies qu'Hœderer envisage avec moins de pathos, un des thèmes des *Mains sales*.

Pourquoi cette dualité, cet entrelacement ? Parce que les hommes ne sont pas encore aptes à la transparence ; il ne s'agit pas de s'y résigner, mais de commencer par les voir tels qu'ils sont (avant, peut-être, qu'ils ne se fassent autre chose) : des ratomes[2]. De fait, la condition humaine laisse à désirer. *Nous sommes des rats* : c'est une image qui indique, dès *La Nausée*, «les droits de la vermine et de la crasse»[3] face à l'ordre bourgeois, propret et peu prêteur, mais aussi bien la déshumanisation qu'impliquent l'aliénation par la rareté des biens et la contre-violence qu'elle engendre[4]. Toute la préface au *Traître*, l'autobiographie d'André Gorz, file admirablement cette métaphore animale. Imaginez les confidences de la gent trotte-menu, encombrées de rêves de fromages et de grimoires : Roquentin, pris au piège de l'Autodidacte, n'y trouve nul intérêt – «je ne veux pas de communion d'âmes, je ne suis pas tombé si bas»[5]. C'est avouer que *nous sommes des atomes* : Sartre reprend le mot qu'employait Engels dans *La Situation de la classe laborieuse en Angleterre*, et on le retrouve, plusieurs fois, dès la «Légende de la vérité», où il désigne aussi bien l'homme démocratique, dans la société régie par le commerce, que les objets de sa science analytique ; souvent, Sartre transforme ces

1. *Situations, IV*, pp. 184-185.
2. J'emprunte le mot à F. Jeanson (*Le Problème moral et la pensée de Sartre*, 1965, p. 318).
3. *La Nausée*, p. 53.
4. *Critique de la raison dialectique*, t.1, pp. 200-224.
5. *La Nausée*, p. 126.

Ratomes.

*Sur le pont des Arts.*
Photo Henri Cartier-Bresson / Magnum.

atomes en petits pois : l'un comme l'autre terme peignent l'homme capitaliste, selon une vision partielle, à corriger par une anthropologie synthétique, réclamée dès la «Présentation des *Temps Modernes*», mais qui n'est pas sans vérité : l'échec, la souffrance, la considération de la mort sont ainsi, pour Sartre, des expériences séparatrices, d'une singularité sans partage possible, au point de tendre à l'indicible, insurpassables par une dialectique, et, selon toute apparence, aussi bien par une politique : expériences irrécupérables, pour reprendre la conclusion des *Mains sales*. Quelle ne fut pas la déception de Nizan, rapporte la Préface pour *Aden, Arabie,* à voir que l'*homo sovieticus* avait toujours peur de mourir... Incompréhensible par excellence, la mort est d'une opacité exemplaire[1], elle est l'extériorité toujours en avance, elle vole négligemment toute vie, au point d'interdire qu'aucune vie soit jamais chez soi.

Il est aisé d'articuler cette vision de l'opacité sociale et la séparation des cœurs qui prévaut, pour Poulou, dans le domaine privé. Inutile de revenir sur la rupture avec Anne-Marie ; mais il importe de souligner qu'elle force Sartre à écrire aussi bien contre sa mère que pour elle. À elle l'illusion naïve que son Poulou ne saurait changer, mais à Sartre les variations attristées sur l'incommunicabilité. Car il a compris ceci : le Mal, ce n'est pas seulement une laideur trop visible, qui n'a rien à voir avec la vérité d'un corps, mais désigne la hantise du regard des autres (Daniel, quoique «beauté orientale», souffre lui aussi de ne pas être transparence) ; le Mal, c'est avant tout la sombre impossibilité inhérente à l'amour. Car c'est l'affection même, qui produit, en incitant à l'abandon, le sentiment de la contingence physique, l'opacité sentie d'un corps, et fait qu'amoureux on risque toujours de vivre en «basse tension»[2].

On se souvient alors des symboliques coquilles frottées l'une contre l'autre par Frantz, alors même qu'il devrait être heureux, puisque le seul des héros sartriens à consommer l'inceste avec une sœur chérie ; ou des décalages constants, dans *Les Mains sales*, entre les répliques de personnages perdus dans des pensées opaques, ou pris

---

1. «À présent je suis opaque comme un mort» : *Le Sursis*, p. 884.
2. *Entretiens*, pp. 402 et 415 ; «Une défaite», p. 218.

dans une logique de contradiction[1] ; pour ne rien dire enfin des *Jeux sont faits*, dont le titre indique une irréparable perte qui est aussi celle de la fusion amoureuse. Mais si ce scénario est dominé par une étonnante, et admirable, tonalité élégiaque, l'ironie, comme dans les deux pièces, n'est jamais loin. En voici un seul exemple : soit le prénom de Charles, bien difficile à porter, dans l'œuvre sartrienne. Les textes se superposent : aux origines familiales, peut-être, le sombre roman de Charles et Mamie désunis, de la traîtresse Anne-Marie et de Jean-Paul Charles Aymard Sartre ; lecture décisive, Charles privé de sa Bovary, qui impressionna l'enfant au plus haut point : rien n'est pire, pensera Roquentin, que d'être «un type qui vivrait dans le souvenir de sa femme morte et qui apprendrait un jour qu'elle le trompait»[2], un cocu *post mortem* dont tout le passé s'abîme ; vengeance ironique, c'est encore un Charles qui rejette Lucie, cette femme de ménage que son aptitude à la souffrance rend si sincèrement mauriacienne ; toujours un Charles qui, dans une autre scène de *La Nausée*, où le dialogue des cœurs se transforme en chant des estomacs, a le plaisir de dîner avec une forte blonde aux joues cotonneuses. Inévitablement, Charles est le prénom de l'insupportable M. Darbédat, effrayante figure de la normalité maritale dans «La Chambre», et celui du potteux sarcastique, amoureux littéralement paralysé dans *Le Sursis*. La clé de ces épisodes, c'est la conversation tirée d'*Eugénie Grandet*, et citée dans *La Nausée*, qui la fournit : Eugénie, réponds à ta maman, ce Charles, «L'aimerais-tu donc déjà ? *Ce serait mal.*»[3]. On conçoit que Poulou, sensible à un tel interdit, en ait tiré cette sombre conclusion : «le monde était la proie du Mal», un Mal invincible «qui le ronge sans jamais pouvoir l'anéantir»[4], un cancer tout entier attaché à Prométhée – ou au père de Frantz von Gerlach – bref, à l'homme.

Face à ce mal incurable, que peut la littérature ? Est-elle condamnée à pleurer la transparence perdue ? À dire infiniment le deuil d'une destinatrice idéale, à n'exister que dans le souvenir du maternage[5] ?

---

**1.** M. Buffat, Les Mains sales *de Jean-Paul Sartre*, 1991, pp. 80 et 147.

**2.** Voir *Les Mots*, p. 48, et une variante de *La Nausée, Œuvres romanesques*, p. 1760.

**3.** *La Nausée*, p. 58. Je souligne.

**4.** *Les Mots*, p. 146, et *Situations, II*, p. 196.

**5.** C'est l'hypothèse d'A. Buisine dans *Laideurs de Sartre*, 1986, pp. 47-48.

Non pas : c'est sa mission aussi que de faire face et de chercher à res-saisir le monde dans son opacité[1] ; il lui est possible de viser un point d'équilibre entre transparence et opacité – appuyer et glisser à la fois, marcher en crabe, emprunter la voie oblique.

---

1. *Situations, II*, p. 195.

# GLISSEZ, MORTELS, POUR APPUYER

Glisser, appuyer : ces termes renvoient à la sentence favorite de Louise Schweitzer, dite Mamie, à ce «Glissez, mortels, n'appuyez pas» cher à sa délicatesse. Encore une fois, *Les Mots* ont ménagé quelque ambiguïté, qui inscrit la vocation de Sartre sous le signe de grand-maman, puisqu'ils la rapportent, entre autres, à «des mots en l'air, jetés par une vieille femme»[1] : mots aériens, mots légers, mots de Madame Picard, une amie de la famille, j'entends bien, mais, Poulou l'apprend à ses dépens quand il prétend vouloir venger les morts, cet oracle vieilli partage avec Mamie l'art de dégonfler les faux élans... Caractère commun qui fait soupçonner une superposition de personnages, dont *Les Mots* usent si souvent, et le moment est venu de rappeler que si Sartre désirait devenir, en écrivant, à la fois Spinoza et Stendhal, c'est sa grand-mère qui, selon toute apparence, l'introduit en Stendhalie[2], terre de la transparence rêvée et de l'esprit mordant, orientant ainsi sa plume d'une façon décisive.

Sartre n'oubliera jamais la leçon de l'appui et du glissement, fût-ce pour la pervertir. Un de ses désirs les plus constants est de prendre de fermes appuis, de peser sur le monde, par le langage ou par un acte ; mais il est amené à en rabattre, toute une autre pente le conduisant d'ailleurs vers les mots glissés du fantastique, de l'ironie, et de ce qu'il faut nommer, sur un modèle connu, un engagement négatif : étonnante invention, qui permettrait, peut-être, de devenir une absence charnelle, de faire poids par sa légèreté même, d'appuyer tout en glissant.

---

1. *Les Mots*, p. 169.
2. Voir l'entretien cité par J. Gerassi, *Jean-Paul Sartre*, p. 64 (de l'édition américaine). – Sur cette relation extrêmement importante, voir M. Contat, «Pourquoi Sartre n'a pas écrit sur son écrivain préféré : Stendhal», *Lectures de Sartre*, Cl. Burgelin éd., 1986, et J.-F. Louette, «Stendhal, ou le refuge perdu de Jean-Paul Sartre», *Stendhal Club*, n° 139, avril 1993, pp. 203-218.

# *Une plume de plomb*

On s'en souvient : le ludisme de Sartre le menait à s'identifier à Peter Pan, cet aérien petit garçon. Peter Pan devenu satirique, maître ès grotesques, il est vrai ; et qui, peu à peu, découvre les bassesses du Mal. Or dans cet apprentissage, comme le sait tout lecteur des *Mots*, Mamie joue un rôle décisif : si elle est «l'Esprit qui toujours nie»[1], elle a partie liée avec Satan. C'est elle qui déjoue les comédies bénisseuses de Poulou et le reconduit au sentiment de sa contingence ; et les histoires de noces sanglantes qu'elle aime à raconter, avec une insistance plus suspecte que légère, pour le coup, Sartre se les rappellera fort bien, qu'il revienne sans cesse sur ce pauvre Charles refait de sa vie, ou qu'il écrive «Intimité», parodie évidente des histoires conjugales de Mamie, où Lulu la mal mariée s'arrange pour revivre à petit feu avec l'amant du moment, quelque dégoût qu'elle en manifeste, le refus de la chair virile que sa mauvaise foi lui interdit de tourner en chasteté (ou plutôt en homosexualité).

Il reste que là où Mamie, fût-ce lourdement, continuait à vouloir glisser, Poulou décide, contre elle, d'insister. Peter Pan choisit de toucher terre, d'écrire pour «restituer l'étrangeté et l'opacité du monde»[2], de prendre au sérieux le cynisme et les vues désabusées de grand-maman, afin d'explorer les provinces du Mal.

## Le style dense

Il se trouve, hasard heureux, que *L'Être et le Néant* commente la règle chère à grand-maman, pour opposer le glissement à l'enracinement[3]. C'est faire, rétrospectivement, apparaître le statut de *La Nausée*, qui marque un déplacement par rapport aux *Écrits de jeunesse* : ce qui s'y accomplit, pour reprendre les symboles sartriens,

---

**1.** *Les Mots*, p. 31.
**2.** *Situations, II*, p. 161.
**3.** Page 673.

Le Havre étrange. L'hôtel Printania en 1930.
Archives © Raymond-Dytivon.

c'est le passage du ski à la racine (cela ne va pas sans heurt, on s'en doute). Parti d'une position glissante quoique vigoureuse, celle de Frédéric dans «Une défaite», qui, sans être superficialité, reste volonté de comprendre sans se compromettre, Roquentin évolue vers une perception, et un sentiment, du monde, qui se font par contact et engluement. C'est par ce contact avec les racines, et avec le dessous des cartes, qu'il donne à Sartre le bon exemple : contre Mamie, chercher avec constance à s'enraciner. Et le plus sûr, tout d'abord, ce serait de se munir d'une lourde plume – d'user d'un style non point maladroit, mais aussi dense que du plomb.

Là encore *La Nausée* désigne réflexivement ce désir. Parmi les papiers que Roquentin aime à ramasser, certains, blancs et palpitants, sont posés comme des «cygnes» – on s'attendrait à ce qu'ils glissent élégamment. Mais non : «déjà la terre les englue par en dessous»[1.] Le souvenir des ambiguïtés mallarméennes rend la transposition nécessaire et aisée : le projet littéraire de Sartre, c'est aussi de ramasser des signes qui collent aux choses. Les pages sartriennes ne doivent pas, ne veulent pas s'envoler négligemment ; elles cherchent à garder le contact avec le monde : «Nous ne définirions plus, je crois, la beauté par la forme ni même par la matière, mais par la densité d'être»[2].

On voit sans peine comment cette définition s'applique aux textes romanesques. Je reviens rapidement sur quelques points, déjà envisagés sous d'autres angles. D'abord la règle de transparence : on a noté par quel souci de fidélité elle impliquait que sa part soit faite à l'opacité. C'est très net en ce qui concerne le statut du personnage : il doit manifester une «densité romanesque»[3], qui interdit d'y voir une marionnette créée aux fins d'une démonstration ; c'est ce que Sartre loue dans Meursault, c'est ce qu'on peut retrouver en Roquentin, dont les relations avec l'Autodidacte ont une trouble lourdeur, qui, paraît-il, surprit, lors d'une relecture, l'auteur lui-même ; ou en Mathieu, qui préfère disparaître plutôt que devenir l'intellectuel-militant qu'en voulait faire son créateur. Quant aux dialogues, c'est parce qu'ils se refusent à être trop explicatifs qu'ils révèlent, dans l'existence, poids du temps et peu du sens. Enfin, si la mise en scène éditoriale de *La Nausée* cherche à effacer toute nécessité subjective qui proviendrait d'un lien affiché entre l'œuvre et son auteur, sur le modèle des cahiers que Poulou laissait

**1.** *La Nausée*, p. 15.
**2.** *Situations, II*, p. 256.
**3.** *Situations, I*, p. 102.

tomber derrière lui, et comme le fera *L'Étranger,* c'est pour produire
une dense variante du livre sur Rien cher à Flaubert :

> *«Nous souhaitions que nos livres tinssent tout seuls en*
> *l'air, et que les mots, au lieu de pointer en arrière vers*
> *celui qui les a tracés, oubliés, solitaires, inaperçus,*
> *fussent des toboggans déversant les lecteurs au milieu*
> *d'un univers sans témoin. Bref, que nos livres existas-*
> *sent à la façon des choses.»*[1]

Au livre-chose convient un langage mimologique. Rêverie dont
Sartre propose d'éblouissantes analyses dans *L'Imaginaire*[2], dans son
article sur Ponge, dans *Qu'est-ce que la littérature ?,* puis dans *Les
Mots,* dans *L'Idiot de la famille* enfin. C'est à propos de Ponge, comme
on pouvait s'y attendre, que l'analyse stylistique est la plus détaillée :
pour donner à un livre la densité d'une chose, les moyens seraient
simples : auto-suffisance compacte de chaque paragraphe, qui refuse de
profiter de l'élan acquis par le précédent, et de se nouer au suivant ; pré-
dominance, pour les phrases, de la parataxe sur la syntaxe, et effets imi-
tatifs du rythme ; préférence pour la modalité affirmative («l'acte
affirmatif, avec sa pompe, a surtout pour fonction de mimer le jaillissement catégorique de la chose»[3]) ; chute brusque contre les points, qui
sont d'arrêt forcé et non de respiration glissée ; enfin, attention à
l'épaisseur sémantique des mots, chargée d'assurer leur correspondance
avec la richesse des choses. Avec les ajustements nécessaires, tel ou tel
de ces traits s'applique à *La Nausée,* qui est le *Parti pris des choses* sartrien, et notamment à ses passages descriptifs[4]. Quant à l'efficacité
mimologique dans *Les Chemins de la liberté,* goûtez-la en lisant ceci[5] :

---

1. *Situations, II,* p. 256.
2. Pages 133-135. – J'ai tenté ailleurs, dans un article au titre un peu trop large, de montrer ce que ce
mimologisme devait à la phénoménologie husserlienne : «L'usage littéraire du langage selon Jean-Paul
Sartre», *Revue de l'enseignement philosophique,* juin-juillet 1982.
3. «L'homme et les choses», *Situations, I,* p. 254.
4. Un seul exemple : «Je regarde à mes pieds les scintillements gris de Bouville. On dirait, sous le soleil,
des monceaux de coquilles, d'écailles, d'esquilles d'os, de graviers» (*La Nausée,* p. 186). Le mot-matrice
(«scintillements») jette ses éclats sur toute la phrase, en disséminant son [i] et sa double consonne – c'est
aussi écrire l'éclatement de Bouville menacée.
5. *L'Âge de raison,* p. 463.

> *«De délicates petites plumes enduites d'aloès lui caressaient le fond de la gorge et puis un dégoût de tout, en boule sur sa langue, lui tirait les lèvres en arrière.»*

Le désir de densité peut conduire jusqu'à une gaucherie revendiquée ; Sartre évoque ainsi la «puissance gauche» du tour présentatif «il y a»[1]. Or c'est un de ses tics d'écriture : il convient de le préférer aux verbes anthropomorphiques, ou zoomorphiques, qu'affectionne Flaubert[2], parce qu'il permet de poser des êtres de façon tranchée et dense, de faire que la phrase, après un début «vague et indéfini», finisse en force (thème puis rhème, dirait la grammaire !), tout en livrant la passivité des choses. Roquentin sait en user : «il y avait quelque chose que j'ai vu et qui m'a dégoûté». À ces avantages stylistiques correspond une vérité philosophique : ce serait trop s'avancer que de dire «j'ai vu ce galet», le *je* n'est posé que par un acte réflexif ; la plupart du temps, la conscience se contente d'exister sur un plan irréfléchi. C'est donc serrer au plus près la conscience perceptive que de recourir à l'impersonnel.

La familiarité constitue une autre forme de gaucherie ; elle provient d'une rupture avec le style guindé de certains textes de jeunesse, d'une grande admiration pour Céline, de cette «préciosité du brutal» déjà à l'œuvre dans les lettres de Sartre. *Les Chemins de la liberté* se laissent ainsi résumer : il y a des types et des bonnes femmes, plus ou moins marrants, souvent rancuneux : liés par des collages pas fameux. Ça en vient vite à faire encombrement. Ivich cessera-t-elle de faire du pathétique, par crainte de se lancer dans une histoire ? Et Mathieu du tragique, par culpabilité devant l'Histoire ? Un éclair : de petits moments plaisants ; au pire, c'est du physiologique.

– Ça rame, dit Boris.

Tels sont – j'en oublie évidemment – les procédés les plus marquants du style dense, qui par l'épaisseur du langage doit donner à

---

1. *La Nausée*, p. 134 – Sur ce «il y a», voir aussi *La Transcendance de l'Ego*, pp. 36-37 ; *Carnets*, pp. 108, 131, 429 ; *Situations, I*, pp. 110-111 ; *La Reine Albemarle*, pp. 20-21 ; *L'Idiot*, t. 3, p. 788.
2. Voici l'un des exemples dont Sartre se gausse, dans *L'Éducation sentimentale* : «une énergie impitoyable reposait dans ses yeux gris».

sentir un poids d'être ; on se doute que le pas suivant sera un effort pour effacer le langage afin d'aller au plus près des choses. Deux modèles d'écriture interviennent ici, ou plutôt un modèle syncrétique et une erreur symptomatique. L'erreur, je l'appellerais volontiers l'argument de la pipe, ou, s'il faut être plus théorique, l'énonciation sans vraisemblance. Voici Roquentin qui erre dans sa chambre, sur le point de se laisser prendre au piège du miroir : «Je tiens ma pipe de la main droite et mon paquet de tabac de la main gauche» – sans compter, j'imagine, son Journal et une plume dans ses troisième et quatrième mains. Je me souviens fort bien que Roquentin a des troubles de la main, et n'ignore pas l'existence du présent de narration ; mais il faut plutôt, avec Denis Hollier, voir ici le rêve d'une écriture qui collerait au présent[1], et superbement indifférente au vraisemblable des conditions de sa production. C'est le meilleur moyen de saisir l'opacité du monde : ce que Roquentin écrit n'est pas produit, il vit et sa vie s'écrit, en toute simplicité et en toute densité.

Dans le théâtre – la densité même, en tant qu'art matériel, qu'art corporel –, Sartre glisse aussi (ou laisse se glisser) un de ces dérapages de l'énonciation. Voyez Hugo, dans *Les Mains sales* : il est censé se remémorer son passé pour le raconter à Olga. Or, au début du cinquième Tableau, il dort, du sommeil d'un juste futur, cependant qu'Olga et Jessica mêlent rivalité amoureuse et réflexion politique. D'où Hugo tient-il leur dialogue qu'il rapporte ? Ni de Jessica, qui le quitte dès le meurtre accompli, ni d'Olga, qu'il vient de retrouver lorsque la pièce débute. Bref : le montage rétrospectif est ici oublié ; ce n'est plus une action passée qui se répète sur scène, mais voici qu'il se passe quelque chose au présent, et comme si c'était vrai. L'oubli des conditions de l'énonciation laisse transparaître une immédiateté rêvée de l'écriture : idéalement, ce que la scène montre *a lieu*. Difficile, évidemment, de multiplier ces coups de force énonciatifs ; l'engagement sartrien devra user d'autres ressources.

Quant au modèle syncrétique, il reprend certains procédés de la parole mystique ; la leçon prêtée à Mallarmé (frapper par le verbe le

---

**1.** Dans ce si drôle et si bon livre, *Politique de la prose. Jean-Paul Sartre et l'an quarante*, 1982.

monde d'un silencieux néant, abolir les bibelots en une inanité sonore) ; le point d'aboutissement de la phénoménologie husserlienne (l'intuition sans langage)[1] ; le mutisme du cinéma à sa naissance, les réserves du fantastique – le tout pour chercher à se défaire des mots par les mots[2]. Soit, par exemple, la construction en partie double (roman et journal) de *La Nausée* : elle propose une double image d'une existence et de l'existence, en un jeu de miroirs, que Sartre commentera à propos de *L'Étranger,* et qui produit un mouvement de contestation réciproque (le journal est moins construit, plus fidèle au cours du temps que le roman, mais il n'est que fictif, donc récit, et ordonne sa matière en fonction de sa fin, selon une téléologie opposée au hasard des jours) ; par ces contradictions entre images différentes, partielles, partiales, qui seront reprises en charge par le système des points de vue multipliés dans *Les Chemins de la liberté*, se manifeste comme une imperfection du langage, mais qui remplit son office en renvoyant à autre chose : le monde d'avant les mots.

Qu'on ne s'y trompe pas : cette taciturne révélation ontologique, à laquelle la dissolution satirique des fausses valeurs a conduit Roquentin, saisie de «l'absolu ou l'absurde»[3], il n'est pas question de s'y complaire : Roquentin ne cherchera pas à entretenir son sens de l'extase – ce n'est pas le chemin qu'invitent à prendre ni Lucien, ni Daniel, ni Gœtz : trois expériences mystiques présentées sur un mode fort ironique, parodies de Barrès, Pascal et Bataille, Jean de la Croix ; Roquentin n'a fait que les gestes du mysticisme, Sartre en a détourné les procédés d'écriture.

Touchant ce détournement, j'entrerai dans d'autres détails à propos des mots couverts du fantastique sartrien ; ce qui importe ici, c'est de saisir la logique paradoxale du désir de densité : le mysticisme constitue un accomplissement du langage pesant grâce au langage glissant. On va voir qu'au théâtre, Sartre développe ce paradoxe de l'appui glissé.

---

1. Voir par exemple *L'Idée de la phénoménologie*, P.U.F., 1978, p. 88.
2. J'ai analysé le fonctionnement textuel de ce modèle dans «*La Nausée*, roman du silence», *Littérature*, n° 75, octobre 1989.
3. *La Nausée*, p. 153.

# Sartre scaphandrier

Il faut en passer par la question de l'engagement. Point de départ, dans «Er l'Arménien» : «j'ai demandé à savoir ce qu'était le Mal». Il y a nécessité d'une enquête, nul ne le niera, ou c'est n'avoir rien compris aux profondeurs de l'opacité. Or cette mission, c'est, quelque vingt ans plus tard, toujours celle que *Qu'est-ce que la littérature ?* assigne à l'écrivain engagé[1] : confronté à l'insondable des choses et de la liberté,

> *«L'artiste a toujours eu une compréhension particulière du Mal, qui n'est pas l'isolement provisoire et remédiable d'une idée, mais l'irréductibilité du monde et de l'homme à la pensée.»*

Le Mal n'est donc pas une ombre passagère, propre à faire valoir les clartés du Bien, et appelée à diminuer (c'est en substance la position de l'optimisme chrétien, et notamment celle de Leibnitz[2]) ; conformément aux dessins que faisait Nizan, il faut botter le derrière de Leibnitz, et plonger aux abîmes du résidu douloureux qui refuse toute rationalisation, dans ces eaux noires : «les douleurs englouties, les exigences insatisfaites des trépassés, bref tout ce qui n'est pas récupérable»[3] (Sartre commente *Les Mains sales* : Hugo, mort en sursis, la douleur de son acte englouti). Que de lest exige alors le leste Peter Pan, ce ludion aérien : «j'ai mis tout mon zèle à couler bas : il fallut chausser des semelles de plomb»[4].

L'image qui se propose ici est celle d'un scaphandrier du Mal ; il explore et il pèse. Ou mieux : il commence par explorer puis essaie de peser. Sartre était loin d'être, comme on le prétend souvent, indifférent à la politique avant 1939 : *La Nausée*, dont la seconde version est rédigée à Berlin, aurait été marquée par le contexte politique agité des années

---

1. *Situations, II*, p. 159.
2. Voir «De la production originelle des choses prise à sa racine», *Opuscules philosophiques*, Vrin, 1969.
3. *Situations, IV*, p. 133.
4. *Les Mots*, p. 52 ; voir aussi p. 125.

1933-1934, rapporte Beauvoir[1]. Que penser en effet de cette affiche à fond vert[2], sur laquelle grimace un visage haineux et moustachu, et du mot «purâtre» qui le jouxte, sinon qu'ils ont quelque allure nazie ? Sans compter que la parodie choisit ses cibles : Barrès, Déroulède, le style journalistique d'extrême-droite[3]. Sartre l'expliqua un jour à Beauvoir, l'homme seul est loin de se désintéresser du cours du monde. Mais il est vrai que le conflit de 1939-1945 joue un rôle décisif : dès le début de ses *Carnets*, Sartre s'interroge sur ses responsabilités de pacifiste mou, qui a perdu la guerre ; son dessein se forme peu à peu, il est de substituer à une culpabilité fantôme, insaisissable, une culpabilité limitée, une violence raisonnée, fondatrice du sujet[4], et qui évitera peut-être un nouvel, et ultime, embrasement. Si l'innocence d'avant-guerre était une transparence qui masquait de sa fadeur une culpabilité d'inaction, il faut après-guerre viser une culpabilité réelle qui soit, en définitive, toute l'innocence possible[5], et s'assigne pour horizon la transparence rêvée. C'est la guerre contre les petits pois : ils ont tendance à rester bien au chaud dans le conformisme de l'individualisme ; mais non sans souffrir de leurs relations sérielles : entre tous, une extériorité d'indifférence. Ce qu'il faut au rebours souhaiter, c'est qu'un petit pois, dans une boîte de conserve, devienne un jour le frère d'un autre petit pois de la même boîte [6]. Communauté sérielle, solitude, violence, la littérature engagée naît (plonge) contre ces formes de poisse humaine.

# Le meurtre ou le martyre

Agir. C'est le projet de Mathieu, dans *Les Chemins de la liberté* : «J'en ai marre ! s'enfoncer dans un acte inconnu comme dans une

---

**1.** *La Force de l'âge,* pp. 154, 171-172.

**2.** *La Nausée,* p. 32.

**3.** *La Nausée,* pp. 73, 100, 109.

**4.** Chez Sartre, «le sujet ne peut exister que *par sa faute*» (F. George, *Sur Sartre,* 1976, p. 269).

**5.** Mon âme, «cette innocente transparence», *Les Mots,* p. 70 ; un crime plutôt qu'une culpabilité fantôme : *La Mort dans l'âme,* pp. 1184 et 2060.

**6.** Sur ces petits pois, voir *Situations, II,* pp. 18-19 ; la conférence «Pourquoi des philosophes», *Sur les écrits posthumes de Sartre,* P. Verstraeten éd., Éditions de l'Université de Bruxelles, 1987, pp. 82 et 92 ; *Critique de la raison dialectique,* t. 1, p. 453.

forêt. Un acte. Un acte qui vous engage et qu'on ne comprend jamais tout à fait.». Ici repasse la silhouette du généreux cartésien ; revoici le cygne, et le scaphandrier, avec Oreste, las que les villes derrière lui se referment «comme une eau tranquille» : «Il faut que je me leste d'un forfait bien lourd qui me fasse couler à pic, jusqu'au fond d'Argos»[1]. La question du meurtre est centrale dans l'œuvre sartrienne à partir des *Chemins de la liberté* : prenez Mathieu perché sur son clocher, l'exécution du traître Moulu, les hésitations des *Mains sales*, les remords de Frantz tortionnaire. Ce qui importe, c'est que le meurtre est une forme, certes un peu curieuse, d'amour : Hugo aime Hœderer comme Mathieu les mortels – «Mathieu enfonça le couteau sans haine, sans cruauté, avec amitié. Une manière de faire l'amour avec les hommes»[2], de les aimer jusqu'à partager leur violence. Le meurtre est donc une des ressources de l'homme-femme, que Proust eût malgré tout désavouée.

Pour faire bon poids, il n'est cependant pas tout à fait sûr qu'il suffise du meurtre d'Egisthe et Clytemnestre, non plus que de Hœderer : familles, traîtres, vous êtes de trop petits fardeaux ; Oreste doit encore se charger de la culpabilité de la cité : charmeur de rats et de mouches, il traîne tous les remords après lui. En conséquence de quoi, dans le théâtre sartrien, les héros ont vocation au martyre : ils sont à la fois témoins, porteurs, et vainqueurs de la souffrance du monde. Balthazar, le roi Mage que jouait Sartre, dans sa première pièce, *Bariona*, le dit une fois pour toutes : la souffrance est un poids qu'on ne soulève et n'allège que si l'on s'en fait responsable. Et Frantz, à l'autre extrémité du théâtre sartrien : «J'ai pris le siècle sur mes épaules et j'ai dit : j'en répondrai.»

Décisive est la mise en scène de la déclaration : pour que la parole du martyr ait une densité maximale, il faut une proféation publique, un naufrage éclatant – la puissance froide, au minimum, d'un magnétophone. Mais toute parole engage : Sartre n'a-t-il pas, comme ses héros qui s'emparent d'une hache, d'un fusil, mais aussi bien d'un haut-parleur, tenté d'armer son scaphandre d'écrivain, dans *Qu'est-ce*

---

1. *La Mort dans l'âme*, p. 1213 ; *Les Mouches*, pp. 174 et 179.
2. *La Dernière Chance* (fragments), *Œuvres romanesques*, p. 1622.

*que la littérature ?* : le mot à lui seul est acte, le langage constitue un mode d'action par dévoilement, la plume est toujours une épée.

On peut même repérer, décrite à propos de Nizan[1], une botte stylistique, dérivée, je suppose, du coup de Lagardère ou de Pardaillan :

> *«Ces emportements oratoires qui tournent soudain court et font place à une sentence brève et glaciale ; non pas un style de romancier, sournois et caché ; un style de combat, une arme.»*

Comme de juste, Sartre, qui cherche, selon son premier *Carnet*, à lutter contre «une adiposité discrète», et secrète, qui menacerait son style, use de ces coups de pointe, et même comme romancier («Il tirait sur l'Homme, sur la Vertu, sur le Monde : la Liberté, c'est la Terreur»[2]) ; mais au théâtre plus encore, dans la mesure où le duel y règne, et où la solitude elle-même s'y exprime dans une amère acuité, à la fois lyrique et objective[3] ; enfin, d'incomparable façon, dans l'autobiographie – songez à l'*excipit* des *Mots*.

## Actes embarrassés

Que Sartre par là atteigne une tension efficace, j'aurais mauvaise grâce à le nier. Mais les choses ne sont pas si simples, et il est impossible d'ignorer que tout le théâtre de Sartre explore *les difficultés* de l'acte et de la responsabilité, du meurtre et du martyre. Elles pullulent : aussi est-il tout entier empreint d'auto-dérision. Le lire comme un théâtre à thèse, c'est tomber dans les fadeurs de la *doxa,* et les profonds panneaux d'une ironie qui voudrait agir, mais sait ne pouvoir y parvenir que de biais.

---

**1.** *Situations, I*, p. 28.
**2.** *La Mort dans l'âme*, p. 1344.
**3.** Un seul exemple, les monologues de Frantz, qui jouent constamment du passage entre élan emphatique et cadences mineures ou chutes de phrases désolées : «Siècles, voici mon siècle, solitaire et difforme, l'accusé.»

L'acte précoce : Marie Olivier (Wanda Kosakiewicz à la ville) et François Périer dans *Les Mains sales.*

© Lipnitzki-Viollet.

La première difficulté, il faudrait la nommer *l'acte précoce.* Problème que définit Hugo dans *Les Mains sales* : «Un acte, ça va trop vite. Il sort de toi brusquement et tu ne sais pas si c'est parce que tu l'as voulu ou parce que tu n'as pas pu le retenir.» On ne s'étonnera pas que Jessica, son épouse, qui le traite en petit frère plus qu'en homme, en vienne à s'écrier, au beau milieu d'une lutte câline pour la possession d'un revolver, basculant sur un lit : «Attention !

**117**

Attention ! le revolver va partir.» [1]. Transparent symbole (freudien) pour qui a lu «Erostrate» : «Quelquefois, ça partait tout seul dans mon pantalon»[2]. Par là Sartre tourne en dérision l'affirmation de virilité que renferme le désir d'agir – bref son propre «idéalisme épique»[3]. Déception du public féminin : sous Pardaillan, sous le Christ peut-être, sournoisement tapis, autant d'orangs-outangs hâtifs.

La seconde difficulté réside dans *la confusion du Bien et du Mien.* Oreste est heureux : il a fait son acte. Était-ce le bon ? Comme Sartre le dira après coup, il s'évade un peu vite d'Argos ; Jupiter n'est pas dupe, qui a sûrement lu Nietzsche : «un homme devait venir annoncer mon crépuscule»[4] – et comme on sait, ce héraut se place *par-delà* Bien et Mal. Hugo connaît pire encore : son meurtre ne pèse pas, reste abstrait, ne l'arrache pas à la perplexité. Bref : l'un comme l'autre, plus que de tel acte, sont heureux d'avoir agi. Mon faire n'est jamais tout à fait méfait : cela ne fait pas une morale[5].

C'est Nekrassov qui vend la mèche : «Bon ou méchant, je m'en moque. Le Bien et le Mal, je prends tout sur moi : je suis responsable de tout.»[6]. Ce qui importe en effet, c'est d'être sous les feux de la rampe : troisième difficulté, celle du *diamant noir* (ou du bon acte tournant au beau geste). Elle paraît, là encore, dès «Erostrate» [7] ; Paul Hilbert vient de découvrir son maître antique :

> *«Il y avait plus de deux mille ans qu'il était mort et son acte brillait encore, comme un diamant noir. Je commençais à croire que mon destin serait court et tragique (...) Moi aussi, un jour, au terme de ma sombre vie, j'exploserais et j'illuminerais le monde d'une flamme brève et violente comme un éclair de magnésium.»*

---

1. *Les Mains sales*, pp. 323 et 112. – Une version moins scabreuse de la même difficulté serait celle du coup de dé par lequel on engage une vie : voir Gœtz...
2. «Erostrate», p. 264.
3. *Les Mots*, p. 98.
4. *Les Mouches*, p. 236.
5. Voir D. Hollier, «Actes sans paroles», *Les Temps Modernes*, octobre-décembre 1990.
6. *Nekrassov*, p. 209.
7. Pages 269-270.

Achille devenant criminel par amour narcissique de la photographie : tel est le thème de cette rêverie. Ce qui est désiré, ce n'est pas un acte bon, tant s'en faut, mais la gloire payée de la mort, bref *l'éclat,* qui expose, explose, et resplendit. Oreste rêve d'un acte «sombre et pur comme du cristal noir», Hugo d'allumer la mèche qui fera sauter le monde, et Frantz von Gerlach a le même désir : vie brève, mort de choix, dépasser l'Enfer, et finir comme «le bouquet tournoyant d'un feu d'artifice mémorable» qui épargnerait la seule Allemagne[1]. Fantasme d'un Néron anachronique, pour le coup, et quel beau rôle : Achille choisissant sans faillir, Jésus-Christ résistant à l'Enfer, la bombe atomique tonnant, assez pour un seul homme.

Tout cela manque trop de simplicité pour que Sartre ne s'amuse pas quelque peu de ces feux et de ces artifices. Il est vrai que la position inverse, celle du *défi modeste,* de l'humble activité, lentement conquise, qui est celle de Gœtz, il la frappe aussi de suspicion. D'abord parce qu'un tel nom en dit long : souvenir du *Götz von Berlichingen* de Goethe, il ne peut que renvoyer au verbe *götzen,* mais rappelle aussi le *Gott* germanique : défier Dieu, programme fondamental. C'est avec peine qu'à l'alternative héroïque d'Achille se substitue un choix de moindre éclat : moine, mystique de mauvaise foi, ou chef, qui est à la fois bourreau et boucher. L'Histoire ne permet plus la noble efficacité d'Achille ; relisez d'ailleurs l'*excipit* de la pièce : comment ne pas frémir en trouvant la formule de l'irréflexion même (je souligne) : «*Il y a* cette guerre à faire et je la ferai» ? Comme le *je* vient tard, comme il se laisse, en vrai chef moutonnier, guider par les exigences du monde...

Et puis cette figure de l'engagement, impossible par ailleurs d'oublier que «L'Enfance d'un Chef» en présentait une image négative : s'engager, pour Lucien, c'est frapper un Juif sur son «œil poché», et sans doute le lui crever – comment mieux marquer le lien de l'action et de la cécité ? Tourniquet : ne pas s'engager, c'est avoir les yeux dans ses poches ; s'engager, c'est pocher les yeux ; et vice versa : s'engager, c'est choisir des œillères, ne pas s'engager, c'est laisser crever des yeux...

---

1. *Les Mains sales*, p. 156 ; *Les Séquestrés*, p. 311.

Quant à la responsabilité du martyr, on saisit tout de suite l'embarras : elle ne diffère pas essentiellement de la lucidité, elle n'est qu'une lucidité qui se veut concernée, une bonne intention aux effets douteux. A preuve, la même métaphore désigne l'une et l'autre : la lucidité, on s'en souvient, est «une manière de grimper sur ses propres épaules»[1], la responsabilité une façon de prendre le monde sur ses épaules : deux modalités du complexe d'Atlas, ou de Samson soutenant ses colonnes. On sait que de ce personnage, récurrent dans le théâtre de Sartre[2], l'efficacité ne tient qu'à un cheveu : est-ce assez pour fonder une politique ? Car si le martyr chrétien meurt, il sait pourquoi ; mais Frantz dans *Les Séquestrés* ? Il forme un martyr négatif, il paraît difficile qu'il propose sérieusement une politique du suicide. Témoigner du Mal ne le supprime pas – il ne resterait plus qu'à *se* supprimer ?

Chose plus grave, une fois encore, la figure du martyr avait été tournée en dérision dès «L'Enfance d'un Chef» : «Lucien pensa que «martyr» en grec veut dire «témoin». Il était trop sensible pour faire un chef mais non pour faire un martyr.»[3]. C'est dire que la responsabilité n'est jamais qu'un acte de second rang, une action par incapacité : celle, on le retrouve, qu'aimait tant le philosophe radical-socialiste. Le choix passe entre l'insensibilité forcée de la brute (brève défaillance de Gœtz, donc raidissement : «n'aie pas peur, je ne flancherai pas»), et les délicatesses retorses de l'intellectuel. Et toujours pire : ce sont là deux naïvetés qui se valent. Je ne crois pas que le théâtre sartrien ait jamais défait cette égalité posée dans un des fragments de *La Dernière Chance*[4] :

> «*Ils étaient pareils, alors, pareillement naïfs, le militant qui croyait au Père Noël et le vieil enfant masochiste qui mettait tant de zèle à confesser ses fautes et si peu à s'en corriger.*»

---

1. *L'Âge de raison*, p. 579.
2. Voir par exemple *Les Séquestrés*, p. 258.
3. «L'Enfance d'un Chef», p. 335.
4. *Œuvres romanesques*, p. 1641.

Prenons pourtant que l'éloge de la responsabilité ait quelque poids ; il suppose cette contagion affective, dont la fin des *Mouches* fournit un clair modèle : la fable du charmeur de rats (Orphée et les bêtes, le joueur de flûte de Hamelin) désigne en effet l'auteur et ses pouvoirs, à savoir la catharsis de tous par un, qui implique elle-même séduction par le bel exemple. On se souvient des critiques adressées à cette vision épidémique de la prise de conscience[1] ; or il n'est pas tout à fait sûr que Sartre n'ait pas miné par avance son dénouement (et du coup sa théorie), en suggérant un parallèle entre Jupiter charmeur de mouches, et Oreste charmeur de rats. J'entends bien qu'Oreste descend de son piédestal et disparaît, quand Jupiter ne saurait renoncer aux honneurs et veut s'imposer ; mais quand même : la symétrie suggère que la fascination exercée par Oreste contrevient à une pleine libération.

Meurtre sans raison, martyre sans libération ; et Sartre n'est toujours pas au bout de ses peines. Il est temps de retourner contre lui l'argument du revolver : si les mots sont, comme on lit dans *Qu'est-ce que la littérature ?*, des pistolets chargés, si parler c'est agir, pourquoi les personnages du théâtre sartrien cherchent-ils obstinément un acte – alors qu'ils parlent (beaucoup) ? Paradoxe : ils ne cessent de soupirer après ce qu'ils ont sous la main, mieux même, dans la bouche. C'est reconnaître implicitement que le langage, au moins au théâtre, est tout sauf un acte – et Sartre le fait un jour de bonne grâce, désavouant ou contestant sans regrets *Qu'est-ce que la littérature ?* : «le discours théâtral n'offre pas de prise aux actes verbaux ; la parole apprise s'écoule sans pouvoir ni les susciter ni les accueillir»[2]. L'acteur ignore par essence la dimension du performatif. Mais du coup, deux hypothèses : ou bien la quête de l'acte est parfaitement redondante par rapport au phénomène même de l'expression verbale ; ou bien le moyen théâtral contredit la visée intellectuelle : la scène irréalise tout ce qu'elle porte, êtres, mots, actes éventuels.

La scène, et surtout le langage. Sartre avait déjà montré, dans son étude sur *Sartoris*, la difficulté du roman à peindre l'acte ; et pourtant,

**1.** Par Francis Jeanson, dans *Sartre par lui-même*, 1955.
**2.** *L'Idiot*, t. 1, p. 168. – Pour ce que je baptise argument du revolver, voir D. Hollier, «Actes sans paroles» octobre-décembre 1990.

là encore, c'était le destin supposé de ce genre, qui par essence serait action[1]. Si le même embarras se présente pour le théâtre et le roman, c'est en raison d'un ultime paradoxe qui les concerne tous deux ; Sartre défend avec une égale fermeté deux propositions absolument inconciliables : 1) la parole est acte ; 2) l'acte est silence. Voici encore Hugo : «Bon Dieu, quand on va tuer un homme, on devrait se sentir lourd comme une pierre. Il devrait y avoir du silence dans ma tête» ; le modèle, c'est Slick, garde du corps qui n'est pas suspect d'états d'âme : «Ce qu'il doit faire bon dans ta tête : pas un bruit, la nuit noire»[2]. C'est une leçon tirée de Nizan, qui sait, en bon communiste, la «grande sincérité muette de l'effort, de la souffrance physique, de la faim», bref de la vraie vie (active)[3]. Tous les héros du théâtre sartrien ressemblent à Mathieu, qui souffre de maux de tête rares (un éparpillement de mots), et donnerait n'importe quoi pour pouvoir se taire – on admettra que ce désir paraît difficile à satisfaire sur scène, sauf à diminuer encore le minimalisme d'un Beckett.

## Actes glissés

D'un tel embarras il ressort que Poulou a eu tort de renoncer si furieusement au précepte de Grand-Maman : il faut l'aménager. Schneider a su le faire, lui dont Brunet pense avec agacement qu'«il se glisse partout»[4]. Et puis la générosité de Poulou est sans limites, on ne voit pas pourquoi il se refuserait à ce public qui l'attend si impatiemment[5] :

> «Quelquefois ma grand-mère m'emmenait à son cabinet de lecture et je voyais avec amusement de longues dames pensives, insatisfaites, glisser d'un mur à l'autre en quête de l'auteur qui les rassasierait : il restait introuvable puisque c'était moi, ce môme dans leurs jupes, qu'elles ne regardaient même pas.»

**1.** *Situations, I*, pp. 9 et 38.
**2.** *Les Mains sales*, pp. 111 et 156.
**3.** *Situations, I*, p. 27.
**4.** *La Mort dans l'âme*, p. 1390.
**5.** *Les Mots*, p. 140.

Photo de famille : au centre, Poulou sans boucles.
© Coll. part. L. Sendyk-Siegel.

Comment rassasier les dames de l'époque ? Poulou doit se régler sur les préférences de Mamie : sa sentence élue, son lieu naturel (les chambres aux lumières tamisées), voilà qui l'amène logiquement à aimer «les mots couverts»[1] ; à Sartre la tâche d'inventer un art du demi-jour. Or, j'y reviens parce que *Les Mots* m'y forcent, encore une fois son propre corps lui apporte l'œil nécessaire. Car voici de nouveau, à propos du clair-obscur cher à Mamie, l'un de ces «montages» révélateurs[2].

---

**1.** *Les Mots*, p. 13.
**2.** *Les Mots*. p. 14.

> «*Louise vivait dans le demi-jour ; Charles entrait chez elle, repoussait les persiennes, allumait toutes les lampes, elle gémissait en portant les mains à ses yeux : "Charles, tu m'éblouis".*»

Éblouissement attendu : le naturaliste a l'œil fixe et dur, on s'en souvient, il recherche (c'est ce que dit Zola) un style qui ait la transparence d'une vitre, laquelle peut devenir éblouissante. En bonne logique (et même s'il est pyromane), Poulou se révoltant ne peut que rejoindre sa grand-mère dans la pénombre. De fait : il grandit, ses boucles tombent sous le ciseau du coiffeur, une laideur jaillit : «Mon œil droit entrait dans le crépuscule». Dépit de Karl, et «Mamie le regardait, amusée»[1] : Poulou est en train de changer de camp. L'épisode des boucles coupées mérite donc un autre titre : *Le Crépuscule de Poulou*. L'enfant sera fidèle à cette demi-obscurité : il aime lire à la tombée du jour, et s'arracher ainsi les yeux, au grand dam de sa mère ; puis faire bonne mesure, et se les crever en gribouillant dans la pénombre, afin de placer un mot de génie en herbe : «Même dans le noir, je pourrais écrire»[2]. A coup sûr, car le crépuscule à lui seul représente une triple conquête, majeure pour le futur écrivain : conquête du fantastique, conquête de l'ironie, conquête de l'engagement négatif ; c'est-à-dire, si je ne m'abuse, triple accès à l'art des «mots couverts», qui va permettre de réussir des actes glissés.

## À mots couverts : le fantastique

Mamie, cet Esprit qui toujours nie, est d'un scepticisme qu'ébranle une seule défaillance : elle croirait volontiers aux tables tournantes[3], au grand scandale de son époux, fermement rationaliste. C'est dire qu'elle a du goût pour le fantastique, et de là, sans doute, son abonne-

---

**1.** *Les Mots*, p. 87.
**2.** *Les Mots*, pp. 48 et 167.
**3.** *Les Mots*, pp. 123-126.

ment au *Matin*, qui propose, deux ou trois fois la semaine, de frisson-
nantes histoires. Poulou, que sa grand-mère convie à épier les séances
spirites de la voisine, lit avec effroi les récits du *Matin* – sombres
affaires de marronniers, de fous à la fenêtre, de pinces qui émergent
d'eaux portuaires. On l'a compris : Sartre retrace dans ces pages la
genèse du fantastique dans *La Nausée*.

Je suis sûr que le «Feuillet sans date» commençait à vous manquer : il est bien sûr un nouveau feuilleton du *Matin*, adressé à
Mamie, et permet de repérer les ressorts du fantastique sartrien.

Du point de vue de l'intrigue, Sartre reprend un procédé de Poulou,
celui du récit qui bascule : un héros, sublime et méconnu (ici, l'admirable Roquentin, attaché à une dérisoire biographie naturaliste), peu à
peu s'efface devant... autre chose, un inquiétant *cela*. «Alors *ça*
venait : un être vertigineux me fascinait, invisible : pour le voir il fallait le décrire»[1], et donc Poulou transportait son histoire vers quelque
région sous-marine. Roquentin a peu de moyens : il n'est pas scaphandrier, il se contente de faire, dans la mer, des ricochets. Mais
c'est assez : car *cela* est déjà venu – oui, «c'est *cela* qui a changé»,
tout simplement l'innocence du monde, et le problème est pour
Roquentin de savoir s'il va s'amuser «à mettre tout cela sur le
papier». Pour lui comme pour Poulou, *cela* forme toujours le point de
départ (commencer, c'est se jeter à l'eau).

D'un point de vue thématique, le *cela* du fantastique se définit
notamment comme la révolte des moyens contre les fins, révolte dont
le galet est symbole : il refuse obstinément qu'on l'utilise pour faire
des ricochets, en lui l'inhumain se retourne contre l'humain. Le
roman, docile à ce désir, met en jeu un effort pour saisir la Nature
sans les hommes, en commençant par les débarrasser des projections
anthropomorphiques qui les habillent : «déshumaniser les choses en
grattant leur vernis de significations utilitaires»[2] – on voit que Robbe-
Grillet, en y traquant le «pont d'âme» jeté entre l'homme et les
choses, n'avait compris qu'une dimension de *La Nausée*[3]. Le fantastique suppose, d'autre part, un jeu d'optique : Sartre cherche à retrou-

1. *Les Mots*, p. 125.
2. «L'homme et les choses», *Situations, I*, p. 237.
3. «Nature, humanisme, tragédie», 1958, *Pour un nouveau roman*, 1963.

ver le charme d'un bizarre propre aux films de l'expressionnisme allemand, bizarre qui lui paraît provenir de ce qu'ils donnent «au rêve des
arêtes dures», et «mettent la netteté au service de l'imprécis». De fait,
le début de *La Nausée* tente d'être *Le Cabinet du Docteur Roquentin,*
et de concilier deux contraires : un désir de précision géométrique,
une vision hypertrophique du réel et «une irrationnelle fluidité» de ce
qui est naturellement flou[1]. Car pas d'illusion : la contingence ne se
laisse pas décrire au moyen de seules loupes géométriques, la vision
cartésienne, hélas, n'est pas suffisante.

Enfin, d'un point de vue stylistique, le fantastique implique des ressources déniées à Camus, dont l'*Étranger* est trop rationnel encore :
«rien de louche, chez lui, rien d'inquiétant, rien de suggéré».
Retournons la formule : à œil louche, roman inquiétant et stylistique
de la suggestion : il s'agit de «trouver des agencements de mots qui
fassent soupçonner un ordre inhumain et indéchiffrable»[2]. Ce soupçon
est de l'ordre du peu aisé à formuler, voire de l'indicible – coup
double : le fantastique entre dans la stratégie de l'écriture du silence.
Les agencements suspects, tantôt seront utilisés dans un pur registre
fantastique, tantôt dans le cadre de ce modèle syncrétique que j'évoquais, qui est avant tout mystique, et que Sartre résume au mieux, en
parlant d'un «bruissement contrarié de mots»[3]. Les mêmes procédés,
moyennant quelques aménagements, permettent de suggérer la mysté-
rieuse densité de la contingence, la maléfique opacité du monde, le
silence de l'Être, l'indéfini de la liberté. Voici quelques-uns de ces
agencements, qui composent une rhétorique du silence, et allument
l'incendie verbal cher à Poulou.

Le *cela* qui désigne l'espace fantastique appartient à la catégorie
des neutres (ou masculins neutralisés), qui portent bien leur trouble
nom, et sont fréquents, aux côtés des indéfinis, dans *La Nausée*, pour
faire sentir ce que *L'Être et le Néant* nommera «l'indistinction totale
de l'Être»[4] ; in-différence ontologique, où se confondent les choses

---

1. Voir, dans les *Écrits de jeunesse*, le «Carnet Midy», p. 447, et «Apologie pour le cinéma», pp. 401-402.
2. *Situations, I*, p. 104.
3. *Les Mots*, p. 203.
4. Page 227.

délivrées de leur nom, et qui n'est pas un pont d'âme, mais un pont de contingence entre l'homme et le monde. Trouble relation, fragile impression : «je dois être toujours prêt, sinon elle me glisserait encore entre les doigts». Mamie ne lisait pas Heidegger, elle eût pourtant aimé, sans doute, à retrouver dans le roman de Poulou divers souvenirs des formules de *Qu'est-ce que la métaphysique ?* : ce «glissement de tout ce qui existe» produit par l'angoisse, cette «indifférenciation générale» qui affecte étrangement hommes et choses[1], ou encore le rejet de la pensée savante (géométrique...), qui ne veut rien savoir du rien. Il reste que si le problème du philosophe allemand est de rétablir, pour finir, une différence ontologique entre l'Être et les étants, Sartre ne recule pas devant les profondeurs de l'indistinct, pour y déployer un fantastique philosophique.

Prenons ainsi le mot *rien*. Indéfini, neutre, c'est un de ces «mots glissants» que Mamie aime tout particulièrement : ils font «choir dans l'ineffable» par leur ambiguïté[2] ; c'est aussi un mot essentiel dans *Qu'est-ce que la métaphysique ?* ; c'est surtout un de ces mots polysémiques dont Jules Renard, mais pour des fins trop banales, savait si bien user[3] : il convient

> «*qu'ils ne se bornent pas à exprimer l'idée dans sa nudité, mais que par le jeu de leurs différents sens – étymologique, populaire, savant –, ils fassent entrevoir un au-delà harmonique de l'idée.*»

Voici l'au-delà grinçant que vise la multiplication du mot *rien*, et qui part, comme de juste, des trois sens distingués : *rien* vient de *rem*, et ce qui est en jeu, c'est bel et bien une fascination devant l'être-là du monde, une saisie de la présence pure, une sidération sur les choses : «il n'y a *rien* qui sépare le connaissant du connu»[4], retraitement d'un

---

**1.** Je cite la conférence dans la traduction d'Henry Corbin, parue en 1930 dans *Bifur*, n° 8, et que Sartre dit avoir lue (*Carnets*, p. 225) – à coup sûr puisque le texte de Heidegger se trouvait dans le même numéro que «La Légende de la vérité». Par la suite, Sartre s'attaque à cinquante pages de *Sein und Zeit* en 1934, à Berlin, le reprend en 1936, en 1938, etc. Voir *Carnet* n° 1 (inédit) f° 77 ; *Carnets*, p. 225 ; *Lettres au Castor*, II, pp. 38-39 ; *Entretiens*, pp. 223 et 230 ; *La Force de l'âge*, pp. 404 et 497 ; *Lettres à Sartre*, II, p. 225.

**2.** *Situations*, I, p. 138.

**3.** «L'homme ligoté», p. 274.

**4.** *L'Être et le Néant*, p. 226.

thème heideggérien. Cependant, dans toute cette histoire, il n'y a rien à comprendre, ni à dire, nulle chose n'a eu lieu pour le bon sens populaire auquel Roquentin cherche à se raccrocher : ce sont des peurs de rien du tout. Mais ces peurs sans objet, Roquentin est vraiment trop savant, depuis que Sartre a lu *Qu'est-ce que la métaphysique ?*, pour ignorer qu'elles se nomment angoisse du rien, et que «l'angoisse nous coupe la parole»[1] – voyez les blancs du texte ; il reste que là encore Sartre prend immédiatement ses distances avec Heidegger, en faisant de l'angoisse un sentiment de la liberté tout autant que de l'Être[2]. Si «rien» dit à la fois la présence pleine du monde, la banalité stupéfiante de la vie, le vide angoissé de la conscience libre, se dessine, par le jeu de ces sens, une identité de l'existence et du rien – c'est à juste titre qu'un jour Roquentin notera, sobrement, sombrement : «Rien. Existé.»[3].

Telles sont les richesses du neutre et de l'indéfini. Mais le début de *La Nausée* oppose constamment, au lexique du vague, un vocabulaire de la précision. «On rapproche des mots qui se brûlent, et c'est leur incendie qui signifie, par-delà toute signification»[4] : l'union de mots contradictoires est un moyen éprouvé de la suggestion. Voici, pour quitter *La Nausée*, Lucien surpris par la nature[5] :

> *«Ce silence», pensa-t-il. C'était plus que du silence, c'était du néant. Autour de Lucien la campagne était extraordinairement tranquille et molle, inhumaine : il semblait qu'elle se faisait toute petite et retenait son souffle pour ne pas le déranger.»*

Silence de la nature, vide de la conscience ; le texte les exprime par thématisation (en désignant explicitement le silence comme son objet),

---

1. *Qu'est-ce que la métaphysique ?*, p. 17.
2. «Rien ne peut m'assurer contre moi-même, coupé du monde et de mon néant par ce néant que je *suis*, j'ai à réaliser le sens du monde et de mon essence», c'est-à-dire à être libre (*L'Être et le Néant*, p. 77).
3. *La Nausée*, p. 122. – Autre exemple : «déterminer», dans la première phrase du roman : sa résonance étymologique en fait le sel, car comment tracer une limite à partir de laquelle quelque chose advient, puisque le feuillet est sans date ?
4. *L'Idiot*, t. 2, p. 1827.
5. «L'Enfance d'un Chef», pp. 361-362.

mais aussi en multipliant des formules qui s'affrontent : «extraordinai-rement» et «tranquille» visent ainsi, à leur croisement, une inquiétante familiarité ; «tranquille et molle»/«inhumaine»/«se faisait toute petite» forment ensuite une succession qui ne propose une personnification que pour aussitôt la nier et, aussitôt encore, la retrouver.

Incendie de lexiques, et de figures ; je pourrais aussi m'approcher de quelques flammes génériques : ainsi de la contradiction, propre à *La Nausée*, entre roman et journal (quand le titre de *Melancholia* fut rejeté par Gallimard, Sartre imagina un système double, où *Les Aventures extraordinaires d'Antoine Roquentin* aurait été nié par un bandeau : «il n'y a pas d'aventures»), ou bien des modèles affrontés dans *Les Séquestrés* : triangles du Boulevard, huis-clos tragique, drame historique à la Hugo, mélodrame à cabotins. Il faudrait aussi considérer quelques brasiers d'épisodes (ainsi des deux versions, des deux «photographies», balzacienne et sartrienne, de scène dialoguée qu'offre *La Nausée*[1]), ou bien ce feu de styles, qui formait déjà la règle des futurs génies dans «Une défaite» : «Ils ne proscrivaient pas entre eux le lyrisme pourvu qu'il fût ponctué d'argot»[2]. Nizan en gardera deux styles, on s'en souvient, et Sartre aussi – au terme de son œuvre, *Les Séquestrés* et *Les Mots* jouent sans cesse du contraste entre style dru et style noble[3].

Mais glissons. Pour suggérer, il suffit parfois d'insister : l'italique souligne et dramatise en laissant entrevoir plus qu'il ne dit ; aveu d'une imperfection du langage, il est aussi rémunération de cette imperfection, car l'exhibition même de la limite renvoie à cette autre chose que l'écriture ne peut clairement nommer. Procédé fréquent dans les romans, dans le théâtre aussi, et notamment, de façon inquié-tante, lorsque s'écrit un possessif de l'acte («J'ai fait *mon* acte, Electre, et cet acte était bon») : l'italique laisserait à penser qu'Oreste a bien du mal à le posséder, cet acte, sinon en parole...

Comme les italiques, l'usage des blancs relève d'une utilisation repensée de la typographie, d'un jeu avec les données de l'objet-livre.

---

**1.** J'ai tenté ces analyses dans «*La Nausée*, roman du silence», octobre 1989, dont je m'inspire ici.
**2.** *Écrits de jeunesse*, p. 213.
**3.** Pour reprendre les belles formules de Jacques Lecarme dans «*Les Mots* de Sartre : un cas limite de l'autobiographie ?», novembre-décembre 1975.

S'ils sont internes à une phrase, les blancs, on l'aura compris, introduisent et miment l'étrange d'une défaillance du langage ; mais ceux qui séparent les paragraphes constituent parfois, eux aussi, l'espace d'une inquiétante résonance : face à *cela,* et devant l'éventualité de sa propre folie (telle est la chute alarmante de la première partie du Feuillet), Roquentin éprouve déjà ce qu'il ressentira avec moins d'angoisse en présence d'Anny, il ne peut que «réaliser en silence toute l'importance de cet événement extraordinaire»[1].

Enfin, signalées en note, les ratures du début de *La Nausée,* qui suggèrent évidemment la résistance du langage, entretiennent aussi un lien étroit avec la panique, à en croire *Les Mots* : Poulou crève les yeux d'une de ses créatures, puis s'affole et biffe ses phrases pour dissimuler sa méchanceté et lui rendre la vue[2]. Transposition dans le «Feuillet sans date» : ce qui est paniquant, ce qu'il faut raturer, c'est cette noire vérité, que toute vision est suspecte de forcer ou forger ; que chacun est en quelque façon, par constitution, aveugle ; que la cécité est la chose du monde la mieux partagée.

Le fantastique est donc cet art de glisser dans le demi-jour qu'affectionnent Mamie, et Poulou bataillant contre les mots ; il importe de mesurer les conséquences de son emploi. D'une part, *le fantastique a une portée politique positive* (qui est, là encore, tout à fait étrangère à Heidegger) : l'homme seul, pour récompense de ses explorations, voit se défaire l'ordre humain[3] ; pour peu que le fantastique soit insistant, qu'il dépasse la portée du feuilleton du *Matin,* il devient, proprement, redoutable : le public bourgeois, estime Sartre[4], ne craint

> «*Rien tant que le talent, folie menaçante et heureuse, qui découvre le fond inquiétant des choses par des mots imprévisibles, et, par des appels répétés à la liberté, remue le fond plus inquiétant encore des hommes.*»

---

1. *La Nausée,* p. 163 ; ou encore Anny, p. 1794 : «Un long silence. Elle estime évidemment que le silence seul peut souligner assez l'importance de ce qu'elle vient de dire.»
2. *Les Mots,* p. 122.
3. *La Force de l'âge,* p. 214.
4. *Situations, II*, p. 157.

Ainsi le scaphandrier du Mal réussit-il à faire glisser ses lecteurs au fond des eaux troubles. Or, et on l'oublie presque toujours, Sartre ne renonce pas à la veine fantastique après *La Nausée* : il est aisé de montrer, et j'y viendrai bientôt, mais plus tard, car Mamie eût vraiment pris peur, que son œuvre est *le carnaval des morts-vivants.* On comprend alors que Sartre s'en prenne si souvent aux vagues rêveries de l'ineffable : son art du demi-jour produit un autre type de silence, actif, dérangeant, inquiétant, qui dit ceci : nous ne sommes pas encore au monde.

Si je m'en tiens à un fantastique acceptable par les longues dames pensives, et notamment à ce vertige dans la banalité même des jours, il apparaît qu'il représente aussi un moyen de l'ironie dissolvante tournée contre le naturalisme. *La Nausée,* par son biais, s'en prend à l'idée de neutralisation (héros moyen, intrigue non dramatique) : Roquentin est un individu, sinon supérieur, du moins étrange à force d'être radicalement à part ; et le texte devient le lieu d'un jeu sur la frontière entre l'ordinaire et l'extraordinaire (rien n'est arrivé – et pourtant... ; il est arrivé quelque chose... mais pas un événement). De là encore l'exploration, qui passe par l'usage du journal intime et la citation de fragments de presse, de la notion de quotidien : est-ce la platitude même, ou ce qui est digne d'être noté ? Tantôt l'un, tantôt l'autre : il n'y a pas d'uniformité absolue des jours[1] ; et en tout état de cause, si tout récit, fût-il naturaliste, est finalisé, dramatique au regard de l'existence, il n'y a pas de *vrai* roman naturaliste possible. Bref, encore un titre pour *La Nausée* : *Mamie fait peur à Karl.*

# À mots couverts : le clin d'œil

Le fait est qu'ils ne donnent pas les mêmes leçons, et d'abord parce qu'ils n'ont pas la même façon de lire. Mamie aime Stendhal, disais-je ; on ne s'étonnera pas qu'à propos de moindres auteurs, elle

---

1. Je développe ces remarques dans «Naturalisme et mise en abyme dans *La Nausée*», *Recherches et travaux*, n° 43, P. Glaudes éd., Grenoble III, 1992.

«À la fois être Spinoza et Stendhal»

Photo Gisèle Freund. Cliché Musée National d'Art Moderne de Paris.

reproche à son époux quelque épaisseur d'âme : «Mais comment veux-tu comprendre, disait ma grand-mère ; tu lis par-dedans !»[1]. Admirable expression, qui vise l'incapacité à gagner l'altitude nécessaire pour entrer dans le jeu de l'auteur, supposer et compléter, déchiffrer les allusions afin d'apprécier l'art des masques. Au regard aplatissant de Karl s'oppose, partage de Mamie et d'Anne-Marie, d'Anne-Marie et de Poulou, un «regard complice», qui sait jouer, et se jouer, de «voiles transparents» (quelle belle solution au conflit de la transparence et de l'opacité), le tout en un éclair : «nous avions nos connivences : un clin d'œil suffisait»[2].

Pour le dire en termes moins familiers : contre la littérature de l'œil (l'observation et la clarté naturalistes), Sartre se tourne, dans la lignée avant tout de Stendhal et, à un moindre degré, de Gide, vers une écriture du clin d'œil et de la connivence moqueuse – quelque chose comme «une gaminerie bonhomme qui se glisse partout»[3]... J'en analyserai ici trois formes. Il est d'abord temps de réfuter une objection attendue : on me dira que le fantastique de *La Nausée* retrouve celui de Maupassant, que *Le Horla* préfigure *cela*, cette folie, la contingence, qui est hors de moi tout en étant là – en moi ; et que la contradiction entre vivre et raconter, Roquentin l'expose en se souvenant fort bien de la Préface de *Pierre et Jean*, où il est montré que l'intrigue naturaliste, pour n'être plus la grosse ficelle du mélodrame romantique, reste un fil qui suppose sélection et composition ; bref, Sartre ne serait qu'un petit frère du dissident Maupassant, un bâtard redoublé de Flaubert. Ce serait peu accorder à la subtilité sartrienne ; d'une part, il mêle, au fantastique, le grotesque et la parodie (du mutisme renardien, qui était aboutissement subi, et non visée dérangeante), à un degré qu'est bien loin d'offrir *Le Horla* ; pour la contradiction, d'autre part, entre vivre et raconter, *La Nausée* use d'un double jeu. Lorsque Roquentin l'expose, le procédé zolien de la mise en abyme (un article du *Figaro* résumant dans *Nana* la vie de l'héroïne, etc.) n'est repris que pour forger un petit récit (un soir, je

---

1. *Les Mots*, p. 37.
2. *Les Mots*, pp. 37, 13, 177.
3. «L'homme et les choses», *Situations, I*, p. 256.

me promenais, j'étais clerc de notaire) qui, s'il renvoie par son thème, *cum grano salis*, à la charge de greffier qu'est l'écriture naturaliste, par ses lacunes s'en prend à l'idéal zolien de transparence, de communication immédiate entre texte et lecteur : car loin de synthétiser la vie de Roquentin, ce micro-récit omet tant sa découverte de la contingence, que son désir final de faire œuvre de romancier et non plus d'historien biographe ; c'est déjà marquer que la mise en abyme, loin de clore le sens comme chez Zola, ne servira chez Sartre qu'à jouer avec un code traditionnel, pour décevoir ce désir de savoir la fin avant la fin qu'éprouve tout lecteur. De plus, comment ne pas soupçonner que ce code leurre l'indiligent lecteur, puisque le roman *est en train* de lever la contradiction entre vivre et raconter, en substituant au modèle de la biographie naturaliste les voies du bruissement contrarié...

L'usage de la mise en abyme constitue donc l'une des formes favorites du clin d'œil sartrien ; et si je ne me trompe, j'en ai déjà fait voir quelques autres exemples à l'œuvre dans *Les Mots*[1]. Deux «clignements» méritent encore l'attention. Sartre aime, d'une part, que ses textes enferment des détails à l'exclusive adresse des intimes ; ainsi, pour n'en donner qu'un exemple, de la barbe que Brunet, prisonnier, se rase consciencieusement : symbole, je le veux bien, et le texte aussi, d'un louable effort de tenue morale, mais également renvoi à la conduite de Sartre soldat, qui déroge à sa négligence habituelle pour imiter l'usage, et le courage, de Stendhal durant la retraite de Russie... On voit que le texte romanesque suppose aussi un niveau de réception très resserré, puisque seuls les lecteurs du premier Carnet, non destiné à la publication, mais circulant dans la «famille» sartrienne, pouvaient saisir tout le sel de ce détail réservé[2]. Or ce phénomène, qui semble anodin, a *une valeur exemplaire* : celle de suggérer sur pièces cette transparence des cœurs, dans l'humour, à laquelle, un jour, la littérature devrait atteindre, parce que la société devrait la permettre.

Si l'information exclusive joue clairement de la dimension singulière de la littérature, c'est du côté de l'universel que se situe, d'autre

---

1. C'est encore ainsi que la scène des Fées constitue un art poétique sartrien, tenté-je de montrer dans «*Les Mots* : écrire l'universel singulier», *Comment Sartre a écrit* Les Mots, M. Contat éd., à paraître.
2. C'est là en effet qu'apparaît cette information essentielle sur le rasoir fréquenté, le 18 septembre 1939. Pour Brunet, voir *La Mort dans l'âme*, pp. 1346-1347.

part, la dissolution ironique. «Esprit qui toujours nie», Louise Schweitzer symbolise encore, dans *Les Mots*, le refus sartrien d'être dupe, son désir de dissoudre les mythes, comédies et fausses grandeurs. Lorsqu'il publie, en 1923, dans l'éphémère *Revue sans titre*, une partie de *Jésus la chouette, professeur de province*, Sartre signe Jacques Guillemin, du nom de jeune fille de sa grand-mère : reconnaissance symbolique d'une dette ou d'une filiation, qui place l'œuvre sartrienne sous le signe d'un scepticisme corrosif. Car l'ironie n'est pas seulement, à la Dos Passos, «l'intérieur devenant extérieur»[1], c'est-à-dire une peinture appuyée de la liberté glacée par la cérémonie sociale ; c'est aussi un souple tournoiement qui défait les lieux communs de la bêtise. Sartre n'aime rien tant que partir d'un poncif et lui faire rendre gorge, c'est-à-dire à la fois en développer le sens et l'occire, bref *l'exécuter*. Cela peut se pratiquer de plusieurs façons : parfois, il s'agit de construire un épisode sur un cliché (Mathieu boit la coupe jusqu'à la lie) pour en montrer les failles (fausse communion dans l'abjection) ; parfois, il suffit d'insuffler à un poncif quelque esprit philosophique (*Huis clos* s'empare du trio caractéristique du Boulevard, mais change la distribution – Inès est homosexuelle –, et introduit un zeste de métaphysique de l'altérité) ; ou mieux encore, on détruira les mythes, sans appuyer, en les opposant entre eux[2] : la fin des *Séquestrés* convoque Platon et Hobbes, Adam, Samson, et Jésus-Christ, Philoctète et Atlas, le Caligula camusien, goûteur de sang, pour dire par cette profusion même que si aucun d'eux ne suffit, c'est que tous ont fait leur temps : on s'en souvient, l'heure de l'Apocalypse existentialiste a sonné («les Dieux crèveront avec les hommes et cette mort commune est la leçon de la tragédie»[3]). Le vrai but de son théâtre, Sartre, en effet, l'indique peut-être en définissant celui du groupe surréaliste en 1947 : «détruire dans l'esprit des bourgeois qui forment son public les derniers mythes chrétiens qui s'y trouvent encore»[4].

---

1. *L'Idiot*, t. 3, p. 719.
2. C'est, dans le commentaire qu'il fait de son adaptation des *Troyennes*, la démarche que Sartre prête à Euripide (*Un théâtre de situations*, p. 419).
3. Telle est la leçon de la Préface pour *Les Troyennes*.
4. *Situations, II*, p. 326.

Il serait aisé de repérer d'autres manifestations du clin d'œil – en relève notamment le jeu complexe des allusions culturelles : si, par exemple, toujours dans la scène des Fées, Sartre utilise, pour désigner le couple qu'il forme avec sa mère, le terme de «biches au bois», c'est pour dissimuler à demi, derrière le renvoi à un conte de Madame d'Aulnoye, les mots de Stendhal sur sa mère, «vive et légère comme une biche», et suggérer ainsi que son récit reprend un épisode célèbre de la *Vie de Henry Brulard,* c'est-à-dire le même aveu d'amour d'un enfant (ce qui implique aussi, et c'est essentiel dans une autobiographie fondée sur la notion d'universel singulier, que le plus intime n'est pas, quoi qu'en dise le mythe bourgeois, purement subjectif). Mais puisqu'il faut faire court, autant en venir aux conclusions : cette démarche est oblique, et c'est ce qui fait l'avantage, peut-être, du clin d'œil sur le troisième œil, plus franchement rieur, du carnavalesque, du comique, et du grotesque. Sartre s'en explique : qu'un écrivain produise une œuvre révoltée, fondée sur «une esthétique d'opposition et de ressentiment», il ne doit pas se bercer d'illusions sur l'accueil de ses lecteurs : «puisqu'elle est pure contestation de l'esprit de sérieux, il doit trouver bon qu'ils refusent par principe de le prendre au sérieux»[1]. Qu'il s'insinue, en revanche, par l'ironie (c'est ainsi que *Les Mots* se font accepter), qu'il s'installe dans les lieux communs d'une culture, peut-être sera-t-il aussi efficace que par la provocation brute. Sartre, en fait, use des deux voies ; mais on oublie souvent ses souplesses. Or il faut rappeler qu'un des premiers écrits de Poulou fut pour transposer en alexandrins les fables de La Fontaine ; la tâche de Sartre est simple : *grignoter* les rets de l'aliénation. En ce sens, Sartre est, pour décomposer le nom du héros de *Nekrassov*, Georges de Valet-rat[2] : un intellectuel, toujours suspect d'être chien de garde ou valet, mais qui, petit à petit, ronge les petits pois bourgeois.

Cligner de l'œil, dissoudre, ironiser : cela risque malgré tout de ne pas suffire. Mamie, ce parangon de la négation, est voltairienne ; elle succombe sans doute à ce que *L'Idiot* nomme «bêtise de deuxième

1. *Situations, II*, pp. 176-177.
2. Jeu onomastique repéré par M. Issacharoff dans «*Nekrassov* et le discours de la farce», *Études sartrienne*s, II-III, 1979.

Un regard de connivence.

Photo OME Newspictures.

instance»[1], celle de l'intelligence qui, s'en prenant aux lieux communs, défait sans refaire, ronge sans édifier. Et puis l'engagement sous cette forme reste *langagement* : du langage contre le langage. Ce n'est pas rien, à coup sûr ; mais peut-être faut-il plus. Intervient alors une grande habileté sartrienne, celle de l'engagement négatif.

# À mots couvert : l'engagement négatif

Il est à l'œuvre aussi bien dans l'autobiographie, que dans le théâtre.

On sait que le nom de Sartre, par le latin *sartor,* signifie tailleur, qui se dit, en allemand, Schneider ; Maurice Tailleur est un brave ouvrier communiste des *Chemins de la liberté*, et Schneider un personnage de *La Mort dans l'âme*, agent très positif. Il se fait passer pour un clerc d'avoué[2] ; de ce mensonge se tirent les termes d'une alternative où Sartre se débat : inefficacité du clerc d'avoué, le clerc étant, pour *Qu'est-ce que la littérature ?*, métaphore de l'écrivain désengagé, mais *l'acte du clair aveu* (de ses insuffisances) est le premier pas de l'intellectuel vers une conduite politique. C'est là une interprétation possible de l'efficacité recherchée par *Les Mots* :

> «*Il se jugeait un monstrueux avorton ; on le hissa sur l'estrade, il montra ses plaies, disant : "voilà ce que les bourgeois ont fait à leurs propres enfants".*»[3]

On admirera cette *conception inversée du martyre*, où il s'agit de *témoigner d'un malheur, mais non d'une valeur*. Comme Nizan, Sartre sauvera sa vie à condition d'en faire «un scandale conscient et qui se dénonça publiquement»[4]. On saisit pourquoi Anne-Marie trouvait que Poulou n'avait rien compris à son enfance : il lui fallait forcer sur ses

1. *L'Idiot*, t. 1, p. 642.
2. *Œuvres romanesques*, p. 1368.
3. Ces mots sont appliqués au double de Sartre, Nizan : *Situations, IV*, p. 176.
4. *Situations, IV*, p. 187.

malheurs de petit... bourgeois. De là aussi l'explication du paradoxe fameux, par lequel Sartre explique qu'il devait, dans *Les Mots*, dire *en style* adieu à la littérature ; elle tient encore dans une phrase sur Nizan : «quand la mer chante, n'y sautez pas»[1]. Écoutez mon chant de sirène, mais ne vous noyez pas dans la littérature ; là où je suis, ne vous rendez pas ; là où j'écris, ne vous perdez pas. Engagez-vous : renversez-moi.

Au théâtre fonctionne un système analogue. Monter sur scène pour battre exemplairement sa coulpe par personnages interposés, c'est une tendance constante de Sartre : ainsi Frantz est-il un contre-martyr, qui n'a que ses remords, sa mauvaise foi, et sa lucidité, à proposer. Aussi faut-il placer – c'est la seconde version du projet dramatique – tout le théâtre sartrien sous le signe non plus de l'union, mais du malaise. Du public il cherche à susciter une participation distanciée (ne pas regarder par-dedans !) : ni l'identification pleine et sotte qui caractériserait le théâtre bourgeois, ni la distance critique mais trop froide prônée par Brecht. Pour obtenir cette réaction mitigée, cette croyance inquiète d'elle-même, Sartre compte sur un théâtre critique, qui fait pendant aux romans critiques nés avec Flaubert, et à la poésie critique engendrée par Mallarmé : un théâtre réfléchissant sur ses propres limites pour en faire les conditions de sa possibilité. C'est-à-dire qu'il s'agit d'exploiter la tension entre le réel et l'imaginaire, sans jamais privilégier l'une des deux données du fait théâtral, ni l'imaginaire, comme Genet, ni le réel, comme l'aurait fait Artaud ; le dessein sartrien est de se servir de l'image, en tant que négation de la réalité[2], dans deux directions opposées : irréaliser les spectateurs (il faut de l'imaginaire contre leur esprit de sérieux), *peindre la praxis par son contraire* (l'excès de théâtralité renvoie négativement à la vérité de l'acte)[3]. Tout le théâtre de Sartre se place donc de façon délibérée sur une corde raide : théâtre d'inspiration pirandellienne, difficile à jouer en raison de son ambiguïté constitutive, et qui attend toujours une lecture dramaturgique approfondie, de même qu'il cherche peut-être encore son metteur en scène...[4].

---

**1.** *Situations, X,* p. 94 et *Situations, IV*, p. 175.
**2.** *Un théâtre de situations*, pp. 184-185, 199.
**3.** *L'Idiot*, t. 1, p. 168.
**4.** *Huis clos* est à la fois une cérémonie funèbre et une leste mécanique triangulaire, la pièce exige *à la fois* le rythme du Boulevard et la lenteur de l'éternité, dans une contestation réciproque et perpétuelle, à laquelle la mise en scène de Claude Régy pour la Comédie-Française, en 1990, malgré ses qualités plastiques, ne rendait pas justice.

Aussi ne puis-je énumérer toutes les ressources par lesquelles la dramaturgie sartrienne cherche à produire un malaise qui permettrait l'engagement éventuel du spectateur (praxis) par contestation et inversion du spectacle (mensonge) ; quelques remarques seulement.

Quant au traitement du temps, le malaise provient, parfois, des anachronismes, tantôt plaisants, tantôt grinçants (les égouts et les belles âmes des *Mouches*) ; ou bien d'une recherche de la confusion entre temps d'une folie représentée (l'Apocalypse selon saint Frantz) et temps du spectateur (notre sombre époque), confusion que favorise, au dénouement de la pièce, l'extinction progressive des lumières de la scène (comme de la planète) : représentation obscure de l'irreprésentable, fin du théâtre et du monde, du théâtre du monde.

Quant à l'espace, Sartre tend à faire désigner, par ses acteurs, le décor et les objets comme tels (de théâtre), au risque et à dessein de rompre l'illusion (geste large de Frantz : c'est du cinéma) ; ou symétriquement, à les priver de toute utilisation par les personnages, pour en contester l'être : Hugo tourne autour d'une cafetière sans rien en faire, elle devient objet exhibé, présenté et présent, réel (comme pour Hugo l'est Hœderer, son possesseur) pour la scène, mais dont le statut d'accessoire dans l'irréel, de quasi-absence, se trouve faute d'usage souligné pour la salle[1] ; la scène vide de la fin des *Séquestrés*, symbole d'un monde mort et sans liens humains, renvoie le spectateur à une perception réalisante, perte inconfortable de l'illusion théâtrale. Enfin, Sartre aime à faire qu'obéissent, avec une application magique, décors et objets aux gestes des acteurs, qui se transforment ainsi en meneurs de jeu, en metteurs en scène : qu'on pense à Kean, à Nekrassov, à Frantz transformant son gâteau en hostie, ou au vieux von Gerlach, véritable montreur, par rétrospectives interposées, du passé de cette marionnette – son fils.

Les acteurs, chez Sartre, se trouvent d'ailleurs largement occupés par la dénonciation de leurs propres discours (c'est de la comédie, un jeu de reflets) ; dénonciation ambiguë, puisque le personnage dit alors à la fois le faux et le vrai (le mensonge est la vérité du théâtre, mais

---

1. M. Buffat, Les Mains sales *de Jean-Paul Sartre,* 1991, p. 149.

énoncée sur scène cette proposition est vraie et fausse à la fois, etc.). Discrédit des mots, et des gestes ; on se frotte si souvent les mains, dans *Les Séquestrés*, que les références s'imposent : non seulement à Ponce-Pilate, mais surtout aux traîtres des mélodrames. Le mélange des tons forme un dernier moyen de l'auto-dénonciation : un acteur, chez Sartre, ne joue jamais un seul rôle, mais toujours plusieurs, dont les langages se superposent et se heurtent (Gœtz, ou Frantz, encore : à la fois soldats, mondains, rhéteurs, prophètes...), dans des pièces qui sont au total des tragédies-bouffes, faites à l'image de «ces grotesques

Frantz, prophète et bouffon (joué par Serge Reggiani).
Agence de Presse Bernand.

d'Albert Dürer qui ricanent et sifflent tandis qu'on flagelle le Christ»[1].

L'intrigue elle-même est donnée pour factice : à l'occasion, par les personnages (les situations fausses qu'aime Garcin, la partie d'*échecs* des *Séquestrés*, mêlée de «qui perd gagne») ; parfois, par un excès de coups de théâtre (les basculements si mélodramatiques, et si rapides qu'ils en deviennent quasi arbitraires, qu'on trouve dans *Le Diable et le Bon Dieu*, les surprises multipliées, et soulignées comme telles par les acteurs, des *Mains sales,* les retournements de *Nekrassov*, les renchérissements de *Kean* – voyez les scènes 2 et 3 de l'acte II : Éléna ne viendra pas – elle vient – ce n'est pas Éléna : parodie par excès, qui n'est pas dans Dumas) ; ou bien c'est le procédé du théâtre dans le théâtre qui exacerbe la théâtralité pour la déjouer : qu'on pense à la cérémonie des remords dans *Les Mouches*, redoublement de mensonge, ou à Kean jouant Othello afin d'indiquer son désespoir de n'être jamais pris que pour un faux-semblant ; *Les Séquestrés* utilisent une sorte de cinéma dans le théâtre, par le biais des retours en arrière sur la vie de Frantz ; mais comme de juste, la forme portant sens, ces épisodes forment autant de mensonges à grand spectacle (au moins par omission) sur l'hypothétique vérité d'un héros ambigu.

Enfin, le théâtre de Sartre passe et repasse la rampe : sans jamais s'autoriser à s'adresser exclusivement à la salle, il ne cesse de la prendre à partie. Trois modalités ici sont privilégiées. La première consiste à interposer, entre scène et salle, émanant des acteurs devenus explicitement spectateurs de ce qu'ils jouent, un jugement, ou des émotions, qui parodient les réactions d'usage : sans revenir sur les surprises des *Mains sales*, c'est un procédé constant dans *Kean*, qui utilise et raille, par exemple, tous les effets, sur le public, du mélodrame. La seconde cherche à retourner le constat d'insuffisance ontologique, et à nommer ombres, voire morts, non plus les comédiens, mais les spectateurs : «Ah ! Piètres comédiens, vous avez du public aujourd'hui. (...) Nous sommes nus devant l'assemblée des morts»[2] – on se doute que pour revivre il faut agir sans remords. Ou bien

---

**1.** «Apologie pour le cinéma», *Écrits de jeunesse*, p. 401.
**2.** Égisthe à ses concitoyens, *Les Mouches*, p. 157.

Frantz : «Les Crabes en rond regardent Rome qui brûle et Néron qui danse»[1], belle indifférence transhistorique à la violence, qui se prolonge de l'Antiquité à 1959, puis jusqu'au trentième siècle. Troisième modalité de prise à partie, une perversion du modèle judiciaire que Sartre, à la suite de Hegel lisant *Antigone* comme un conflit de droits, tient pour fondamental au théâtre : c'est particulièrement net dans *Les Séquestrés*, où Frantz se fait tour à tour, voire simultanément, accusé, avocat, procureur, juge – entraînant dans ce tourbillon *et le siècle et la salle* : «répondez donc !».

Réponse demandée au futur et au présent, réveil douloureux, effort d'interprétation... : quand la pièce s'achève le travail du spectateur commence, on est loin des doux fauteuils où Mamie, pour lire, se plongeait[2]. Si tout marche à souhait, Sartre-Samson a secoué les piliers du théâtre et fait tomber le lustre sur les têtes[3] : on se doute qu'il n'a pas abandonné les incendies de mots pour «communiquer avec les autres hommes en utilisant modestement les moyens du bord»[4]. *Peindre la praxis par son contraire*, c'est se faire comme Flaubert «le martyr de l'irréalité»[5]. Sartre se défend de vouloir guider, il prétend fournir une occasion d'être libre ; son théâtre dirait ceci : ne faites pas ce que vous voyez, ne répétez pas mes erreurs (mon labyrinthe, mon palais des glaces), ou les errances politiques de mes personnages (ces actions solitaires isolées du processus historique, cette violence qui ne réussit pas à se fonder, et du fils fait l'image trop fidèle du père) ; mais assistez à l'incendie de ces mythes vieillis et de ces actes faux, laissez-vous inoculer un peu de non-être et de malaise, qu'il faudra tourner vers des actes de poids. Habile manœuvre : à l'incendie comme feu de joie ou potlatch, qu'il attribue aux surréalistes[6], Sartre oppose l'incendie comme préalable, comme condition de l'acte ; engagement négatif, exemple du mauvais exemple, romantisme du sacrifice ou narcissisme noir – je glisse, je chute, je brûle, agissez, appuyez, éteignez.

---

**1.** *Les Séquestrés d'Altona*, p. 137.
**2.** Une «bergère à oreillettes» : *Les Mots*, p. 37.
**3.** *Kean*, p. 164.
**4.** *Situations, II*, p. 34.
**5.** *L'Idiot*, t. 1, p. 792.
**6.** *Situations, II*, pp. 34, 174, 214 sqq.

Jean-Baptiste Sartre.
Photo Coll. part. D.R.

**144**

# L'ABSENT ET LA TOUPIE

Sartre se perd ainsi dans les profondeurs marines du fantastique, pour entraîner après lui le public des rassurés, mais aussi afin qu'un jour, par-delà les clins d'œil narquois, advienne la transparence ; ainsi se veut-il un contre-martyr, un avorton diabolique, mais qui se déferait, qui s'effacerait, pour ne pas continuer à tourner Mal. Bref : il est *Le Satan de la Mer*. C'est le titre d'un film que va voir Roquentin ; et Satan y est «l'officier de marine qui baise la main de la vieille dame»[1]. Belle rencontre, qui invite à souligner la proximité de Mamie, et de cet autre officier de marine, Papa, étrange personnage si discrètement disparu : même connaissance des noces sanglantes (qui a fait souffrir Anne-Marie ?), même penchant pour le fantastique aquatique, pour les glissements... Écrire pour Louise Schweitzer, c'est peut-être écrire, également, pour Jean-Baptiste Sartre. Car *lui aussi* a commandé la vocation de Poulou, qui à l'instant décisif, lorsque son grand-père lui parle entre hommes, et lui concède l'écriture au prix du professorat, ne l'écoute que parce que sa voix a changé : «asséchée, durcie, je la pris pour celle de l'absent qui m'avait donné le jour»[2].

Impossible d'être plus clair, mais ce serait trop simple ; on n'ignore pas les mots paternels sur le destin de Poulou, les seuls, mais auxquels, scaphandrier obstiné, il s'évertue à désobéir : «Mon fils n'entrera pas dans la Marine»[3]. De cette ambivalence témoigne encore un fragment à double sens des *Mots*[4], où il est difficile, même si le contexte renvoie à Karl, de ne pas relever l'imprécision de l'article indéfini, la métaphore maritime surtout... :

---

**1.** *La Nausée*, variante, p. 1752.
**2.** *Les Mots*, p. 129.
**3.** *Les Mots*, p. 73.
**4.** Page 134.

> *«Ce serait farce : à plus de cinquante ans, je me trou-*
> *verais embarqué, pour accomplir les volontés d'un*
> *très vieux mort, dans une entreprise qu'il ne manque-*
> *rait pas de désavouer.»*

# Le carnaval des morts-vivants

Poulou, embarqué dans la littérature contre et pour son père ; com-
mençons par l'hypothèse, simple à formuler, et qui le fut plus d'une
fois[1], selon laquelle il écrit par identification à ce cher trépassé, et afin
de renouer avec lui, ou même par volonté de se substituer à lui. Si je
reviens au romantique sacrifice de Sartre, qui n'est d'ailleurs pas sans
rapport avec celui du Lorenzo de Musset, impossible de ne pas le rapporter avant tout à un certain goût de l'absence, voire de la mort ;
aussi bien, n'écrit-il pas pour ces familiers de la mort, cette foule
«orpheline et veuve»[2] qui l'attend après Dickens ? Il serait facile de
montrer que *Les Mots* font de Poulou la veuve de son propre père[3] ;
Sartre règle en tout cas sa vocation sur les désirs supposés des morts,
d'autant plus aisément que l'angoisse funèbre de son grand-père le
pénètre de part en part, que son époque lui inocule l'illusion biographique (qui sur le commencement d'une vie en projette la fin), que
Nizan, son double terrifié, offre en spectacle «l'agonie d'un vieillard
rongeant la vie d'un très jeune homme»[4] – et qu'une fois de plus, son
corps *apporte l'œil* : l'un vit, l'autre est mort ; ouvrez «Erostrate» :
Paul Hilbert voit un type mort dans la rue, il lui trouve l'air louche ; la
gâchette de son revolver ressemble à une paupière mi-close (une taie

---

**1.** Voir F. George, *Sur Sartre,* 1976 ; les articles d'A. Costes («Les chemins de l'écriture sartrienne») et
de Cl. Burgelin («*Jean sans terre* ou les mots pour ne pas le dire»), 1979 et 1980.
**2.** *Les Mots,* p. 138.
**3.** «*Ce n'était pas moi,* cette jeune veuve qui pleurait sur l'écran, et pourtant nous n'avions, elle et moi,
qu'une seule âme : la marche funèbre de Chopin : il n'en fallait pas plus pour que ses pleurs mouillassent
mes yeux.» (*Les Mots,* p. 103).
**4.** *Situations, IV,* p. 166.

Sartre dans la marine.
Coll. part. L. Sendyk-Siegel.

sur l'œil, peut-être) ; il craint qu'en le lynchant, on ne lui crève un œil, etc. Sartre est donc bien armé pour observer «toutes les vies à travers le froid carreau de la mort» – qui, symétriquement, a «collé son mufle au carreau» durant son enfance[1].

Aussi est-ce en toute logique que l'œuvre sartrienne, franchissant sans cesse la grande frontière, devient le carnaval des morts-vivants. Terrifiante est la fausse mortalité du personnel, romanesque et théâtral, chez Sartre. Qu'on me suive sans défaillir : le Docteur Rogé a un terrible visage de cadavre, l'Autodidacte était mort et ne s'en doutait pas, Anny se survit difficilement, la vie de Roquentin, quand il découvre sa liberté vide, prend fin ; Pablo condamné est une ombre privée de sang, Lucien sait qu'il n'existe pas, Sarah entend un avion allemand et ce fut une morte, Boris est, dans la mesure de ses moyens, mort à Sedan en 1940, mais il remeurt quand Lola accepte, tout en mourant, qu'il la quitte pour l'Angleterre ; Mathieu attend les Allemands, il est mort, d'ailleurs Pinette aussi, qu'ils admettent la défaite, décident d'aller pour rien au casse-pipe, ou, prisonniers, d'encombrer leurs lits (des cercueils) – «on a les inconvénients d'être morts sans les avantages»[2], remarque Pinette, qui va bientôt voir *Huis clos* (à sa résurrection). Mais le village des vieillards de *Bariona,* se condamnant, contre les Romains, à la stérilité, manquait déjà de vie (cette vertu prolifique) ; que de mouches funèbres dans *Les Mouches,* et quelle triste fête que celle du retour des morts, parmi des vivants si peu vivaces ; il est vrai que des résistants vigoureux peuvent devenir, avant même d'être exécutés, des *Morts sans sépulture*, parce que coincés et inutiles ; pour échapper à cette mort de sa vie que serait son acte inassumé, Hugo choisira de mourir : il a raison, à force de planer en gentleman-escroc au-dessus de toute entreprise, Georges de Valéra se tient pour mort d'avance ; point d'issue, c'est la séquestration, cependant que son Père est rongé par le chancre du capital et du pouvoir, Frantz, mort au front, vit en reclus absolu (avant de parler *post mortem*, il est vrai).

---

1. *Situations, IV,* p. 168 ; *Les Mots,* p. 79.
2. *La Dernière Chance,* Fragments, p. 1611.

J'aurai un bel enterrement (le cortège funèbre de Sartre).

Pesteguy / Gamma.

Faut-il conclure que *Les Jeux sont faits* d'avance ? C'est une des interprétations possibles de cette omniprésence de la mort, qui indiquerait la crainte, voire la conviction, d'une impuissance radicale des hommes, trop faibles mortels ; dans *Les Séquestrés* paraîtrait une paralysie face à la loi de la violence dans l'Histoire[1] ; et la mortalité implique, en tout cas, une dévalorisation de toutes choses, un burlesque généralisé, une vision du monde comme farce tragique. Mais c'est en revenir à la position de Paul Hilbert ; de façon un peu plus optimiste, on dirait que ces sombres visions figurent la mort vivante à laquelle se condamnent ceux qui acceptent l'aliénation sans lutter pour comprendre, comprendre pour lutter. Je tiendrais même pour une hypothèse plus optimiste encore : le scénario des *Jeux sont faits* ne signifie point une conversion à un fatalisme pétrifiant ; il indique plutôt l'un des sens que revêt la thanatographie sartrienne : *le caractère absolu du relatif*. C'est parce qu'il est impossible de reprendre son coup, c'est parce qu'une seconde vie conduirait aux mêmes décisions, c'est parce que nulle résurrection ne saurait changer la donne – c'est pour ces raisons qu'il importe de s'incarner, d'écrire pour son époque, de n'en appeler qu'au présent – on voit de nouveau que Frantz se fuit et se trompe en parlant trop souvent aux crabes futurs.

Si bien que la mort revêt deux visages : elle est à la fois la trame de la vie, et l'altérité radicale ; forte banalité, si Sartre n'articulait ainsi les deux : c'est à force d'être intérieure que la mort devient l'extériorité même – omniprésente, elle rend chaque instant si précieux qu'elle ne peut plus rien contre lui, qu'elle n'a plus rien à voir avec lui.

La familiarité avec la mort emporte alors des conséquences esthétiques dédoublées, voire opposées : d'un côté, la littérature selon Sartre se tourne vers les situations extrêmes, où la mort, réelle ou symbolique, de l'homme est en jeu ; façon de chercher à restituer la grandeur du relatif, selon une démarche constante dans *Le Mur* et surtout dans *Les Chemins de la liberté*. Dans le meilleur des cas l'effet obtenu est ce que Merleau-Ponty, à propos d'une phrase de *L'Âge de raison* qui fit scandale, nommait «*un petit sublime*»[2] ; la mort conduit

---

1. P. Verstraeten, «*Les Séquestrés*. Nouvelle lecture des *Séquestrés*», *Concordia*, 1990.
2. *Sens et non sens*, 1966, p. 76 (La phrase incriminée : «Une aigre petite odeur de vomi s'échappait de sa bouche si pure. Mathieu respira passionnément cette odeur» : p. 672).

en effet à sentir la contingence du corps (nous sommes de trop parce que si charnels et si transitoires), mais elle rend précieux l'injustifiable même. Ce retournement vaut aussi pour l'engagement : Sartre accepte d'écrire pour son époque, au risque du vieillissement (le Parti communiste entre dans le passé, etc.), mais il espère bien durer un peu, voire par là même : *Le Mur* s'ouvre sur une défaite de la gauche en Espagne, se clôt sur une métamorphose en fasciste français, moustache hitlérienne incluse, si bien que le recueil semble indiquer le mouvement de l'Histoire qui conduit à Vichy[1]. Pour reprendre la métaphore sartrienne, si les ouvrages de l'esprit sont des bananes, qui ont meilleur goût sur place, donc fraîches[2], il arrive aussi qu'elles se conservent artistement.

Il existe en effet, dans la tradition critique sartrienne, un argument de la banane : Sartre place l'engagement sous le signe d'un fruit que lui-même, tous les témoignages concordent, n'aimait pas[3]. Ce qui fait suspecter, et *Les Mots* y invitent, quelque goût non plus de la fraîcheur, mais de l'éternité, ou mieux d'une superposition des deux. L'écriture sartrienne cherche à inscrire ce recouvrement de la vie par la mort, cette fin se rabattant sur le début qu'impliquent identifications familiales (au père et au grand-père ici), et illusion biographique, bref cette transformation de l'existence en «essence circulaire»[4]. De fait, on s'en souvient, c'est une des définitions que Sartre propose de la beauté : une forme de circularité tendue (un beau récit est un objet dont le début est cause de la fin et dont la fin renvoie au commencement). La mort habite donc la beauté comme elle est au cœur de l'illusion biographique : les airs de musique, modèle esthétique privilégié pour Roquentin et pour Sartre, tout en étant inaccessibles et impérissables, portent «fièrement leur propre mort en soi comme une nécessité interne»[5], parce qu'ils sont tout entiers tendus vers leur fin. Si *La Nausée* montre que l'illusion biographique trahit la nature de l'existence, qui n'a ni nécessité ni finalité, elle ne défait pas entièrement la validité de ce modèle esthétique (à preuve, le roman

---

**1.** J'emprunte cet exemple à Ph. Thody, *Jean-Paul Sartre,* 1992, p. 75.
**2.** *Situations, II*, p. 122-123.
**3.** D. Hollier, *Politique de la prose,* 1982.
**4.** *Les Mots,* p. 163.
**5.** *La Nausée,* p. 158.

voulu par Roquentin). Aussi commande-t-il, dans toute l'œuvre sartrienne, des effets de construction et des préférences stylistiques. Ainsi de l'usage du chiasme, figure de disposition, que Sartre affectionne parce qu'elle est la circularité même : voyez encore, dans *La Nausée*, l'ordonnancement subtil des passages où Roquentin mentionne Rollebon, qui par l'écho de leurs thèmes s'organisent en cercles concentriques, destinés à figurer ce piétinement loin des choses mêmes qu'impliquent enquête et illusions biographiques[1] ; ou bien, dans l'*excipit* des *Mots*, le jeu du singulier et du pluriel ; enfin, dans la scène des Fées, comme dans celle de la mort de Dieu, le retour périodique et inversé des mêmes thèmes, chiasmes *fatals* qui conviennent, profondeur retrouvée de la rhétorique, au sens funèbre de ces pages (disparition du bonheur complice entre la mère et l'enfant, liaison manquée avec un divin fantôme, etc.).

La beauté enferme une mort : proposition que *L'Imaginaire* développe, en montrant que la perception esthétique suppose l'effacement, la néantisation du monde réel ; trop belle, une femme n'est même plus chair désirable. C'est ce que Frantz dit à Johanna : votre beauté, comme la mélodie de *La Nausée*, advient «en coup de faux» (fausse et Faucheuse), elle est «le vide, un diamant qui ne raye aucune vitre, l'absence»[2]. Diamant de la Beauté absente qui s'oppose à cette grande vitre de la Culpabilité, où toute la laideur de l'Histoire s'inscrit, et qui terrifie Frantz le tortionnaire. Mais Sartre est un artiste, non un soldat ; il peut échapper à la laideur du réel, sans même recourir à la folie : au prix de sa propre absence. Sartre diamantin ne sera jamais là où on l'attend : il est l'esprit qui toujours glisse.

---

**1.** Par exemple : Roquentin commence par noter qu'il en a fini avec le séjour de Rollebon en Russie – mais le jour où il abandonne son entreprise, il est toujours en train de commenter ses manœuvres à Moscou... – J'ai développé cette analyse ailleurs : «Désillusions biographiques dans *La Nausée* de Sartre», *Cahiers de sémiotique textuelle*, n° 16, Paris X, novembre 1989.
**2.** *La Nausée*, p. 206 ; *Les Séquestrés*, p. 166.

Beauté funèbre : Evelyne Rey et Serge Reggiani dans *Les Séquestrés d'Altona*.
Photo Pic.

# L'Esprit qui toujours glisse

Je veux dire qu'il pratique avec dilection l'art fantomatique du glissement indéfini, qui plaît tant à sa grand-mère, et à son père absent. Mais Mamie existait, malgré tout ; c'est faire un pas de plus vers l'indéfini que s'inspirer de l'exemple paternel. A preuve, cet autre montage, dans *Les Mots* : les «griffonnages» de son père, qu'il voit dans les marges des livres dont il hérite, Poulou les reproduit en «gribouillages», puis, entrant à l'école, en «gribouillis», et enfin, lors de vacances décisives, qui lui donnent l'habitude d'écrire, il se met à

**153**

«gribouiller» une réponse versifiée à son grand-père[1]. C'est dire que l'écriture sartrienne sera rebelle à une trop grande distinction (aux deux sens du terme, d'ailleurs), qu'elle refusera aussi de se stabiliser ; et si l'éloge du glissement, qu'on lit au début des *Mots,* réintervient à la dernière page, c'est afin de signaler que l'entreprise d'auto-analyse par l'œuvre est infinie, qu'elle ne mènera pas à de trop simples déterminations. Il y a encore, à cela, une fort bonne raison : c'est le mode d'être même de la conscience que de leur résister – qu'est-elle sinon «un mouvement pour se fuir, un glissement hors de soi», ou un «allègement d'être»[2]. De là deux conséquences.

Voici la première : fort de cet insaisissable héritage, comment Sartre pourrait-il être un écrivain à thèse ? C'est pourtant la vulgate, et on s'évertue à montrer, par exemple, que *Le Diable et le Bon Dieu* abonde en sentences, qu'il reprend les théories de *Saint-Genet,* qu'il est construit selon un schéma dialectique (faire le Mal ; faire le Bien, juqu'à la sainteté ; faire du mal pour viser un mieux).

Or Sartre s'est, sur ce chapitre, toujours défendu comme un diable marin ; la littérature engagée souhaite en effet être de contestation, et non de politisation, pratiquer des expériences à l'issue incertaine (donc se démarquer, dit Sartre, de Zola), irriter, inquiéter à la façon gidienne, mettre en question – «Nous pensions que, pour comprendre quelque chose aux hommes, il faut *interroger* les cas extrêmes»[3].

Vaste débat, qui met en jeu la relation (essentielle...) du philosophique et du littéraire dans l'œuvre sartrienne, et où je ne sais avancer que quelques réflexions trop simples[4].

Les idées sont, comme on sait, fort répandues, et non moins la tendance à nommer idéologie les idées de l'adversaire, mais à tenir les siennes pour vérité ou art, rien qui pèse, rien qui obscurcisse une œuvre, la trame même du monde et du livre, bien sûr. Il y a pourtant une idéologie, ou une métaphysique, de Claudel, de Mauriac, d'Ionesco, etc., comme de Sartre. Nul scandale alors si l'on peut retrouver, sans d'ailleurs que cela offusque l'œil, dans *La Nausée* un

**1.** *Les Mots*, pp. 19, 35, 65, 115.
**2.** *Situations, I*, p. 30 ; *Carnets*, p. 169.
**3.** *La Force de l'âge*, p. 39 (je souligne).
**4.** Aussi une grande part de l'anthologie critique est-elle consacrée à ce problème.

modèle de description husserlien, par variation eidétique, ou dans
«L'Enfance d'un Chef» une dialectique décapitée[1] : Claudel regorge
bien de souvenirs bibliques, à chacun ses dieux.

On me dira, bien sûr, que ce qui importe, c'est le mode d'inscription de l'idée dans le texte ; le fait est qu'elle réserve chez Sartre bien
des surprises : la dialectique de «L'Enfance d'un Chef», déchirement
en voies opposées (liberté ou soumission) et alternées d'une synthèse
initiale (le bambin adorable et sa mère), que rien ne viendra remplacer, Sartre la met en œuvre *avant même* de l'avoir (au moins officiel-
lement) conceptualisée (dans ses biographies existentielles). Autre
type de décalage : que ce soit dans la haine, la joie, ou les remords
naissants, Electre crée, sur scène, un monde plus envoûtant que ne le
peuvent faire la claire liberté d'Oreste et son acte, qui lui sont pourtant, dans l'ordre des valeurs existentialistes, supérieurs[2] ; c'est là
cette opacité des personnages que Sartre avait louée chez Camus. Une
organisation, un personnage, prévenant ou surprenant leur auteur : ce
sont ces écarts aussi qu'on peut analyser chez Sartre.

Une idée, par ailleurs, ne devient pas forcément thèse à se faire
texte. Ainsi cette donnée centrale qu'est la contingence constitue-t-
elle moins un savoir qu'une saveur : elle ne fait pas l'objet d'une
connaissance par notion, mais d'une «illumination désolée», comme
Sartre le dira de l'absurde camusien ; c'est ce que Blanchot reconnais-
sait déjà : dans *La Nausée*, dans *Les Chemins de la liberté* il n'y a pas
de thèse, car la pensée de Roquentin, de Mathieu, et avec elles l'existence ou la liberté, se font épaisseur, se posent sur les choses, se cou-
lent dans le monde[3]. En ce sens, la littérature selon Sartre résout une
souffrance de langage, une certaine difficulté du philosophe à parler
tout à fait adéquatement de l'existence ou de la liberté – d'où la
nécessité du recours au modèle syncrétique que j'évoquais.

D'autre part, l'intrigue n'est pas orientée rigoureusement vers un
dénouement qui lèverait toute ambiguïté, et on ne trouve pas ces «pro-

1. G. Idt, «Modèles scolaires dans l'écriture sartrienne : *La Nausée* ou la "narration" impossible», *Revue des sciences humaines*, avril-juin 1979, et J.-F. Louette, «La dialectique dans "L'Enfance d'un Chef"», *Études sartriennes*, IV, 1990.
2. Voir R. Goldthorpe, *Sartre : literature and theory,* 1984, et l'anthologie critique.
3. «Les romans de Sartre», *La Part du feu*, 1949.

grammes narratifs» que réalise un personnage pour effectuer la démonstration voulue par l'auteur[1] : les romans de Sartre sont des méditations, non des déductions, sur l'indicible existence, sur l'insaisissable liberté, sur une politique possible (on sait que l'intellectuel et le militant, Mathieu et Brunet, se donnent *tour à tour* des leçons, et que le roman, de façon hautement symbolique, ne s'achève pas). Au théâtre, le débat entre Hugo et Hœderer reste, lui aussi, sans conclusion, à preuve la réception de la pièce, qui fut, malgré son auteur, tenue pour anti-communiste (symétriquement, des esprits bien intentionnés, puisque *Les Mouches* parlent de culpabilité, en font une lecture «vichyssiste»...) ; quant à Gœtz, il s'engage, à son esprit défendant, dans une action guerrière sans grandes chances, et le texte, je l'ai dit, le suggère par ce «il y a» qui inscrit, comme une réserve, l'opacité d'une exigence de l'Histoire qu'un sujet rationnel ne pourra jamais pleinement éclairer, ni maîtriser.

Enfin, le plus sûr moyen de ne pas prêcher, c'est de se déplacer à peine la plume posée – d'écrire pour exprimer un passé aussitôt dépassé. Telle est aussi la seconde façon de glisser. Si l'œuvre de Sartre est fort difficile à saisir, c'est que chacun des livres qui la composent constitue pour son auteur un moyen de dépouiller le vieil homme et d'avancer loin de son passé[2]. *La Nausée* liquide la théorie de jeunesse du salut par l'art en définissant des conditions très restrictives à son efficace (on ne se sauve, peut-être, qu'au passé, jamais dans la contingence du présent), et en opposant la platitude du journal aux prestiges du roman ; «L'Enfance d'un Chef» exorcise par la dérision un destin possible refusé au bouffon ; *Les Chemins de la liberté* font le deuil d'une paternité éventuelle et d'une liberté qui s'usait à ne pas savoir s'engager (sans pour autant finir... par la définir) ; *Le Diable et le Bon Dieu* cherche-t-il à transformer Goetz, intellectuel, en homme d'action, que Sartre émet aussitôt des réserves : «j'ai fait faire à Goetz ce que je ne pouvais pas faire»[3] ; manœuvre analogue

1. C'est ce que montre S. R. Suleiman à propos de «L'Enfance d'un Chef», *Le Roman à thèse*, 1983.
2. «Mes romans sont des expériences et elles ne sont possibles que par désintégration. (...) Chacun de mes personnages est un mutilé.» (*Carnets*, p. 411).
3. *La Force des choses*, p. 333.

Sartre en marche.
Photo A. Sutkus.

dans *Les Séquestrés d'Altona* où le suicide de Frantz économise à Sartre, hanté par sa responsabilité universelle, un geste irréparable. Bref : malgré les apparences, ce que Sartre écrit ne l'engage pas : il y prend ses appuis pour se dégager et glisser ailleurs[1].

Ce souci de l'indéterminé reconduit logiquement au silence : contre les «consciences bavardes d'ingénieur»[2], si bien ajustées, Sartre choisit la filiation paternelle, il se range parmi les «enfants du silence»[3].

---

**1.** Exprimer un passé pour le dépasser, c'est l'une des fonctions du roman selon *La Force de l'âge* (p. 423).
**2.** *Situations, I*, p. 13.
**3.** *Les Mots*, p. 15.

On voit au total l'opposition qui s'établit entre le couple des muets (Anne-Marie et Jean-Baptiste, avec, à leurs côtés, la musique, le cinéma en sa jeunesse) et le couple des bavards (Charles Schweitzer, Joseph Mancy) ; Louise Schweitzer penchant du côté des premiers. Brûlant les mots, visant au silence, Sartre parviendrait donc à «fantasmatiquement, se retrouver dans cette insituation du père errant dans le vide»[1]. Il reste que, pour vague qu'il ait été, Jean-Baptiste Sartre fut «tout un homme» ; et c'est également une caractéristique de M. Simonnot «tout entier»[2], lui qui ne brille pas, de prime abord, par sa légèreté ; c'est encore le point d'aboutissement des *Mots*, la fin de l'œuvre ramenant au commencement de Poulou. Or M. Simonnot pèse, notamment, de tout son nom ; le même obstacle de poids ne vient-il pas à se dresser contre le désir d'indétermination de Sartre, qui a une identité minimale, puisqu'un patronyme – ne faut-il pas supposer que même ce nom est de trop ? Sartre doit entrer dans l'âge du non au nom.

## Autoparodie

Que le nom de son père fasse chez Sartre à la fois l'objet d'un désir et d'un rejet, qui sous-tendent et *tendent* son choix d'écrire et son écriture, rien n'est plus facile à lire dans *Les Mots* ; le garant de l'analyse est formé par ce principe énoncé dans *L'Idiot* : «la gloire est une relation de famille»[3].

Un désir bafoué : dans un de ses livres favoris, *L'Enfance des hommes illustres*, Poulou apprend que la piété filiale mène au génie, et qu'ainsi Jean-Baptiste (Poquelin) est devenu Molière ; Jean-Paul n'a-t-il pas les meilleures chances d'accéder à la gloire en se faisant Jean-Baptiste (Sartre) *redivivus* ? – il travaille à n'être rien et tout, n'importe qui et tout un homme, comme lui. Soit : mais la suite immédiate de la même page[4] montre le futur Raphaël qui ne voit pas *le Saint-Père* pas-

---

**1.** Cl. Burgelin, art. cité.
**2.** *Les Mots,* pp. 19 et 75.
**3.** Tome 1, p. 796.
**4.** *Les Mots,* pp. 165-166.

ser, et rien que des couleurs... – on ne devient un artiste, un écrivain qu'à condition d'oublier la religion du père, le lien fervent à un père, le catholicisme tranquille, l'autorité hiérarchique, etc. Ou encore, et surtout, ceci : tous les héros sartriens sont attentifs à leur nom, que ce soit Roquentin rêvant à la réception de son livre futur, Lucien heureux de le lire, de se lire, sur une pétition de *L'Action française*, Mathieu faisant de la gravure sur un marronnier, ou Frantz désireux de ne plus voir que «la nuit et mon nom, seul, sur l'airain»[1] ; bref, désir de laisser une cicatrice sur la carte, ou, sans la grandiloquence de Malraux, d'illustrer un nom banal, de manquer à tous comme le fameux M. Simonnot, espoir qu'un jour des rues porteront le nom de Sartre[2]. Mais catastrophe : «Du jour où je vois mon nom sur le journal, un ressort se brise, je suis fini, je jouis tristement de mon renom mais je n'écris plus»[3]. Impossible de ne pas jouer sur les deux valeurs, intensive et répétitive, du préfixe *re* : un *renom* vient d'un nom fréquemment prononcé, mais c'est aussi un nom de seconde main, redonné, réattribué... – comme souvent, c'est *Kean*, que Sartre écrit au grand galop alors qu'il s'est lancé dans *Les Mots*, qui montre le dessous des cartes de l'autobiographie : «il est si grand, ce nom, si lourd qu'il vous écrase, vous ne le portez pas, vous êtes aplati dessous»[4].

Aussi l'identification au père est-elle non seulement difficile mais encore nuisible. Difficile : c'est le sens que revêt l'échec des deux comédies patriotiques de Poulou, qu'il joue le rôle d'un Alsacien cherchant à rejoindre son père, ou qu'il clame à l'excès vouloir être soldat afin de venger les morts[5]. Nuisible, donc rejetée : on sait depuis longtemps l'importance du thème de la bâtardise dans l'œuvre sartrienne (Gœtz, Kean, etc.), bâtardise douloureuse mais revendiquée ; c'est un moyen d'échapper à la réduplication, ce danger d'inexistence que renferme la filiation (à force d'explorer les mers, Poulou rencontre des requins[6], qui laissent peu de restes). D'où ce désir si fort d'un acte *mien*, et de nouveaux risques : Electre, complice d'un

---

1. *Les Séquestrés*, p. 311.
2. *Les Mots*, p. 138.
3. *Les Mots*, p. 156.
4. *Kean*, p. 111.
5. *Les Mots*, pp. 88-90.
6. *Les Mots*, p. 119.

meurtre, bourrelée de remords, redevient, dans sa révolte même, la fille de sa mère, et en vient à lui ressembler ; Frantz n'aura pas réussi à échapper au cercle de la violence où les compromissions de son père avec les Nazis l'ont introduit, leur double suicide, communion dans l'impuissance, retour de l'hypostase filiale dans l'image-père, abandon d'une trop mauvaise donne, *noie* le problème sans le résoudre.

À dire vrai, ce geste est ambigu : le suicide, c'est aussi «le moyen de devenir, par l'anéantissement décidé, le fils de ses œuvres»[1], de s'engendrer à neuf par la mort choisie. Une fois de plus, Frantz et Sartre sont au rouet, il se débattent entre le pour et le contre, le nom du père et son refus. Si bien que Sartre se voit condamné à *se* suicider à petit feu : à naufrager cette filiation tout en la glorifiant ; comme il le dira de Flaubert, à «illustrer le nom de son père en le déshonorant»[2]. Si son œuvre est ce mouvement déchiré, cette quête d'un bouffon lugubre, elle ne peut qu'être autoparodique[3].

C'est ce qu'on aura pressenti, sans doute, à propos des actes embarrassés du théâtre sartrien. Pour être plus systématique, il suffit de montrer que l'autoparodie n'épargne rien : ni le corps, ni la vie, ni les textes de Sartre.

Sur le premier point, inutile d'insister ; voici, pour mémoire, le portrait, toujours au Musée de Bouville, d'Olivier Blévigne, qui culmine comme Sartre à cent-cinquante-trois centimètres :

> *«Je ne m'étonnais plus qu'il levât si impétueusement*
> *le nez en l'air : le destin des hommes de cette taille se*
> *joue toujours à quelques pouces au-dessus de leur*
> *tête.»*

Les commentaires s'imposent d'eux-mêmes ; Sartre se moque de sa pente (ascendante) à dire : «mètre en main, je ne vous arrive pas à l'épaule, mais prenez une plume, vous ne m'arrivez pas à la cheville», c'est-à-dire de son orgueil, de son goût de l'absolu, de sa recherche de la grandeur et de l'amplification, bref, excusez du peu, de cette détermination essentielle qui lui a permis de ne pas écrire de littérature

---

1. *L'Idiot*, t. 1, p. 403.
2. *L'Idiot*, t. 1, p. 831.
3. C'est ce que G. Idt a très bien fait ressortir : «L'autoparodie dans *Les Mots* de Sartre», *Cahiers du XXe siècle*, 1976, n° 6.

radicale-socialiste... Après tout, Paul Hilbert a vendu la mèche, Sartre s'apporte un nouvel œil en visant haut : les «beaux yeux d'artiste», ce sont ceux qu'on fait «rouler comme des planètes»[1].

Quant au cours de la vie sartrienne, on a souvent remarqué comment, découvrant la fraternité dans un camp de prisonniers, et se convertissant aux nécessités de l'engagement, Sartre semblait devenir son propre Autodidacte : conversion, ou autoparodie, par réconciliation avec un possible satirisé ? Et puis quelle forme donner à l'engagement ? L'exemple de Flaubert mène Sartre à conclure qu'il est impossible de «dépouiller le bourgeois en soi-même par une simple discipline intérieure»[2], ce qui n'est pourtant pas une entreprise tout à fait étrangère aux *Mots*. On me dira que Sartre compte sur la publicité de son aveu – justement : n'est-ce pas l'application méthodique d'un programme de vie bien connu : «il n'est pas mal (...) de se jeter, à cinquante ans, comme Zola, dans un débat public»[3] ; Sartre est à la fois en avance et en retard, en 1945, il n'a que quarante ans, toujours précoce, en 1964, il est grand temps ; il fait du surplace, dans la course de l'engagement – c'est qu'il reconduit son handicap au fur et à mesure qu'il le comble, puisque même l'entrée dans l'arène publique est une convention littéraire...

Les textes sartriens font entendre d'analogues discordances autoparodiques. On n'envisage plus de la même façon la romance (dans *Le Sursis*) entre Charles et Catherine, une fois qu'on a lu, dans «Jésus la chouette»[4], cette confidence de Paul :

> *«Pour moi la tête seule comptait. Longtemps je méprisai le corps des femmes : c'est au point qu'à treize ans j'ai été durant huit jours amoureux d'une cul-de-jatte que je rencontrais à Paris dans la rue Drouot.»*

L'épisode des potteaux peine alors à suggérer qu'on peut encore vivre humainement une situation inhumaine ; ces corps dont seule la

1. «Érostrate», p. 272.
2. *Situations, II*, p. 167.
3. *Situations, II*, p. 207.
4. *Écrits de jeunesse*, p. 102.

tête paraît, ce prénom féminin qui, étymologiquement, signifie «la pure», mêlés à des problèmes de pots de chambre... Grandeur du relatif, ou force du grotesque ? Les deux textes se déjouent l'un l'autre. Si je reviens, par ailleurs, sur ce thème essentiel du théâtre de Sartre, depuis *Les Mouches* (juin 1943), celui de l'assomption, par un seul, de la culpabilité, ou de la responsabilité, universelles, je ne puis que le voir triplement contesté de l'intérieur même de l'œuvre sartrienne : car lisez ces trois fragments – l'enthousiasme de Roquentin lorsque l'Autodidacte lui avoue son socialisme, une réflexion des *Carnets*, une critique adressée à Bataille en décembre 1943 :

> *«Il rayonne de fierté. Il me regarde, la tête renversée en arrière, les yeux mi-clos, la bouche entr'ouverte, il a l'air d'un martyr.»*

> *«Le premier devoir d'un révolutionnaire qui a fait la révolution, c'est de prendre le pouvoir. Même si cette révolution a été faite pour rendre la liberté à un peuple. Libérer une nation d'un tyran et puis, l'ayant privée de chef sans lui avoir appris à user de sa liberté, décliner les responsabilités du pouvoir, c'est la livrer pieds et poings liés à un autre tyran. Il n'y a pas de révolution sans dictature.»*

> *«Au fond de tout cela, nous retrouvons le vieux postulat initial du dolorisme, formulé par Schopenhauer, repris par Nietzsche, selon lequel l'homme qui souffre reprend et fonde en lui-même la souffrance et le mal de l'univers entier. C'est là précisément le dionysisme ou affirmation gratuite de la valeur métaphysique de la souffrance. Une semblable affirmation a bien des excuses : il est permis de se distraire quand on souffre et l'idée qu'on assume la souffrance universelle peut servir de potion, si l'on s'en pénètre à point nommé.»*[1]

---

**1.** *La Nausée*, p. 137 ; *Carnets*, p. 402 ; *Situations I*, p. 165.

Le moins que l'on puisse conclure, c'est que le terrain est fortement miné, *a priori* comme *a posteriori*, où Oreste, puis Frantz, s'avancent...

Sartre ne se moque pas seulement de ses propres thèmes, il ronge aussi son succès (souvenez-vous de la profonde réception de l'existentialisme par le jeune Boris[1]), et même ses procédés d'invention. On sait que les garçons naissent dans les choux, les filles dans les roses : Marcelle aimerait garder l'embryon, elle met une rose dans ses cheveux, c'est la fin du chapitre XIV de *L'Âge de raison* ; le chapitre XV commence, Mathieu veut emprunter de l'argent pour occire l'enfançon, l'antichambre du prêteur sent le chou : le roman suggère par là qu'il raconte puérilement des histoires de naissance difficile, qu'il est réductible au développement d'un cliché, d'une interrogation attardée sur les mystères de la génération, bref qu'il n'a, lui-même, pas l'âge de raison...

Inutile de multiplier les exemples ; ce qu'il faut pour finir souligner, c'est que l'autoparodie a une traduction proprement stylistique, dans le goût sartrien pour *l'emphase déjouée* : elle est très sensible dans les chutes de paragraphes, qui sont souvent ironiques – avec toute sa modeste gravité, Boris vient de calculer combien d'omelettes et de cafés lui laissent à déguster les quatre ans qu'il vivra avant de mourir au front : autant le savoir, «c'est mieux comme ça, on ne risque pas de gaspiller»... une vie si précieuse, ou son temps à compter des œufs ? Dérision ici[2], par le biais de l'humour, du personnage et contre le personnage ; mais Sartre aime aussi à désenchanter les vrais élans, à conclure sur leurs failles, ainsi, je l'ai déjà indiqué, mais c'est un exemple sans égal, dans les cadences mineures des phrases solennelles de Frantz, au dénouement des *Séquestrés,* «somptueuses phrases marines qui se dressent et retombent comme des montagnes liquides»[3].

Tournons court : il est temps de conclure, par une proposition et une métaphore.

---

1. *L'Âge de raison*, p. 544.
2. *Le Sursis*, p. 976.
3. «*Moby Dick* d'Herman Melville», *Les Écrits de Sartre*, p. 637.

# Réalisme critique

Pour saisir le projet littéraire de Sartre, il me paraît possible, au total, de proposer la formule de «réalisme critique». Tel est le prix des retrouvailles avec Jean-Baptiste, de la glorieuse absence conquise : la célébrité expose aux baptêmes un peu grossiers ; mais ces mots se justifient à plusieurs titres.

1° Le projet réaliste de Sartre passe par la réflexivité de l'écriture. On se souvient de l'influence de Mallarmé, qui fournit l'exemple d'une littérature dont l'objet est la création même[1]. Sartre en garde – Gide jouant aussi un très grand rôle – le goût de la mise en abyme (Roquentin et les vieux papiers, Poulou pyromane, les choux et les roses).

2° De Mallarmé, Sartre hérite aussi le désir d'incendier les mots. Il n'a jamais voulu être un réaliste à la manière, qu'il simplifie, de Zola ou de Renard ; il est persuadé que «le vécu n'est jamais vierge de mots»[2], qu'il n'y a pas le réel d'un côté et la vitre du langage de l'autre, et que donc, ancien ou nouveau, tout réalisme est un travail des mots sur les mots, une affaire de croyance à produire, par une somme de procédés, qui impliquent une écriture consciente de soi (ne se prenant pas pour une vitre), et les mensonges de l'art – il s'agit de «dire le vrai à travers mes fables»[3], donc obliquement, de mentir pour être vrai : le romancier critique (mais la chose, j'espère l'avoir montré, vaut aussi pour le théâtre) «pervertira la prose et, prenant pour sujet apparent l'effondrement du réalisme, il révélera l'objet total par un éclairage indirect»[4] – que l'objet total soit la contingence, la liberté, l'acte dans l'Histoire.

3° Cette apologie de l'indirect fait de l'ambiguïté une nécessité : réalisme critique et non dogmatique. Simone de Beauvoir revendique pour Sartre la plus grande proximité avec l'esthétique définie par Lukacs jeune : des héros non point positifs mais problématiques, des esquisses de réponses et non des solutions, pour arme, «l'ironie, non l'émotion vertueuse»[5] ; aussi l'engagement négatif et l'autoparodie sont-ils deux dimensions essentielles de l'œuvre sartrienne.

---

**1.** Voir la lettre de Mallarmé à Lefébure du 17 mai 1867, et *Situations, IX*, p. 280.
**2.** *L'Idiot*, t. 1, p. 38.
**3.** *Les Mots*, p. 174.
**4.** *Situations, IX*, p. 282.
**5.** *La Force des choses*, I, p. 164.

4° Enfin, le projet de Sartre est offensif : présenter à la société, comme Hamlet au monde, un «miroir critique», qui sans relâche édifie et dissolve des mythes. «Le propre du réaliste, c'est qu'il n'agit pas», écrivait Sartre à propos de Renard[1] ; le propre du réaliste critique, c'est qu'il veut agir.

## Une toupie baroque

Y réussit-il ? A chacun de juger. Sartre n'entretient pas de grandes illusions, lui qui, dès *Qu'est-ce que la littérature ?*, comparait l'engagement à la course d'un homme de lettres devenu cycliste, tournant héroïquement dans Paris, pour faire signer son manifeste par ses confrères qui en France, comme on sait, aiment peu les rudes campagnes[2]. Peut-être cette ronde dérisoire a-t-elle quelque chance de monter sur la piste de l'Histoire, tournoiement instable du passé vers le futur que le dernier touriste éprouve, une nuit, en sentant le Colisée démarrer sous ses pieds[3], en un élan qui s'accélère avec le progrès des temps («un jour c'était quatre-vingt-dix kilomètres ; aujourd'hui c'en est six mille»), pour former une toupie promise à l'anéantissement : le cycliste et le monde sartriens courent avant de devenir courant d'air.

Quoi qu'il en soit (aujourd'hui) des souffles atomiques, il reste les textes de Sartre, faits «au courant de la plume»[4], c'est-à-dire non pas nés sans effort, mais destinés à produire une brutalité affectée (*La Nausée* : goûtez les choses mêmes), ou une démonstration de vitesse[5] (*Les Mots* : n'entrez pas dans ce tourbillon de l'écriture). Textes irréguliers et enlevés, textes baroques, au total : Sartre aime les cimetières italiens, «la pierre y est tourmentée, c'est tout un homme baroque, un

---

**1.** *Situations, I*, p. 287.
**2.** *Situations, II*, pp. 205-206.
**3.** *La Reine Albemarle*, pp. 47-52.
**4.** *La Nausée*, p. 68.
**5.** Il faudrait relever l'influence de Stendhal, de Morand, et montrer comment cette vitesse est aussi une façon de passer les mots sous silence.

médaillon s'y incruste, encadrant le défunt dans son premier état»[1]. Dans cette formule de la totalité, auparavant employée pour Jean-Baptiste, dans ce médaillon, qui renvoie à la glorieuse absence de M. Simonnot, mais aussi au portrait paternel, retourné lors du remariage funeste, et à encrypter en soi par l'œuvre, dans cette modulation de la construction conçue par Montaigne pour l'ami perdu, et enfin dans cette variation sur la qualité diamantine que l'on acquiert par l'écriture, impossible de ne pas voir le cœur de l'entreprise sartrienne ; mais la dalle funéraire ou le diamant sont *tourmentés*, comme il sied à un homme *baroque* : à ce mot il serait aisé de relier, je le dis abruptement et en vrac[2], outre l'identification de Sartre à Saint-Sébastien, personnage baroque par excellence, le mouvement d'une conscience qui aimait la discontinuité et la métamorphose, jusqu'au vertige du vide, qui partout voyait l'insolite et le déguisement, qui prônait le refus constant de la pétrification, de l'harmonie linéaire et classique – sans oublier la volubilité (*Saint-Genet*), qui vise une «expérience de l'être par l'illusion»[3], le goût (*Les Mots*, toujours) pour le beau geste d'écriture et la rencontre de styles contradictoires, les soubresauts enfin de tensions opposées.

C'est dire que Sartre, on s'en doutait un peu, écrit aussi pour lui-même : pour expliquer ses déchirements (les comprendre et les déployer), pour leur donner place et sens, pour surtout les faire tenir ensemble. Si bien que tout élan en lui s'incurve, s'arrondit, s'immobilise presque, comme le refrain de «Some of these days», avec cette «manière abrupte dont il se jette en avant, comme une falaise contre la mer»[4] ; et il n'y a plus qu'à repartir en sens inverse, pour résister aux langueurs de la mort, pour ne pas se retrouver en *perte de vitesse* : rien n'est pire pour une toupie. Cet élan contrarié, chaque lecture critique, chaque lecteur aussi, a charge de le relancer, puis de le soutenir, en un jeu difficile – à sa meilleure vitesse, piquée sur sa violence, essayez donc de lire une toupie.

---

**1.** *Les Mots*, p. 80.
**2.** Voir les remarques de G. Idt, dans la Préface aux *Œuvres romanesques*.
**3.** Y. Bonnefoy, *Rome, 1630 : l'horizon du premier baroque*, Flammarion, 1970, p. 39.
**4.** *La Nausée*, p. 28.

Tout un homme, en vacances (en Italie).

© Keystone.

# Anthologies

I. L'auteur et sa conception de l'œuvre

II. Réception et lectures critiques de l'œuvre

# I
# SARTRE PAR SARTRE : POÉTIQUE DE L'ŒUVRE

*Il n'existe pas de véritable «art poétique» sartrien, et à cela deux raisons. D'une part, à peine un texte est-il achevé que Sartre s'emploie à s'en dédire – en mettant au jour, certes, les principes de son écriture, mais pour les contester (c'est notamment la fonction de* Situations, I *par rapport à* La Nausée*). Art poétique, mais autocritique, et de glissement. D'autre part, Sartre aime à ne s'expliquer qu'à travers ceux dont, critique ou essayiste, il parle : art poétique en surimpression, avec un coefficient de déformation double (de l'autre et de soi), qui implique, pour le lecteur, un délicat travail de distinction : Nizan commenté, par exemple, est-ce Sartre dévoilé ? Les textes qui suivent sont donc eux-mêmes, autant qu'explicatifs, à interpréter.*

# I. Principes : la littérature, le style

## *Le mimologisme et le désir*

Les Mots *insistaient sur l'illusion première de Poulou, futur écrivain : confondre les choses avec leurs noms.* L'Idiot de la Famille *relie la rêverie mimologique à un désir inarticulable.*

Produire «Calcutta», l'écrire, se voir l'écrire, le relire, quand l'encre a séché, c'est, pour l'adolescent, se produire autre et imaginaire au centre de Calcutta. Le vrai désir n'est pas même celui d'habiter la cité lointaine mais de tracer les huit lettres du maître mot et de s'y enfermer.

Voici donc ce que signifie «écrire ses rêves» : c'est faire de l'optatif un moyen de jouissance irréelle, se projeter, imaginaire, dans le graphème et, du coup, l'imaginariser en lui conservant sa somptueuse matérialité. D'une certaine manière ce serait, en poussant à l'extrême, n'avoir de désir que dans le discours et ne se satisfaire que par la partie non-signifiante des termes du discours. Encore faut-il préciser : dans le texte précité, l'entreprise consiste à utiliser simultanément la fonction signifiante et la fonction imageante du mot écrit : Gustave ne se soucie explicitement que de la première ; il nous informe de ses désirs. Mais s'il s'en tenait là, les cinq lignes se réduiraient à cette seule phrase : «Je souhaite être un autre, ailleurs.» Il faut que la signification – sans pour autant que le propos se perde – serve de prétexte à l'élection de matières rares et précieuses qui symbolisent avec l'objet souhaité. C'est élire le vocable pour sa physionomie, je l'ai dit. Mais qu'est-ce que cette physionomie ? (...)

1. La configuration graphique du mot. Elle n'est dévoilée que par le rapport général du terme à la phrase conçue comme un organisme. Et la phrase elle-même ne livre son organisation que si nous la replaçons dans l'unité du contexte qui – fonctionnant comme *conjoncture* – lui donne son office réel, au-delà de la signification. Si je dis : «Mon cousin de Bombay vient d'être nommé consul à Calcutta», ou «Puissé-je mourir du choléra à Calcutta», les deux phrases sont également signifiantes. Mais c'est le contexte qui décide de *leur sens*,

c'est-à-dire de leur essence singulière, de leur présence impénétrable d'individualité structurée. La première peut être strictement informative : il se peut qu'on veuille donner à connaître que le cousin a enfin trouvé un emploi. Dans ce cas, Calcutta ne dévoile pas ses prestiges. La seconde, replacée dans la longue énumération des souhaits de Gustave, est en même temps pourvue d'une signification et d'un sens symbolique : sa configuration fonctionne comme *analogon*. Si vous lisez : «perdus, sans mâts, sans mâts...», l'organisation poétique anime le mot : barré en croix, le *t* s'élève au-dessus des autres lettres, comme le mât au-dessus du navire ; autour de lui les lettres se ramassent : c'est la coque, c'est le pont ; certains – dont je suis – appréhendent dans cette lettre blanche, la voyelle *a*, écrasée sous l'accent circonflexe comme sous un ciel bas et nuageux, la voile qui s'affaisse. La négation qui s'exprime par *sans* agit surtout dans l'univers signifiant ; le bateau est démâté, perdu : voilà ce que nous *apprenons*. Dans le monde obscur du sens, elle ne peut déstructurer le mot de «mât». Disons qu'elle le *pâlit* jusqu'à en faire l'*analogon* de je ne sais quel négatif de photo. Le navire *a* un mât à mes yeux, bien que je sache qu'il n'en ait plus : il se transforme en bateau fantôme. C'est d'ailleurs ce que veut expressément Mallarmé : ruiner en douce des mots somptueux, provoquer la collision du sens (dépassement vers l'irréel de la présence physique) et de la signification au profit de l'indétermination et, finalement, d'un néant subtil sur la surface duquel l'être glisse. En vérité le mot de mât n'a aucune ressemblance objective et réelle avec l'objet qu'il désigne. Mais l'art d'écrire, ici, consiste justement à contraindre le lecteur, de gré ou de force, à en trouver une, à faire descendre l'objet dans le signe comme présence irréelle. On dira que, dans ce cas, n'importe quel mot – en dépit de son caractère conventionnel – peut avoir une fonction imageante et je réponds que cela est évident : en effet il ne s'agit pas de ressemblances dues au hasard entre le matériel signifiant et l'objet signifié, mais des bonheurs d'un style qui contraint à saisir la matérialité du vocable comme unité organique et celle-ci comme la présence même de l'objet visé. Nul doute, par exemple, que le rythme fiévreux de l'hémistiche et la répétition des deux mots «sans mâts» donne au deuxième «mât» une intensité particulière, comme si la phrase accroissant continuellement son volume et sa vitesse ne trouvait son unité que dans ce mot ultime, et comme si celui-ci, dernier échelon d'une ascension passionnée, rempart contre lequel elle se brise, ramassait en lui tout le sens exprimé. Mais, comme le premier «sans mâts» donne, à lui seul, toute la signification (navire démâté), le second, ainsi exalté, ne peut être utile *en tant que signe* : les lecteurs, assurés de son importance par sa place et sa mise en valeur mais n'y trouvant rien de plus que dans le premier, sont amenés par cette contradiction à le saisir *autrement*, c'est-à-dire comme matérialité irréalisée ou symbole, comme une présentification de l'objet désigné. Qu'on n'aille pas croire, d'ailleurs, que cette construction déréalisante soit propre aux seuls poètes. Toutes les phrases de la prose ont des vitesses : on passe à l'imaginaire dès qu'on se prête au mouvement. «Le moi est haïssable, vous, Miton, le couvrez mais vous ne l'ôtez point.» Voilà un rapide encaissé entre des falaises. Il y a aussi de longs fleuves majestueux. Mouvements semi-réels, *apprésentant* aux yeux les soi-disant mouvements de l'esprit. Emporté par le cours plus ou moins vif de la phrase, le mot s'étale ou se resserre, l'*allegro* est astringent : le vocable, déréalisé, livre sa matérialité sous forme de dur petit caillou, dense présence ; l'*adagio*, au contraire, déploie la somptuosité d'un mot. Et lesquels, dira-t-on, ont ce caractère somptueux ? Tous. Voyez plutôt ce que deviennent trois lettres et un accent circonflexe, «mât», selon l'usage qu'on en fait. Il s'agit de traiter les vocables – place dans la phrase, rythme, organisation du paragraphe, cent autres procédés connus ; si le traitement est approprié, le lecteur prendra n'importe quel graphème pour *analogon* du signifié qu'il vise. (...)

2. Cela ne suffirait pas pour alimenter le rêve. Il se trouve très souvent, pour le plus grand bonheur de Flaubert, que le graphème, par sa configuration physique et *avant tout traitement* éveille des résonances. C'est qu'il contient en lui, en tant qu'organisme, tout ou partie d'autres organismes verbaux. Pour citer le premier exemple qui me vient à l'esprit, le château d'Amboise se trouve lié pour moi – et pour un très grand nombre de personnes – à *framboise*, à *boisé*, *boiserie*, à *Ambroisie*, à *Ambroise*. Il ne s'agit point ici des relations idiosyncrasiques qui ont pu se nouer au cours de mon histoire personnelle, mais de rapports objectifs et matériels, accessibles à toute lecture. Comme ceux-ci n'ont pas été établis par un acte de l'esprit et que pourtant ils s'imposent dans une indissoluble unité, on peut les appeler des *syn-*

*thèses passives.* De fait, plus on s'abandonne au rêve, plus ils ressortent. (...)

3. J'ajoute que le passage constant du signe à l'image et vice versa ne serait pas même possible sans médiation. Et je renvoie ici à ce que j'ai dit plus haut des mots de «femme» ou de «maîtresse» que Gustave se plaît à répéter. Pour lui, comme pour tous les adolescents de son âge, ces vocables ont une signification conceptuelle – qu'il pressent longtemps avant de le connaître – et un sens «indisable» fait de notions qui s'interpénètrent sous le contrôle d'un désir inarticulable. À ce niveau la richesse syncrétique est intermédiaire entre le signe comme transcendance et la présence irréelle de la chose comme immanence. D'une certaine manière, en effet, il y a *désignation* : la femme est visée par le terme «femme» que Gustave murmure. Cependant elle n'est pas visée par un savoir – au moins au début – mais par une ignorance. Flaubert le dit expressément : jusqu'à son adolescence, c'est le mystère du sexe qu'il désigne par ce mot ; organes féminins, rapports sexuels, il pressent tout sans rien connaître. La femme, c'est le vide noir et fascinant vers quoi tend son désir. Par cette raison, elle est aussi dans le mot, comme nappe immanente, comme *sens*, ou, si l'on préfère, comme matérialisation des significations en qualité. Cette caractéristique métastable du syncrétisme sémantique – la femme, cette inconnue, est visée là-bas sur toute femme, elle est ce qui rémane dans le mot qui l'incarne – permet à chaque instant la dialectique du sens et du signe : toujours prête à s'évaporer vers l'objet, à se dépasser, à s'oublier pour qu'il se manifeste, la visée syncrétique est, en même temps, toujours déboutée et du coup tente toujours de se fondre dans la matérialité du graphème qui devient le chiffre et l'incarnation de la féminité.

Ainsi nous avons dévoilé trois niveaux de l'imaginarisation du vocable. Et le troisième nous renvoie au véritable moteur du style, au *désir*, que la littérature – telle que Flaubert adolescent la conçoit – assouvit dans l'irréel en ce qu'il a d'inarticulable.

*L'Idiot de la Famille*, t.1, Gallimard, 1971, pp. 928-935.

# *Parler pour ne rien dire*

*Cherchant à articuler l'inarticulable, la littérature parle pour ne* rien dire.

Un des plus grands écrivains de ce temps, Jean Genet, aimait des phrases comme celle-ci : «les brûlantes amours de la sentinelle et du mannequin», «amour» est masculin au singulier et féminin au pluriel ; la sentinelle est un homme, le mannequin une femme. Cette phrase transmet, certes, une information : ce soldat et cette femme qui présente des collections de couturier s'aiment passionnément. Mais elle le transmet si bizarrement qu'elle est aussi déformatrice : l'homme est féminisé, la femme masculinisée ; disons qu'elle est rongée par une matérialité faussement informatrice. Pour tout dire, c'est une *phrase d'écrivain* où l'information est inventée pour que la pseudo-information soit plus riche.

C'est au point que Roland Barthes a distingué les écrivants et les écrivains. L'écrivant se sert du langage pour transmettre des inforrmations. L'écrivain est le gardien du langage commun mais il va plus loin et son matériau est le langage comme non-signifiant ou comme désinformation ; c'est un artisan qui produit un certain objet verbal par un travail sur la matérialité des mots, en prenant pour moyen les significations et le non-signifiant pour fin.

En revenant à notre description première, nous dirons que le prosateur a *quelque chose à dire* mais que ce quelque chose *n'est rien de dicible*, rien de conceptuel ni de conceptualisable, rien de signifiant. Nous ne savons pas encore ce que c'est ni si, dans sa quête, il y a un effort vers l'universalisation. Nous savons seulement que l'objet se forme par un travail sur les particularités d'une langue historique et nationale. L'objet ainsi formé sera : $1^e$ un enchaînement de significations qui se commandent entre elles (par exemple : une *histoire* racontée ;) $2^e$ mais, en tant que totalité, il est autre et plus que cela : la richesse du non-signifiant et de la désinformation se referme, en effet, sur l'ordre des significations.

Si écrire consiste à *communiquer*, l'objet littéraire apparaît comme la communication *par-delà le langage* par le silence non signifiant qui s'est refermé par les mots bien qu'il ait été produit par eux. De là, cette phrase : «C'est de la littérature» qui signifie : «Vous parlez pour ne rien dire.» Reste à nous demander quel est ce *rien*, ce non-savoir silencieux que l'objet littéraire doit communiquer au lecteur. La seule manière de mener cette enquête, c'est de remonter du *contenu signifiant* des œuvres littéraires au silence fondamental qui l'entoure.

«Plaidoyer pour les intellectuels», 1965, *Situations, VIII*, Gallimard, 1972, pp. 436-437.

## Être-dans-le-langage et être-dans-le-monde

*Ce silence fondamental, c'est l'impossibilité pour tout homme de pleinement comprendre son être-dans-le-monde, le jeu de sa liberté avec l'Histoire, l'universel singulier qu'il est. Mais le langage, par chance, est lui aussi un universel singulier, ou singularisable.*

À peine ai-je dit : Bonjour, comment allez-vous ? je ne sais déjà plus si j'use du langage ou si le langage use de moi. J'en use : j'ai voulu saluer dans sa particularité un homme que j'ai plaisir à revoir ; il use de moi : je n'ai fait que réactualiser – avec des intonations particulières, il est vrai – un lieu commun du discours qui s'affirme à travers moi et, dès cet instant, tout le langage est présent et, dans la conversation qui suit, je verrai mes intentions déviées, limitées, trahies, enrichies par l'ensemble articulé des morphèmes. Ainsi le langage, étrange mode de liaison, m'unit *comme autre* à l'autre *en tant qu'autre* dans la mesure même où il nous unit comme *les mêmes*, c'est-à-dire comme sujets communiquant intentionnellement. Le but de l'écrivain n'est aucunement de supprimer cette situation paradoxale mais de l'exploiter au maximum et de faire de son *être-dans-le-langage* l'expression de son *être-dans-le-monde*. Il utilise les phrases comme agents d'ambiguïté, comme présentification du tout structuré qu'est la langue, il joue sur la pluralité des sens, il se sert de l'histoire des vocables et de la syntaxe pour créer des sursignifications aberrantes ; loin de vouloir combattre les limites de sa langue, il en

**177**

use de façon à rendre son travail quasiment incommunicable à d'autres que ses compatriotes, renchérissant sur le particularisme national dans le moment qu'il livre des significations universelles. Mais, dans la mesure où il fait du non-signifiant la matière propre de son art, il ne prétend pas produire des jeux de mots absurdes (encore que la passion des calembours – comme on voit chez Flaubert – n'est pas une mauvaise préparation à la littérature), il vise à présenter les significations obscurcies telles qu'elles se présentent à travers son-être-dans-le-monde. Le *style*, en effet, ne communique aucun savoir : il produit l'universel singulier en montrant à la fois la langue comme généralité produisant l'écrivain et le conditionnant tout entier dans sa facticité et l'écrivain comme aventure, se retournant sur sa langue, ou assumant les idiotismes et les ambiguïtés pour donner témoignage de sa singularité pratique et pour emprisonner son rapport au monde, en tant que vécu, dans la présence matérielle des mots. «Le moi est haïssable ; vous, Miton, le couvrez mais vous ne l'ôtez pas.» La signification dans cette phrase est universelle mais le lecteur l'apprend à travers cette brusque singularité non signifiante, le style, qui désormais s'attachera si bien à elle qu'il ne pourra penser l'idée qu'à travers cette singularisation, c'est-à-dire à travers Pascal la pensant. Le style, c'est la langue tout entière, prenant sur elle-même, par la médiation de l'écrivain, le point de vue de la singularité ! Ce n'est, bien entendu, qu'une manière – mais fondamentale – de présenter l'être-dans-le-monde. Il y en a cent autres, dont il faut user simultanément, et qui marquent le *style de vie* de l'écrivain (souplesse, dureté, vivacité foudroyante de l'attaque ou, au contraire, lents démarrages, préparations savantes, aboutissant à de brusques raccourcis, etc.). Chacun sait de quoi je veux parler : de tous ces caractères qui livrent un homme au point qu'on sent presque son souffle mais *sans le donner à connaître*.

«Plaidoyer pour les intellectuels», 1965, *Situations, VIII*, Gallimard, 1972, pp. 448-449.

# Du silence : histoire et anomalie

*Autre hypothèse, ou précision : le silence, l'incommunicable, est à la fois historique (romantique et bourgeois) et subjectif (la honte d'une anomalie).*

La révolution flaubertienne vient de ce que cet écrivain, se défiant du langage depuis l'enfance, commence, au contraire des classiques, par poser le principe de la non-communicabilité du vécu. Les raisons de cette attitude sont à la fois, chez lui, subjectives et historiques. Nous savons déjà ce que furent pour lui les mots dès sa petite enfance. Mais il n'eût pu transformer ce rapport négatif au langage en conception positive du style si le problème n'eût été d'époque et si la génération précédente n'eût, en chantant les passions, mis l'accent sur la subjectivité. Le *pathos* romantique implique une substitution de signifiés : il ne s'agit plus de décrire les passions en tant qu'elles sont des *processus* avec des articulations rigoureuses et des moments conceptualisables mais de trouver des mots pour rendre leur signification en tant qu'elles sont des réalités *vécues*.

À vrai dire les grands romantiques – à part quelques cas isolés – n'ont pas explicité la question. Tout en brisant et en retravaillant le style du XVIII$^e$ siècle et tout en l'enrichissant d'un vocabulaire jusqu'à eux «interdit», ils ont laissé à leurs neveux le soin d'y répondre. La voici donc telle qu'elle se propose aux jeunes postromantiques des années 40 : si l'objet de la prose romanesque n'est plus de fixer par l'écriture les résultats de la psychologie d'analyse, si, en d'autres termes, les mots ne sont plus utilisés pour la connotation et la dénotation de concepts et si, tout au contraire, il convient que le romancier exprime le vécu, le ressenti en tant que tel, c'est-à-dire en tant qu'il n'est pas conceptualisable, comment approprier le langage à sa nouvelle destination littéraire ? Ici, bien entendu, nous rencontrons le non-communicable : car je peux à la rigueur nommer ma souffrance ou ma joie, les faire connaître par leurs causes mais non point transmettre leur saveur singulière. Si, pourtant, comme le romantisme l'a marqué aux yeux de ses successeurs, c'est cette saveur même qui est en question, si en outre, le sensible, dans son idiosyncrasie même, soutient des structures non-conceptualisables mais *objectives* au cœur même de la subjectivité (le goût «d'un plum-pudding» est à la fois une singularité vécue, non-conceptuelle et une sensation commune dont on peut réveiller le souvenir chez tous ceux qui l'ont éprouvée) ce non-communicable est, malgré tout, susceptible d'être transmis d'une certaine manière. Il faut, pourrait-on dire, renoncer à faire du langage un moyen d'information ou, en tout cas, subordonner la fonction informative à cette fonction nouvelle qu'on pourrait appeler *participation.* Autrement dit, il ne faut pas seulement nommer le goût du plum-pudding mais le donner à sentir ; et la phrase lue remplirait parfaitement ce nouvel office si, tout en *signifiant* le lien conceptuel qui unit ce gâteau à sa consommation, elle *était* ce goût lui-même, entrant par les yeux dans l'esprit du lecteur. On remarquera que ce changement d'*intention littéraire* se manifeste au moment où la classe au pouvoir met l'accent sur l'*individualisme*. La valorisation de l'*individu* implique de soi l'affirmation que «les êtres sont impénétrables». Donc le langage «naturel» n'est pas fait pour communiquer en profondeur ; pourtant ce devrait être sa mission puisque l'incommunicable – c'est-à-dire l'idiosyncrasie – est dans cette idéologie la valeur fondamentale. On pourait dire sans exagérer que cette contradiction, obscurèment perçue, est le fondement linguistique de la hautaine solitude dont se réclament tant de romantiques : ils se déclarent incompris parce que, si belle que soit leur écriture, elle échoue à faire ressentir ce qu'ils sentent. Et ce qui est pour eux limite négative, les jeunes écrivains des années 40 – qu'ils se nomment Baudelaire ou Flaubert – y voient comme une invite positive à créer une *antiphysis* du langage. Il s'agit de *renverser* le discours pratique et, par un plein emploi du signe, de l'amener, en le travaillant dans son être en fonction de l'indisable, à fournir ces surcommunications silencieuses qui ne transmettent aucune signification conceptuelle.

Profondément individualiste, Baudelaire trouve *sa* solution dans le bouleversement de la poésie. Il n'a pas, cependant, la claire conscience de ce qu'il fait ; c'est ce qui explique qu'on trouve chez un des plus grands poètes du siècle et, pratiquement, dans tous ses poèmes, tant de mauvais vers que Delille eût pu écrire : il oscille sans cesse entre la signification et le sens. Chez Gustave, dès 44, les idées sont plus claires : le style transmet l'indisable par l'irréalisation du langage. Rien d'étonnant si c'est en lui que le problème se formule : ce garçon ne s'aime guère, il n'est pas individualiste mais il vit au milieu d'un individualisme bourgeois dont son père – malgré ses attaches paysannes – est un exemple éminent. Or on l'a contraint d'intérioriser une certaine inadaptation originelle sous le nom d'*anomalie*. Cette anomalie n'est pas communicable par la raison que c'est un moindre-être dont il n'y a rien à dire. Pourtant il la *vit*, dans la honte et la rage, quelquefois dans l'orgueil. Et c'est elle qu'il veut dire. Non pour s'y complaire : elle lui fait horreur ; mais plutôt, nous l'avons vu, pour en infecter les autres. Dès *Smarh*, il rêve d'un style corrupteur. En ce temps, visiblement, il hésite : démoralisera-t-il en rapportant des anecdotes obscènes, en décrivant des scènes lubriques ? Certes et nous restons, de ce point de vue, dans le domaine des significations. Mais c'est à la condition que le style soit *beau,* c'est-à-dire que le discours, par sa qualité interne, par le travail exercé sur son être, soit en lui-même troublant. Il ne s'agit pas de récrire «*Le Portier des Chartreux*» mais d'installer la perversion comme un venin dans les esprits par la singularité indisable de la phrase produite.

*L'Idiot de la Famille*, t. 2, Gallimard, 1971, pp. 1986-1988.

## *Manger la beauté*

*Sartre relie sa laideur – son anomalie... – et le désir de beauté qui l'habite, ainsi défini à propos, tout d'abord, des années 1925-1930.*

Si je veux exprimer ce que je ressentais alors, je dirai, je crois, que je n'eusse pas voulu le moins du monde changer de visage, mais j'eusse souhaité que la beauté, comme une grâce efficace, s'étendît précisément sur ce visage-là. J'avais certainement un appétit de beauté qui n'était pas vraiment sensuel mais plutôt magique. J'eusse voulu manger la beauté et me l'incorporer, j'imagine qu'en une certaine façon je souffrais par rapport à toutes les jolies personnes d'un complexe d'identification, et c'est ce qui explique que j'ai toujours choisi pour amis des hommes beaux ou que je jugeais tels. Maheu dit un jour au Castor, assez perfidement : «Ce qui fait la grandeur et le tragique de Sartre, c'est qu'il a en toute chose un amour tout à fait malheureux pour la beauté.» Il entendait par là non point seulement que je regrettais d'être laid, que j'aimais les belles femmes, mais aussi que je tentais d'attraper dans mes essais littéraires une beauté pour laquelle je n'étais point fait. Il était fort imbu de Barrès et de Gide et ne concevait la beauté des écrits que sous une certaine forme fort étroite. Par ailleurs, il est certain qu'à l'époque j'essayais de traduire dans le style d'Anatole France des pensées anguleuses et rêches et qu'il en résultait en effet des ouvrages manqués, vains efforts pour capter la beauté. Mais il me paraît aujourd'hui que la pensée de Maheu était beaucoup plus juste qu'il ne le pensait lui-même. Je ne suis qu'un désir de beauté et en dehors de cela du vide, rien. Et je n'entends pas seulement par beauté l'agrément sensuel des instants mais plutôt l'unité et la nécessité dans le cours du temps. Les rythmes, les retours de périodes ou de refrains me tirent des larmes, les formes les plus élémentaires de périodicité m'émeuvent. Je note que ces déroulement réglés doivent être essentiellement temporels, car la symétrie spatiale me laisse indifférent. Un bon exemple en est ce désir que j'eus en Février que ma permission fût *précieuse*, c'est-à-dire que je la sentisse jusqu'au bout comme un écoulement réglé vers sa fin. Il va de soi que la musique est de ce fait la forme la plus émouvante pour moi et la plus directement accessible du beau. Au fond ce que j'ai toujours désiré passionnément, ce que je désire encore, quoique ce soit aujourd'hui sans aucun espoir, c'est d'être au centre d'un *événement* beau. Un événement, c'est-à-dire un écoulement temporel qui *m'arrive*, qui ne soit pas *en face* de moi comme un tableau ou un air de musique, mais qui soit fait autour de ma vie et dans ma vie, avec mon temps. Un événement dont je sois l'acteur principal, qui roule avec lui mes volontés et mes désirs, mais qui soit orienté par mes volontés et mes désirs, dont je sois l'auteur, comme le peintre est l'auteur de son tableau. Et que cet événement fût beau, c'est-à-dire qu'il ait la nécessité splendide et amère d'une tragédie, d'une mélodie, d'un rythme, de toutes ces formes temporelles qui s'avancent majestueusement, à travers des retours réglés, vers une fin qu'elles portent en leur flanc. J'ai déjà expliqué tout cela dans *La Nausée*, on verra tout à l'heure pourquoi j'y reviens. Ce que je voudrais noter à présent c'est que j'attribuais ce désir âpre et vain de la beauté temporelle à *l'homme*. Au lieu que je le tiens à présent pour ma particularité.

Les Carnets de la drôle de guerre, Gallimard, 1983, pp. 342-344.

## L'œuvre : nécessité et durée

*Du côté de l'auteur, la beauté se confond avec le désir d'être pris dans un temps nécessaire ; elle est aussi transformation de la durée du lecteur, par le biais d'une tension – l'œuvre.*

S. de B. – Mais, est-ce qu'il n'y avait quand même pas comme un sentiment de ce qu'on pourrait appeler la beauté et la nécessité du récit ?

J.-P. S. – On ne racontait pas n'importe quoi. On racontait quelque chose qui avait un commencement et une fin qui dépendait étroitement du commencement. De manière qu'on faisait un objet dont le début était cause de la fin et dont la fin renvoyait au début.

S. de B. – Un objet fermé sur soi ?

J.-P. S. – Oui, tout le récit était fait de choses qui se répondaient. Le commencement créait une situation qui se dénouait à la fin avec les éléments du commencement. Donc la fin répétait le commencement et le commencement permettait déjà de concevoir la fin. Ça c'était très important, pour moi. Autrement dit, il y avait le récit, qui mettait en jeu une invention, ça c'est un des éléments ; et l'autre élément, c'était que ce que j'inventais était l'histoire, qui se suffisait à elle-même et dont la fin correspondait au début et réciproquement.

S. de B. – Vous voulez dire que, sans la nommer, c'était la nécessité.

J.-P. S. – C'était la nécessité qu'on ne révélait qu'en racontant. C'était ça le fond, si vous voulez. En racontant on révélait une nécessité, qui était l'enchaînement des mots les uns aux autres, qui étaient choisis pour s'enchaîner... Et il y avait aussi, mais très vaguement, l'idée qu'il y a de bons mots, des mots qui font beau en s'enchaînant les uns aux autres et qui font une belle phrase après. Mais ça, c'était très vague. Je sentais bien que les mots pouvaient être beaux, mais je ne m'en occupais pas beaucoup. Je m'occupais de dire ce qu'il y avait à dire. Ça a duré jusque vers douze ans, lorsqu'on a commencé à lire au lycée des ouvrages de grands écrivains du XVIIe siècle ou du XVIIIe siècle, que je voyais que tous n'étaient pas des récits romanesques, qu'il y avait des discussions, des essais. Alors on aboutissait à une œuvre dans laquelle le temps n'apparaissait plus de la même façon. Et pourtant le temps me paraissait capital, en littérature. C'était le temps du lecteur, qui était créé. C'est-à-dire que le lecteur avait un temps à lui d'abord et puis on le situait dans une durée qui était créée pour lui et qui se faisait en lui. Il devenait pendant qu'il lisait l'objet qu'il faisait.

(...)

J.-P. S.– En somme, pour résumer ce qu'on a dit, l'œuvre littéraire, pour moi, est un objet. Un objet qui a une durée propre, un commencement et une fin. Cette durée propre, elle se manifeste dans le livre par le fait que tout ce qu'on lit renvoie toujours à ce qu'il y avait avant et aussi à ce qui suivra. C'est ça la nécessité de l'œuvre. Il s'agit de mettre en forme des mots qui ont une certaine tension propre et qui, par cette tension, créeront la tension du livre qui est une durée dans laquelle on s'engage. Quand on commence un livre, on entre dans cette durée, c'est-à-dire qu'on fait se déterminer sa propre durée de telle manière qu'elle a maintenant un certain commencement qui est le commencement du livre et elle aura une fin. Donc il y a un certain rapport du lecteur à une durée qui est la sienne et qui n'est pas la sienne en même temps, à partir du moment où il commence le livre et jusqu'à la fin. Et cela suppose un rapport complexe de l'auteur au lecteur, parce qu'il ne doit pas simplement réciter, il doit faire son récit de manière que le lecteur conçoive vraiment la durée du roman et reconstitue lui-même les causes et les effets, d'après ce qui est écrit.

S. de B. – Je crois que vous pourriez en parler davantage, parce qu'en somme c'est ça votre conception de la littérature, c'est la conception de votre rapport à votre lecteur.

J.-P. S. – Le lecteur est un type qui est en face de moi et sur la durée duquel j'agis. Voilà la définition que j'en donnerais. Et dans cette durée je fais apparaître des sentiments qui sont en liaison avec mon livre, qui se corrigent, qui se discutent les uns les autres, qui se combinent et qui sortent solidifiés ou disparus de l'œuvre finie.

S. de B. – Vous parliez l'autre jour d'une tentative de séduction du lecteur.

J.-P. S. – Oui, c'est ça, une tentative de séduction. Mais séduction pas illicite, pas comme on séduit quelqu'un par des arguments qui ne sont pas vrais et qui sont spécieux, non, séduction par la vérité. Pour séduire, il faut que le roman soit une attente, c'est-à-dire une durée qui se développe.

S. de B. – D'une certaine manière, il y a toujours un suspense.

J.-P. S. – Toujours ; il se résout à la fin.

S. de B. – On se demande toujours qu'est-ce qui va arriver. Et même dans un essai, le lecteur se demande toujours : mais qu'est-ce qu'il va dire maintenant, qu'est-ce qu'il veut prouver ?

J.-P. S. – Et qu'est-ce qu'il veut dire maintenant et comment il répond à ces objections ? Le temps intervient donc aussi. Et à travers ce temps, cette construction de l'objet, je lisais le monde, c'est-à-dire l'être métaphysique. L'œuvre littéraire, c'est quelqu'un qui reconstitue le monde, tel qu'il le voit, à travers un récit qui ne vise pas directement le monde mais qui concerne des œuvres ou des personnages inventés. Et c'est à peu près ça que j'ai voulu faire.

S. de Beauvoir, «Entretiens avec Jean-Paul Sartre», *La Cérémonie des adieux*,
Gallimard, 1981, pp. 262 à 263 et pp. 272 à 273.

## *Définir son public*

*Tendre la durée du lecteur : impossible d'y viser sans définir son public.*

Qu'il le veuille ou non et même s'il guigne des lauriers éternels, l'écrivain parle à ses contemporains, à ses compatriotes, à ses frères de race ou de classe. On n'a pas assez remarqué, en effet, qu'un ouvrage de l'esprit est naturellement *allusif*. Même si le propos de l'auteur est de donner la représentation la plus complète de son objet, il n'est jamais question qu'il raconte *tout*, il sait plus de choses encore qu'il n'en dit. C'est que le langage est ellipse. Si je veux signaler à mon voisin qu'une guêpe est entrée par la fenêtre, il n'y faut pas de longs discours. «Attention !» ou «là !» – un mot suffit, un geste – dès qu'il la voit, tout est fait. À supposer qu'un disque nous reproduisît sans commentaires les conversations quotidiennes d'un ménage de Provins ou d'Angoulême, nous n'y entendrions rien : il y manquerait le *contexte*, c'est-à-dire les souvenirs communs et les perceptions communes, la situation du couple et ses entreprises, bref le monde tel que chacun des interlocuteurs sait qu'il apparaît à l'autre. Ainsi de la lecture : les gens d'une même époque et d'une même collectivité, qui ont vécu les mêmes événements, qui se posent ou qui éludent les mêmes questions, ont un même goût dans la bouche, ils ont les uns avec les autres une même complicité et il y a entre eux les mêmes cadavres. C'est pourquoi il ne faut pas tant écrire : il y a des mots-clés. Si je raconte l'occupation allemande à un public américain, il faudra beaucoup d'analyses et de précautions ; je perdrai vingt pages à dissiper des préventions, des préjugés, des légendes ; après il faudra que j'assure mes positions à chaque pas, que je cherche dans l'histoire des États-Unis des images et des symboles qui permettent de comprendre la nôtre, que je garde tout le temps présente à mon esprit la différence entre notre pessimisme de vieux et leur optimisme d'enfants. Si j'écris du même sujet pour des Français, nous sommes entre nous : il suffit de ces mots, par exemple : «un concert de musique militaire allemande dans le kiosque d'un jardin public», tout est là : un aigre printemps, un parc de province, des hommes au crâne rasé qui soufflent dans des cuivres, des passants aveugles et sourds qui pressent le pas, deux ou trois auditeurs renfrognés sous les arbres, cette aubade inutile à la France qui se perd dans le ciel, notre honte et notre angoisse, notre colère, notre fierté aussi. Ainsi le lecteur auquel je m'adresse n'est ni Micromégas ni l'Ingénu, ni non plus Dieu le père. Il n'a pas l'ignorance du bon sauvage, à qui l'on doit tout expliquer à partir des principes, ce n'est pas un esprit ni une table rase. Il n'a pas non plus l'omniscience d'un ange ou du Père Éternel, je lui dévoile certains aspects de l'univers, je profite de ce qu'il sait pour tenter de lui apprendre ce qu'il ne sait pas. Suspendu entre l'ignorance totale et la toute-connaissance, il possède un bagage défini qui varie d'un moment à l'autre et qui suffit à révéler son *historicité*. Ce n'est point, en effet, une conscience instantanée, une pure affirmation intemporelle de liberté et il ne survole pas non plus l'histoire : il y est engagé. Les auteurs aussi sont historiques ; et c'est précisément pour cela que certains d'entre eux souhaitent échapper à l'histoire par un saut dans l'éternité. Entre ces hommes qui sont plongés dans une même histoire et qui contribuent pareillement à la faire, un contact historique s'établit par le truchement du livre. Écriture et lecture sont les deux faces d'un même fait d'histoire et la liberté à laquelle l'écrivain nous convie, ce n'est pas une pure conscience abstraite d'être libre. Elle n'*est pas*, à proprement parler, elle se conquiert dans une situation historique ; chaque livre propose une libération concrète à partir d'une aliénation particulière. Aussi y a-t-il en chacun un recours implicite à des institutions, à des mœurs, à certaines formes d'oppression et de conflit, à la sagesse et à la folie du jour, à des passions durables et à des obstinations passagères, à des superstitions et à des conquêtes récentes du bon sens, à des évidences et à des ignorances, à des façons particulières de raisonner, que les sciences ont mises à la mode et qu'on applique dans tous les domaines, à des espoirs, à des craintes, à des habitudes de la sensibilité, de l'imagination et même de la perception, à des mœurs enfin et à des valeurs reçues, à tout un monde que l'auteur et le lecteur ont en commun. C'est ce monde bien connu que l'auteur anime et pénètre de sa liberté, c'est à partir de lui que le lecteur doit opérer sa libération concrète : il est l'aliénation, la situation, l'histoire, c'est lui que je dois reprendre et assumer, c'est lui que je dois changer ou conserver, pour moi et pour les autres. Car si l'aspect immédiat de la liberté est négativité, on sait qu'il ne s'agit pas de la puissance abstraite de dire non, mais d'une négativité concrète qui retient en elle-même ce qu'elle nie et s'en colore tout entière. Et puisque les libertés de l'auteur et du lecteur se cherchent et s'affectent à travers un monde, on peut dire aussi bien que c'est le choix fait par l'auteur d'un certain aspect du monde qui décide du lecteur et réciproquement que c'est en choisissant son lecteur que l'écrivain décide de son sujet. Ainsi tous les ouvrages de l'esprit contiennent en eux-mêmes l'image du lecteur auquel ils sont destinés.

«Qu'est-ce que la littérature ?»,
*Situations, II*, Gallimard, 1948, pp. 117-119.

# *La faute du XIX^e siècle : un public mal choisi*

Et pourtant le XIX^e siècle a été pour l'écrivain le temps de la faute et de la déchéance. S'il eût accepté le déclassement par en bas et donné un contenu à son art, il eût poursuivi avec d'autres moyens et sur un autre plan l'entreprise de ses prédécesseurs. Il eût contribué à faire passer la littérature de la négativité et de l'abstraction à la construction concrète ; tout en lui conservant cette autonomie que le XVIII^e siècle lui avait conquise et qu'il n'était plus question de lui retirer, il l'eût intégrée de nouveau à la société, en éclairant et en appuyant les revendications du prolétariat il eût approfondi l'essence de l'art d'écrire et compris qu'il y a coïncidence, non seulement entre la liberté formelle de penser et la démocratie politique, mais aussi entre l'obligation matérielle de choisir l'homme comme perpétuel sujet de méditation et la démocratie sociale ; son style eût retrouvé une tension interne parce qu'il se fût adressé à un public déchiré. Tâchant à éveiller la conscience ouvrière tandis qu'il témoignait devant les bourgeois de leur iniquité, ses œuvres eussent reflété le monde entier ; il eût appris à distinguer la générosité, source origi-nelle de l'œuvre d'art, appel inconditionné au lecteur, de la prodiga-lité, sa caricature, il eût abandonné l'interprétation analytique et psychologique de la «nature humaine» pour l'appréciation synthétique des *conditions*. Sans doute était-ce difficile, peut-être impossible : mais il s'y est mal pris. Il ne fallait pas se guinder dans un vain effort pour échapper à toute détermination de classe, ni non plus «se pen-cher» sur le prolétaire, mais se penser au contraire comme un bour-geois au ban de sa classe, uni aux masses opprimées par une solidarité d'intérêt. La somptuosité des moyens d'expression qu'il a découverts ne doit pas nous faire oublier qu'il a trahi la littérature. Mais sa res-ponsabilité s'étend plus loin : si les auteurs eussent trouvé audience auprès des classes opprimées, peut-être la divergence de leurs points de vue et la diversité de leurs écrits eussent contribué à produire dans les masses ce qu'on nomme très heureusement un *mouvement* d'idées, c'est-à-dire une idéologie ouverte, contradictoire, dialectique. Sans aucun doute le marxisme eût triomphé, mais il se fût teinté de mille nuances, il lui eût fallu absorber les doctrines rivales, les digérer, rester ouvert. On sait ce qui s'est produit : deux idéologies révolutionnaires au lieu de cent ; les Proudhoniens en majorité dans l'Internationale ouvrière avant 70, puis écrasés par l'échec de la Commune, le marxisme triomphant de son adversaire, non par la puissance de cette négativité hégélienne qui conserve en dépassant, mais parce que des forces extérieures ont supprimé purement et simplement un des termes de l'antinomie. On ne saurait trop dire que ce triomphe sans gloire a coûté au marxisme : faute de contradicteurs, il a perdu la vie. S'il eût été le meilleur, perpétuellement combattu et se transformant pour vaincre et volant leurs armes à ses adversaires, il se fût identifié à l'esprit ; seul, il est devenu l'Église, pendant que des écrivains-gentilshommes, à mille lieues de lui, se faisaient les gardiens d'une spiritualité abstraite.

Voudra-t-on croire que je sais tout ce que ces analyses ont de partiel et de contestable ? Les exceptions abondent et je les connais : mais, pour en rendre compte, il faudrait un gros livre : je suis allé au plus pressé. Mais surtout il faut comprendre l'esprit dans lequel j'ai entrepris ce travail : si l'on devait y voir une tentative, même superficielle, d'explication sociologique, il perdrait toute signification. De même que, pour Spinoza, l'idée d'un segment de droite tournant autour d'une de ses extrémités demeure abstraite et fausse si on la considère en dehors de l'idée synthétique, concrète et terminée de circonférence, qui la contient, la complète et la justifie, de même, ici, ces considérations demeurent arbitraires si on ne les replace pas dans la perspective d'une œuvre d'art, c'est-à-dire d'un appel libre et inconditionné à une liberté. On ne peut écrire sans public et sans mythe – sans un *certain* public que les circonstances historiques ont fait, sans un *certain* mythe de la littérature qui dépend, en une très large mesure, des demandes de ce public. En un mot l'auteur est en situation, comme tous les autres hommes. Mais ses écrits, comme tout projet humain, enferment à la fois, précisent et dépassent cette situation, l'expliquent même et la fondent, tout de même que l'idée de cercle explique et fonde celle de la rotation d'un segment. C'est un caractère essentiel et nécessaire de la liberté que d'*être située*. Décrire la situation ne saurait porter atteinte à la liberté.

«Qu'est-ce-que la littérature ?», *Situations, II*, Gallimard, 1948, pp. 187-188.

# *Nizan : l'écrivain révolutionnaire*

*La Faute du XIXᵉ siècle trouve sa rédemption en Nizan, double de Sartre : l'écrivain révolutionnaire.*

Il mit tout dans le marxisme : la physique et la métaphysique, la passion d'agir et celle de récupérer ses actes, son cynisme et ses rêves eschatologiques. L'homme fut son avenir : mais c'était le moment de tailler, d'autres se chargeraient de recoudre ; il avait l'allègre plaisir de mettre tout en pièces pour le bien de l'humanité.

Il ne fut pas jusqu'aux mots qui soudain ne se lestèrent : il s'en méfiait parce qu'ils servaient de mauvais maîtres, tout changea quand il put les tourner contre l'ennemi. Il utilisa leur ambiguïté pour égarer, leurs charmes incertains pour séduire. Gagée par le Parti, la littérature pouvait même devenir bavardage, l'écrivain, comme le sage antique, ferait, s'il voulait, trois fois la culbute : tous les mots sont aux ennemis de l'homme, la Révolution donnait permission de les voler, rien de plus. Cela suffit : Nizan maraudait depuis dix ans et produisit d'un coup la somme de ses larcins : le vocabulaire. Il comprenait son rôle d'écrivain communiste et qu'il revenait au même, pour lui, de déconsidérer les ennemis de l'homme ou leur langage. Tout était permis : la jungle. Le Verbe des maîtres est mensonge : on démontera les sophismes et, tout aussi bien, on inventera des sophismes contre eux, on leur mentira. On ira jusqu'à bouffonner : c'est prouver en parlant que la parole du Maître bouffonne. Aujourd'hui, ces jeux sont devenus suspects : l'Est édifie ; il a donné à nos provinces un nouveau respect pour les «bibelots d'inanité sonore». J'ai dit que nous étions sérieux : pris entre deux fausses monnaies dont l'une vient d'Orient, l'autre d'Occident. En 1930, il n'y en avait qu'une et la Révolution, chez nous, n'en était qu'à détruire : l'intellectuel avait mission de brouiller les paroles et d'emmêler les fils de l'idéologie bourgeoise ; des francs-tireurs mettaient le feu aux brousses, des secteurs linguistiques tombaient en cendres. Nizan fit rarement le bouffon, donna fort peu dans les escamotages ; il mentait, comme tout le monde en cet âge d'or, quand il était bien sûr qu'on ne le croirait pas : la calomnie venait de naître, preste et gaie ; elle touchait à la poésie. Mais ces pratiques le rassurèrent : on sait qu'il voulait écrire contre la mort et que la mort avait changé sous sa plume les vocables en feuilles mortes ; il avait eu peur d'être dupe, de perdre sa vie à jouer avec du vent. On lui disait, à présent, qu'il ne s'était pas trompé, que la littérature est une arme entre les mains de nos maîtres, mais on lui donnait une mission nouvelle : en période négative, un livre peut être un acte si l'écrivain révolutionnaire s'applique à déconditionner le langage. Tout lui fut permis, même de se faire un style : ce serait, pour les méchants, la dorure d'une pilule amère ; pour les bons, un appel à la vigilance : quand la mer chante, n'y sautez pas. Nizan étudia la forme négative : sa haine était perlière ; il prit les perles et nous les jeta, tout réjoui qu'il dut servir les fins communes par une œuvre si personnelle. Sa lutte contre les dangers précis qui menacent un jeune bourgeois, sans changer d'objectif immédiat, devint un office : il parlait de fureur impuissante et de haine, il écrivit de la Révolution.

L'écrivain, donc, c'est le Parti qui l'a fait. Mais l'homme ? Avait-il enfin «son champ» ? Sa plénitude ? Était-il heureux ? Je ne le crois pas. Les mêmes raisons nous ôtent le bonheur et nous rendent pour toujours incapables d'en jouir. Et puis la doctrine était claire, rejoignait son expérience personnelle : liées aux structures présentes de la société, ses aliénations disparaîtraient avec la classe bourgeoise ; or il ne croyait pas qu'il verrait de son vivant le socialisme ni, l'eût-il entrevu dans les derniers jours de sa vie, que cette métamorphose du monde eût le temps de transformer aussi les vieilles habitudes d'un mourant. Pourtant il avait changé : jamais il ne retrouva ses désolations anciennes ; jamais plus il ne craignit de laisser perdre sa vie. Il eut une violence tonique, des joies : il accepta de bon cœur de n'être que l'*homme négatif*, que l'écrivain de la démoralisation, de la démystification. Y avait-il de quoi satisfaire cet enfant si grave qu'il n'avait cessé d'être ? En un sens, oui. Avant d'entrer au Parti, il se cramponnait à ses refus : puisqu'il ne pouvait pas être vrai, il serait vide, il tirerait son unique valeur de son insatisfaction, de ses désirs frustrés. Mais sentant poindre l'engourdissement, il avait la terreur de lâcher prise et de sombrer, un jour, dans le consentement. Communiste, il consolida ses résistances : il n'avait, jusque-là, cessé de craindre ce chancre : l'homme social. Le Parti le socialisa sans larmes : son être collectif ne fut rien d'autre que sa personne individuelle ; il suffit de *consacrer* les remous qui l'agitaient. Il se jugeait un monstrueux avorton ; on le hissa sur l'estrade, il montra ses plaies, disant : «Voilà ce que les bourgeois ont fait à leurs propres enfants.» Il avait tourné contre lui sa violence : il en fit des bombes qu'il jeta contre les palais de l'industrie. Ces bâtisses ne furent pas endommagées, mais Nizan fut délivré : il contrôlait sa hargne sacrée, mais ne l'éprouvait pas plus qu'un fort chanteur n'entend sa voix ; ce mauvais sujet se fit objet terrible.

«Paul Nizan», 1960, *Situations, IV*, Gallimard, 1964, pp. 174-176.

# L'engagement : écrire pour son époque, ou l'absolu dans l'éphémère

Il va de soi que nous écrivons tous par besoin d'absolu ; et c'est bien un absolu, en effet, qu'un ouvrage de l'esprit. Mais on commet à ce propos une double erreur. D'abord il n'est pas vrai qu'un écrivain fasse passer ses souffrances ou ses fautes à l'absolu lorsqu'il en écrit ; il n'est pas vrai qu'il les sauve. Ce mal marié qui écrit du mariage avec talent, on dit qu'il a fait un bon livre *avec* ses misères conjugales. Ce serait trop commode : l'abeille fait du miel *avec* la fleur parce qu'elle opère sur la substance végétale des transformations *réelles* ; le sculpteur fait une statue *avec* du marbre. Mais c'est avec des mots, non pas avec ses ennuis, que l'écrivain fait ses livres. S'il veut empêcher que sa femme soit méchante, il a tort d'écrire sur elle : il ferait mieux de la battre. On ne *met* pas ses malheurs dans un livre, pas plus qu'on ne met le modèle sur la toile : on s'en inspire ; et ils restent ce qu'ils sont. On gagne peut-être un soulagement passager à se placer au-dessus d'eux pour les décrire, mais, le livre achevé, on les retrouve. La mauvaise foi commence lorsque l'artiste veut prêter un sens à ses infortunes, une sorte de finalité immanente, et qu'il se persuade qu'elles sont là *pour* qu'il en parle. Lorsqu'il justifie par cette ruse ses propres souffrances, il prête à rire ; mais il est odieux s'il cherche à justifier celles des autres. Le plus beau livre du monde ne sauvera pas les douleurs d'un enfant : on ne sauve pas le mal, on le combat. Le plus beau livre du monde se sauve lui-même ; il sauve aussi l'artiste. Mais non pas l'homme. Pas plus que l'homme ne sauve l'artiste. Nous voulons que l'homme et l'artiste fassent leur salut ensemble, que l'œuvre soit en même temps un acte ; qu'elle soit expressément conçue comme une arme dans la lutte que les hommes mènent contre le mal.

L'autre erreur n'est pas moins grave : il y a dans chaque cœur une telle faim d'absolu qu'on a confondu fréquemment l'éternité, qui serait un absolu intemporel, avec l'immortalité, qui n'est qu'un perpétuel sursis et une longue suite de vicissitudes. Je comprends qu'on désire l'absolu et je le désire aussi. Mais qu'a-t-on besoin d'aller le chercher si loin : il est là, autour de nous, sous nos pas, dans chacun de nos gestes. Nous faisons de l'absolu comme M. Jourdain faisait de la prose. Vous allumez votre pipe et c'est un absolu ; vous détestez les huîtres et c'est un absolu ; vous entrez au Parti communiste et c'est un absolu. Que le monde soit matière ou esprit, que Dieu existe ou qu'il n'existe pas, que le jugement des siècles à venir vous soit favorable ou hostile, rien n'empêchera jamais que vous ayez passionnément aimé ce tableau, cette cause, cette femme, ni que cet amour ait été vécu au jour le jour ; vécu, voulu, entrepris ; ni que vous vous soyez entièrement engagé en lui. Ils avaient raison nos grands-pères qui disaient, en buvant leur coup de vin : «Encore un que les Prussiens n'auront pas.» Ni les Prussiens, ni personne. On peut vous tuer, on peut vous priver de vin jusqu'à la fin de vos jours : mais ce dernier glissement du bordeaux sur votre langue, aucun Dieu, aucun homme ne peuvent vous l'ôter. Aucun relativisme. Ni non plus le «cours éternel de l'histoire». Ni la dialectique du sensible. Ni les dissociations de la psychanalyse. C'est un événement pur, et nous aussi, au plus profond de la relativité historique et de notre insignifiance, nous sommes des absolus, inimitables, incomparables, et notre choix de nous-mêmes est un absolu. Tous ces choix vivants et passionnés que nous sommes et que nous faisons perpétuellement avec ou contre autrui, toutes ces entreprises en commun où nous nous jetons, de la naissance à la mort, tous ces liens d'amour ou de haine qui nous unissent les uns aux autres et qui n'existent que dans la mesure où nous les ressentons, ces immenses combinaisons de mouvements qui s'ajoutent ou s'annulent et qui sont tous vécus, toute cette vie discordante et harmonieuse concourt à produire un nouvel absolu que je nommerais l'époque. L'époque, c'est l'intersubjectivité, l'absolu vivant, l'envers dialectique de l'histoire... Elle accouche dans les douleurs des événements que les historiens étiquetteront par la suite. Elle vit à l'aveuglette, dans la rage, la peur, l'enthousiasme, les significations qu'ils dégageront par un travail rationnel. (…)

Un livre a sa vérité absolue dans l'époque. Il est *vécu* comme une émeute, comme une famine. Avec beaucoup moins d'intensité, bien sûr, et par moins de gens : mais de la même façon. C'est une émanation de l'intersubjectivité, un lien vivant de rage, de haine, ou d'amour entre ceux qui l'ont produit et ceux qui le reçoivent. S'il réussit à s'imposer, des milliers de gens le refusent et le nient : lire un livre, on le sait bien, c'est le récrire. *À l'époque* il est d'abord panique ou évasion ou affirmation courageuse ; à l'époque il est bonne ou mauvaise *action.* Plus tard, quand l'époque se sera éteinte, il entrera dans le relatif, il deviendra message. Mais les jugements de la postérité n'infirmeront pas ceux qu'on portait sur lui de son vivant. On m'a souvent dit des dattes et des bananes : «Vous ne pouvez rien en dire : pour savoir ce que c'est, il faut les manger sur place, quand on vient de les cueillir.» Et j'ai toujours considéré les bananes comme des fruits morts dont le vrai goût vivant m'échappait. Les livres qui passent d'une époque à l'autre sont des fruits morts. Ils ont eu, en un autre temps, un autre goût, âpre et vif. Il fallait lire *L'Émile* ou *Les Lettres persanes* quand on venait de les cueillir.

Il faut donc écrire pour son époque, comme ont fait les grands écrivains. Mais cela ne signifie pas qu'il faille s'enfermer en elle. Écrire pour l'époque, ce n'est pas la refléter passivement, c'est vouloir la maintenir ou la changer, donc la dépasser vers l'avenir, et c'est cet effort pour la changer qui nous installe le plus profondément en elle, car elle ne se réduit jamais à l'ensemble mort des outils et des coutumes, elle est en mouvement, elle se dépasse elle-même, perpétuellement, en elle coïncident rigoureusement le présent concret et l'avenir vivant de tous les hommes qui la composent. (…)

Pourquoi veut-on que le vivant s'occupe de fixer les traits du mort qu'il sera ? Bien sûr, il vit en avant de soi-même ; son regard et ses soucis vont au-delà de sa mort charnelle, ce qui mesure la *présence* d'un homme et son poids, ce n'est ni les cinquante ou soixante années de sa vie organique, ni non plus la vie empruntée qu'il mènera au cours des siècles dans des consciences étrangères : c'est le choix qu'il aura fait lui-même de la cause temporelle qui le dépasse. On a dit que le courrier de Marathon était mort une heure avant d'arriver à Athènes. Il était mort et il courait toujours ; il courait mort, il annonça mort la victoire de la Grèce. C'est un beau mythe, il montre que les morts agissent encore un peu de temps comme s'ils vivaient. Un peu de temps, un an, dix ans, cinquante peut-être, une période *finie*, en tout cas ; et puis on les enterre pour la seconde fois. C'est cette mesure-là que nous proposons à l'écrivain : tant que ses livres provoqueront la colère, la gêne, la honte, la haine, l'amour, même s'il n'est plus qu'une ombre, il vivra ! Après, le déluge. Nous sommes pour une morale et pour un art du fini.

«Écrire pour son époque», fragment de *Qu'est-ce que la littérature ?* non repris en volume ;<br>*Les Temps Modernes*, n° 33, juin 1948, et *Les Écrits de Sartre*, Gallimard, pp. 670-676.

## *Pour un engagement critique*

– *Quel rôle attribuez-vous à la littérature, si vous avez un sentiment d'impuissance, si ce siècle est plus violent que jamais ?*

– L'homme vit entouré de ses images. La littérature lui donne l'image critique de lui-même.

– *Un miroir ?*

– Un miroir critique. Montrer, démontrer, représenter. C'est cela l'engagement. Après ça, les gens se regardent et font ce qu'ils veulent. Au XVIIIᵉ siècle les écrivains ont été portés par l'Histoire. Aujourd'hui, fini : ce sont des suspects. Tâchons de garder ce rôle-là. Si une société n'avait plus de suspects que resterait-il ?

– *Vous croyez que les écrivains sont «suspects» ! Ne leur faites-vous pas bien de l'honneur ?*

– On les soupçonne d'avoir des miroirs dans leurs poches et de vouloir les sortir pour les présenter à leur voisin – qui risque d'avoir un coup de sang s'il se voit sans préparation.

Ils sont suspects, parce que la Poésie et la Prose sont d'abord deve-nues des Arts critiques : c'est Mallarmé qui appelait sa propre poésie «Poésie critique». Écrire c'est toujours mettre l'écriture tout entière en question. Aujourd'hui. Et c'est la même chose, en Peinture, en Sculpture, en Musique : l'Art entier s'engage dans l'aventure d'un seul homme ; il cherche et recule ses limites. Mais l'écriture ne peut être critique sans mettre en question le tout en elle : c'est son contenu. L'aventure de l'écriture en chaque écrivain met en cause les hommes. Ceux qui lisent et ceux qui ne lisent pas. Une phrase *quelconque* – pourvu que l'écrivain ait du talent – fût-elle sur la forêt vierge, met tout ce que nous avons fait en question et pose la question d'*une* légi-timité (peu importe laquelle, il s'agit toujours d'un pouvoir humain). Comparez ces suspects aux ethnologues : les ethnologues *décrivent* ; les écrivains *ne peuvent plus* décrire : ils prennent parti.

(…)

Le vrai travail de l'écrivain engagé, je vous l'ai dit : montrer, démontrer, démystifier, dissoudre les mythes et les fétiches dans un petit bain d'acide critique.

«Les écrivains en personne», entretien avec Madeleine Chapsal, 1960, *Situations, IX,* 1972, Gallimard, pp. 31-32 et 35.

## *Pour un style pluriel*

Beaucoup de jeunes gens aujourd'hui n'ont aucun souci du style et pensent que ce qu'on a à dire il faut le dire simplement, et puis c'est tout. Pour moi, le style – qui n'exclut pas la simplicité, au contraire – est d'abord une manière de dire trois ou quatre choses en une. Il y a la phrase simple, avec son sens immédiat, et puis, dessous, simultané-ment, des sens différents qui s'ordonnent en profondeur. Si l'on n'est pas capable de faire rendre au langage cette pluralité de sens, ce n'est pas la peine d'écrire.

Ce qui distingue la littérature de la communication scientifique, par exemple, c'est qu'elle n'est pas univoque ; l'artiste du langage est celui qui dispose les mots de telle manière que, selon l'éclairage qu'il ménage sur eux, le poids qu'il leur donne, ils signifient une chose, et une autre, et encore une autre, chaque fois à des niveaux différents.

– *Vos manuscrits philosophiques sont écrits au fil de la plume, presque sans ratures ; vos manuscrits littéraires, au contraire, sont extrêmement travaillés, épurés. Pourquoi cette différence ?*

– C'est la différence des objets : en philosophie, chaque phrase ne doit avoir qu'un sens. Le travail que j'ai fait sur *Les Mots*, par exemple, en essayant de donner à chaque phrase des sens multiples et superposés, serait du mauvais travail en philosophie. Si j'ai à expliquer ce qu'est, mettons, le pour-soi et l'en-soi, cela peut être difficile, je peux utiliser différentes comparaisons, différentes démonstrations pour y arriver, mais il faut en rester à des idées qui doivent pouvoir se refermer : ce n'est pas à ce niveau-là que se trouve le sens complet – qui, lui, peut et doit être pluriel au niveau de l'ouvrage complet –, je ne veux pas dire, en effet, que la philosophie, comme la communication scientifique, soit univoque.

En littérature, qui a toujours, d'une certaine façon, affaire au *vécu*, rien de ce que je dis n'est totalement exprimé par ce que je dis. Une même réalité peut s'exprimer d'un nombre de façons pratiquement infini. Et c'est le livre entier qui indique le type de lecture que chaque phrase requiert, et jusqu'au ton de voix que cette lecture à son tour requiert, qu'on lise à haute voix ou non.

Une phrase de type purement objectif, comme on en rencontre souvent chez Stendhal, laisse forcément tomber une foule de choses, mais cette phrase comprend en elle toutes les autres et contient donc un ensemble de significations que l'auteur doit avoir constamment à l'esprit pour qu'elles passent toutes. Par conséquent, le travail du style ne consiste pas tant à ciseler une phrase qu'à conserver en permanence dans son esprit la totalité de la scène, du chapitre et, au-delà, du livre entier. Si vous avez cette totalité, vous écrivez la bonne phrase. Si vous ne l'avez pas, votre phrase détonnera ou paraîtra gratuite.

«Autoportrait à soixante-dix ans», *Situations, X,* Gallimard, 1976, pp. 137-138.

# La truffe ou la plume :
# l'écriture, «un besoin pour chacun»

Les gens – tous – voudraient que cette vie vécue, qui est la leur, avec toutes ses obscurités (ils ont le nez dessus), soit aussi vie *présentée*, qu'elle se dégage de tout ce qui l'écrase et qu'elle se fasse, par l'expression, essentielle, en réduisant les raisons de son écrasement aux conditions inessentielles de sa figure. Chacun veut écrire parce que chacun a besoin d'être *signifiant, de signifier* ce qu'il *éprouve.* Autrement, tout va trop vite, on a le nez contre terre, comme le cochon qu'on force à déterrer les truffes, il n'y a rien.

J'ai perdu bien des illusions littéraires : que la littérature ait une valeur absolue, qu'elle puisse sauver un homme ou simplement changer des hommes (sauf en des circonstances spéciales), tout cela me paraît aujourd'hui périmé : l'écrivain continue à écrire, une fois ces illusions perdues, parce qu'il a, comme disent les psychanalystes, tout investi dans l'écriture. Comme on continue à vivre avec des gens auxquels on ne tient plus, auxquels on tient autrement : parce que c'est la famille. Mais il me reste une conviction, une seule, dont je ne démordrai pas : écrire est un besoin pour chacun. C'est la forme la plus haute du besoin de communication.

– *Alors, ceux qui ont pris pour métier d'écrire devraient être les plus heureux, ne font-ils pas tout le temps ce que les autres rêvent de faire ?*

– Non, puisque c'est leur *métier.* Je vous dis : il s'agit pour chacun d'arracher, de son vivant, sa propre vie à toutes les formes de la Nuit.

– *Faut-il un lecteur ?*

– Bien sûr. Le «cri écrit», comme dit Cocteau, ne devient un absolu que si des mémoires le conservent, que si d'autres peuvent l'intégrer à *l'esprit objectif.* Bien entendu, il y a un décalage entre le public visé (qui peut être imaginaire) et le public réel. Mais, peut-être, celui-ci se substitue-t-il à celui-là.

– *Être écrivain serait donc le plus profond désir de chacun ?*

– Oui et non. Un écrivain s'aliène à son écriture : c'est fâcheux. A huit ans, je pensais que la Nature elle-même n'était pas insensible à la production d'un bon livre : quand l'auteur traçait le mot «Fin», une étoile filante devait dégringoler dans le ciel ! Aujourd'hui, je pense que c'est, en tant que métier, une activité qui en vaut une autre. Mais, je vous le répète, ce n'est pas l'important : ce que les gens désirent tous – quelques-uns à leur insu – c'est d'être témoins de leur temps, témoins de leur vie, c'est d'être, devant tous, leurs propres témoins. Et puis, aussi, voilà : les sentiments et les conduites sont ambigus, brouillés : il y a des réactions internes qui les stoppent dans leur développement, des craquements parasitaires. On ne vit pas tragiquement le tragique, ni le plaisir avec plaisir. En voulant écrire, ce qu'on tente, c'est une purification.

Madeleine Chapsal, *Les Écrivains en personne*, Éditions Julliard, Paris, 1960, *Situations, IX*, Gallimard, 1972, pp. 38-39.

# II. Techniques romanesques

## *Le mauvais exemple*

*À fuir : les romans trop mûrs du XIX^e siècle.*

Si nous nous sommes étendus sur le procédé de narration qu'utilise Maupassant, c'est qu'il constitue la technique de base pour tous les romanciers français de sa génération, de la génération immédiatement antérieure et des générations suivantes. Le narrateur interne est toujours présent. Il peut se réduire à une abstraction, souvent même il n'est pas explicitement désigné, mais, de toute façon, c'est à travers sa subjectivité que nous apercevons l'événement. Quand il ne paraît pas du tout, ce n'est pas qu'on l'ait supprimé comme un ressort inutile : c'est qu'il est devenu la personnalité seconde de l'auteur. Celui-ci, devant sa feuille blanche, voit ses imaginations se transmuer en expériences, il n'écrit plus en son propre nom mais sous la dictée d'un homme mûr et de sens rassis qui fut témoin des circonstances relatées. Daudet, par exemple, est visiblement possédé par l'esprit d'un conteur de salon qui communique à son style les tics et l'aimable laisser-aller de la conversation mondaine, qui s'exclame, ironise, interroge, interpelle son auditoire : «Ah ! qu'il était déçu, Tartarin ! Et savez-vous pourquoi ? Je vous le donne en mille...» Même les écrivains réalistes qui veulent être les historiens objectifs de leur temps conservent le schème abstrait de la méthode, c'est-à-dire qu'il y a un milieu commun, une trame commune à tous leurs romans, qui n'est pas la subjectivité individuelle et historique du romancier, mais celle, idéale et universelle, de l'homme d'expérience. D'abord le récit est fait au passé : passé de cérémonie, pour mettre une distance entre les événements et le public, passé subjectif, équivalent à la mémoire du conteur, passé social puisque l'anecdote n'appartient pas à l'histoire sans conclusion qui est en train de se faire mais à l'histoire déjà faite. S'il est vrai, comme le prétend Janet, que le souvenir se distingue de la résurrection somnambulique du passé en ce que celle-ci reproduit l'événement avec sa durée propre, tandis que celui-là indéfiniment compressible, peut se raconter en une phrase ou en un volume, selon les besoins de la cause, on peut bien dire que les romans de cette espèce, avec leurs brusques contractions du temps suivies de longs étalements sont très exactement des souvenirs. Tantôt le narrateur s'attarde à décrire une minute décisive, tantôt il saute par-dessus plusieurs années : «Trois ans s'écoulèrent, trois ans de morne souffrance...» Il se s'interdit pas d'éclairer le présent de ses personnages au moyen de leur avenir : «Ils ne se doutaient pas alors que cette brève rencontre aurait des suites funestes» et, de son point de vue, il n'a pas tort, puisque ce présent et cet avenir sont tous les deux passés, puisque le temps de la mémoire a perdu son irréversibilité et qu'on peut le parcourir d'arrière en avant ou d'avant en arrière. Au reste les souvenirs qu'il nous livre, déjà travaillés, repensés, appréciés, nous offrent un enseignement immédiatement assimilable : les sentiments et les actes sont souvent présentés comme des exemples typiques des lois du cœur : «Daniel, comme tous les jeunes gens...» «Ève était bien femme en ceci que...» «Mercier avait ce tic, fréquent chez les bureaucrates...» Et comme ces lois ne peuvent être déduites *a priori,* ni saisies par l'intuition, ni fondées sur une expérimentation scientifique et susceptible d'être reproduite universellement, elles renvoient le lecteur à la subjectivité qui a induit ces recettes des circonstances d'une vie mouvementée. En ce sens on peut dire que la plupart des romans français, sous la Troisième République, prétendent, quel que soit l'âge de leur auteur réel et d'autant plus vivement que cet âge est plus tendre, à l'honneur d'avoir été écrits par des quinquagénaires.

« Qu'est-ce que la littérature ?», *Situations, II,* Gallimard, 1948, pp. 182-184.

# À *l'époque de* La Nausée

*Morale spinoziste, goût de l'absolu, néoréalisme littéraire : Sartre à l'époque de la mise en chantier de* La Nausée.

J'ai toujours voulu que ma liberté fût au-delà de la morale et non en deçà, je l'ai voulu, comme je l'ai marqué plus haut, dans le temps même que j'étais un enfant gâté. Et puis la morale du devoir équivaut à séparer la morale de la métaphysique et c'était à mes yeux la priver de son plus grand attrait. Je vois clairement aujourd'hui que l'attitude morale avait à mes yeux, dès ma vingtième année, le privilège de conférer à l'homme une plus haute dignité métaphysique. C'est ce que nous décorions vers 1925, Nizan et moi, du mot spinoziste de *salut*. Tout le temps que je restai à l'École, être moral équivalait pour moi à faire son salut. L'expression était impropre mais la chose est restée. Faire son salut, non pas au sens chrétien du terme, mais au sens stoïcien : imprimer à sa nature une modification totale qui la fasse passer à un état de plus-value existentielle. Cette expression d'existentiel dont j'use ici, je ne la connaissais pas alors ni la chose même, mais je la pressentais. C'est-à-dire tout simplement que j'en avais besoin. En philosophie avoir besoin d'une notion c'est la pressentir. Chez Spinoza aussi je trouvais cette idée de transformation totale – et, à bien le prendre, même chez Kant. Ainsi, être moral équivalait à acquérir une plus haute dignité dans l'ordre de l'être, à exister davantage. C'était en même temps s'isoler. Le sage n'est plus compris du reste des hommes et il ne les comprend plus. Et cette transformation existentielle s'installait une fois pour toutes chez le sage et n'en bougeait plus : «Le sage peut faire trois fois la culbute.» Je vois bien que c'était notre période d'incubation dans la surhumanité qui nous avait conduits là, Nizan et moi : qu'est-ce que se surmonter soi-même sinon accéder à une dignité plus haute ? Je vois aussi que notre mépris des hommes nous commandait de nous retrancher de leurs rangs, ainsi perdions-nous d'un seul bloc notre humanité. Je vois enfin que la recherche du salut était la quête d'une voie d'accès vers l'absolu. Cette recherche de l'absolu était d'ailleurs une mode de l'époque. Les revues *Esprit* et *Philosophie* (avec Friedmann et Morhange), le surréalisme, à sa façon, cherchaient aussi à le conquérir. Mais cela correspondait pour nous à une tendance profonde. Il m'était désagréable de lire dans un ouvrage philosophique les arguments ordinaires du relativisme contre les philosophies absolues. J'étais réaliste à l'époque, par goût de sentir la résistance des choses mais surtout pour rendre à tout ce que je voyais son caractère d'absolu inconditionné ; je ne pouvais jouir d'un paysage ou d'un ciel que si je pensais qu'il était absolument tel que je le voyais. Le mot d'intuition et tous les termes qui désignent la communication immédiate de l'esprit avec les choses en soit me réjouissaient au-delà de toute mesure. Et cette première morale que je construisis, sur quelques lignes de *La Possession du monde*[1], elle commandait de se réjouir sur la simple perception de n'importe quoi. C'est qu'alors la perception, opérée cérémonieusement et respectueusement, devenait un acte sacré, la communication de deux substances absolues, la chose et mon âme. J'ai dit qu'il m'arrivait de considérer ma table et de me répéter : «C'est une table, c'est une table» jusqu'à ce que naisse un timide frisson que je baptisais du nom de joie. De cette tendance à considérer les choses perçues comme des absolus est née je crois une manie de mon style, qui consiste à multiplier les «il y a». Guille se moquait de moi en ces termes : «On disait de Jules Renard qu'il finirait par écrire : la poule pond. Mais toi, tu écrirais : il y a la poule et elle pond.» Cela est vrai : par le «il y a» je séparerais avec plaisir la poule du reste du monde, j'en ferais un petit absolu tranché et immobile et je lui attribuerais la ponte comme une propriété, un attribut. Il y a quelque chose de transitif dans «la poule pond», qui me déplaît fortement, qui fait s'évanouir la «substance» poule en une pluralité de rapports et d'actes. Bref, je cherchais l'absolu, je voulais être un absolu et c'est ce que j'appelais la morale, c'est ce que nous nommions «faire notre salut». Ainsi la morale payait. Je n'ai jamais cru que la morale ne payât pas. Ce réalisme c'était aussi l'affirmation de la résistance du monde et de ses dangers contre la philosophie dissolvante de l'idéalisme, l'affirmation du Mal contre la philosophie optimiste de l'unification. Mais il avait, j'imagine, une autre source : il venait de mon émerveillement devant le monde et l'époque que je découvrais. Comment admettre que tant de charmes, tant de plaisirs à conquérir et tant de beaux dangers étaient seulement des ombres, des «représentations» mal unifiées. Il fallait bien qu'il y eût quelque chose à conquérir, nous étions affamés comme des loups et rêvions de conquêtes brutales, de viols. Le monde était une terre promise et notre conquête devait être absolue. D'ailleurs l'idéalisme c'était la science, c'était mon beau-père. Il y

---

1. Essai de Georges Duhamel (1919). (N.d.E.)

avait dans ce monde réel quelque chose d'âpre, d'immoral et de nu qui se moquait des parents et des professeurs. Si les couleurs des choses n'étaient pas des apparences, alors elles avaient toutes des secrets que les savants ne connaissaient pas. Alors pour conquérir le monde, il n'était plus besoin de suivre la filière, de faire la queue derrière les hommes de laboratoire, on pouvait le posséder seul, on pouvait penser seul sur lui, il livrait ses secrets à l'homme seul, je ne venais pas trop tard. Je regardais les arbres et l'eau et je me répétais avec extase : «Il y a à faire. Il y a beaucoup à faire.» Et chacune de mes «théories» était un acte de conquête et de possession. Il me semblait qu'à la fin, en les mettant bout à bout j'aurais soumis le monde à moi tout seul. C'était l'époque d'ailleurs d'un violent néoréalisme littéraire. En relisant quelques-uns des ouvrages de ce temps, je viens d'être frappé au contraire par leur sécheresse intellectuelle. Mais nous ne les prenions pas comme tels, à l'époque. Ils nous parlaient du monde entier, de Constantinople, de New York et d'Athènes et leur chatoiement de comparaisons – que précisément je trouve aujourd'hui fort précieuses et construites – nous éblouissait et nous assourdissait d'un tohu-bohu de lumières et de sons. J'ai mis longtemps à comprendre qu'il faut comparer le moins possible. À l'époque toute comparaison me semblait une possession. Gide dans son journal raille les auteurs qui veulent des images à tout prix : «Un pré rasé de frais. Pourquoi "rasé de frais" ?» Eh bien «rasé de frais» c'est une incantation magique : on a inventé une manière personnelle de dire «faucher», on l'a inventée *devant* le pré en question et cette invention verbale équivaut à une appropriation. Je mettais des images partout, avec une ivresse brutale. J'ai retrouvé la semaine dernière cette ivresse chez Mac Orlan, en relisant *Sous la lumière froide* : «Un Norvégien rose et blanc tenait son petit verre entre ses deux mains jointes, ainsi qu'un oiseau qu'on veut réchauffer.» Que vient faire cette image, mon Dieu ? Mais alors j'assommais les choses à grands coups d'images avec une joie barbare. Et l'invention d'images était, au fond, une cérémonie morale et sacrée, c'était l'appropriation de cet absolu, la chose, par cet autre absolu, moi-même.

*Les Carnets de la drôle de guerre*, Gallimard, 1983, pp. 107-110.

# *Le sourire du jardin, le secret des choses*

Pour le voyageur de 1925, il n'est rien au monde qui n'ait un secret. Barnabooth cherche «l'air» italien ; Duhamel, débarquant un soir à Cologne, parle à Aron de «l'odeur» de Cologne. Lacretelle cherche les *clés* de Madrid. Pour révéler ces secrets tous les moyens sont bons : les objets les plus vulgaires et les objets les plus nobles sont équivalents. Barnabooth, par exemple, cherche à saisir le sens italien dans «ce que chantent les grands poètes... les principes directeurs du Risorgimento...» Mais il ajoute : «Cela est bien moins important que le rose si désolé dont les docks de Naples sont peints.» Je me reconnais dans Barnabooth : moi aussi, mangeant les menus gâteaux criards et vernis de la pâtisserie Caflish, j'ai cru sentir par la bouche cette odeur italienne que le «rose désolé» des maisons napolitaines ou l'exubérance triste et sèche des jardins de la haute Gênes me donnaient à sentir par les yeux. Pour moi aussi le secret italien était contenu dans toute chose italienne et les pâtes dentifrices de Bologne avaient une affinité secrète avec la prose de D'Annunzio et le fascisme. Ce qui me charme chez Barnaboth c'est que cette tendance «herméneutique» est encore balbutiante. Il écrit en s'excusant :... «Cette Italie dont je voudrais trouver la formule définitive (au lieu de ces notations tâtonnantes)... J'ai entassé des mots sans avoir pu rendre cet *air* italien que je sens pourtant si bien.» On a fait mieux depuis – mais rien de si gracieux. Il semble en lisant ces pages qu'on se penche sur un naïf pressentiment littéraire, comme lorsqu'on découvre quelques descriptions de la nature dans les lettres de Mme de Sévigné. Larbaud lui-même a fait mieux – mais pas si bien. Pour moi j'ai poussé la furie du secret – contre Barrès – dans *La Nausée* jusqu'à vouloir saisir les sourires secrets des choses vues absolument sans les hommes. Roquentin, devant le jardin public, était comme moi-même devant une ruelle napolitaine : les choses lui faisaient des signes, il fallait déchiffrer. Et quand j'ai décidé d'écrire des nouvelles, mon but était tout différent de celui que j'ai atteint ensuite : j'avais remarqué que les mots purs laissaient échapper le sens des rues, des paysages – comme Barnabooth l'a remarqué. J'avais compris qu'il fallait présenter le sens encore adhérant aux choses, car il ne s'en détache jamais

complètement et, pour le manifester, montrer rapidement quelques-
uns des objets qui le recèlent et faire sentir leur équivalence, de façon
que ces solides se repoussent et s'annulent dans l'esprit du lecteur,
comme un clou chasse l'autre, et qu'il ne reste plus, pour finir, à
l'horizon de ce chaos bigarré, qu'un sens discret et tenace, très précis
mais échappant pour toujours aux mots. Et, pour échapper aux liai-
sons logiques, comme d'ailleurs au défaut d'une énumération sans
lien, le mieux était, croyais-je, d'unir ces choses hétéroclites par une
action très brève. En somme j'eusse écrit des nouvelles d'un genre
proche de celui de K. Mansfield. J'en fis deux : l'une sur la Norvège,
*Le Soleil de Minuit*, que je perdis ensuite au milieu des Causses,
comme je marchais, ma veste sur le bras ; l'autre qui était tout à fait
manquée, sur Naples : *Dépaysement*. Et, pour finir, la logique propre
du genre «nouvelle» me conduisit à écrire *Le Mur* et *La Chambre*, qui
n'avaient plus aucun rapport avec mes intentions premières. Bref j'ai
poussé la tendance au secret jusqu'à déshumaniser complètement le
secret des choses. Mais je tiens que l'immense majorité des secrets
sont humains. Et je vois l'aboutissement des «tâtonnements» de
Barnabooth dans les pages heideggériennes de *Terre des hommes* que
je citais dans mon troisième carnet, où St-Exupéry dit à peu près :
«Un objet n'a de sens qu'à travers une civilisation, une culture, un
métier.» Nous voilà revenus à l'être-dans-le-monde. Et le monde redevient ce complexe de significations «d'où la réalité humaine se fait
annoncer ce qu'elle est». Il me semble donc qu'on a tourné une nouvelle page de l'histoire littéraire du «sentiment de la nature». Barrès
ou les secrets, Gide ou la démocratisation des choses. Larbaud et toute
l'après-guerre ou la démocratisation des secrets. Et enfin cet humanisme plus large de 39 : le retour à l'action, et le *métier* conçu comme
le meilleur organe pour saisir les secrets.

*Les Carnets de la drôle de guerre*, Gallimard, 1983, pp. 182-183.

# Le fantastique : la révolte des galets

Il n'est ni nécessaire, ni suffisant de peindre l'extraordinaire pour atteindre au fantastique. L'événement le plus insolite, s'il est seul dans un monde gouverné par des lois, rentre de lui-même dans l'ordre universel. Si vous faites parler un cheval, je le croirai un instant ensorcelé. Mais qu'il persiste à discourir au milieu d'arbres immobiles, sur un sol inerte, je lui concéderai le pouvoir naturel de parler. Je ne verrai plus le cheval, mais l'homme déguisé en cheval. Par contre, si vous réussissez à me persuader que ce cheval est fantastique, alors c'est que les arbres et la terre et la rivière le sont aussi, même si vous n'en avez rien dit. On ne fait pas sa part au fantastique : il n'est pas ou s'étend à tout l'univers ; c'est un monde complet où les choses manifestent une pensée captive et tourmentée, à la fois capricieuse et enchaînée, qui ronge par-en dessous les mailles du mécanisme, sans jamais parvenir à s'exprimer. La matière n'y est jamais tout à fait matière, puisqu'elle n'offre qu'une ébauche perpétuellement contrariée du déterminisme, et l'esprit n'est jamais tout à fait esprit, puisqu'il est tombé dans l'esclavage et que la matière l'imprègne et l'empâte. Tout n'est que malheur : les choses souffrent et tendent vers l'inertie sans y parvenir jamais ; l'esprit humilié, en esclavage, s'efforce sans y atteindre vers la conscience et la liberté. Le fantastique offre l'image renversée de l'union de l'âme et du corps : l'âme y prend la place du corps, et le corps celle de l'âme, et pour penser cette image nous ne pouvons user d'idées claires et distinctes ; il nous faut recourir à des pensées brouillées, elles-mêmes fantastiques, en un mot nous laisser aller en pleine veille, en pleine maturité, en pleine civilisation, à la «mentalité» magique du rêveur, du primitif, de l'enfant. Ainsi pas n'est besoin de recourir aux fées ; les fées prises en elles-mêmes ne sont que de jolies femmes ; ce qui est fantastique, c'est la nature quand elle obéit aux fées, c'est la nature hors de l'homme et en l'homme, saisie comme un homme à l'envers.

(...)

L'essence du fantastique est d'offrir l'image inversée de l'union de l'âme et du corps. Or, chez Kafka, comme chez M. Blanchot, il se limite à exprimer le monde humain. Ne va-t-il pas se trouver soumis, chez l'un et l'autre, à des conditions nouvelles ? Et que peut signifier l'inversion des relations humaines ?

En entrant dans le café, j'aperçois d'abord des ustensiles. Non pas des choses, des matériaux bruts, mais des outils, des tables, des banquettes, des glaces, des verres et des soucoupes. Chacun d'eux représente un morceau de matière asservie, leur ensemble est soumis à un ordre manifeste et la signification de cette ordonnance, c'est une fin – une fin qui est moi-même ou plutôt l'homme en moi, le consommateur que je suis. Tel est le monde humain *à l'endroit*. En vain y chercherions-nous une matière «première» : c'est le moyen qui fait ici fonction de matière et la forme – l'ordre spirituel – est représentée par la fin. Peignons à présent ce café *à l'envers* ; il faudra montrer des fins que leurs moyens propres écrasent et qui tentent vainement de percer des épaisseurs énormes de matière ou, si l'on veut, des objets qui manifestent d'eux-mêmes leur ustensilité, mais avec un pouvoir d'indiscipline et de désordre, une sorte d'indépendance pâteuse qui nous dérobe soudain leur fin quand nous pensons la saisir. Voici une porte, par exemple : elle est là, avec ses gonds, son loquet, sa serrure. Elle est verrouillée avec soin, comme si elle protégeait quelque trésor. Je parviens, après de nombreuses démarches, à m'en procurer la clé, je l'ouvre et je m'aperçois qu'elle donne sur un mur. Je m'assieds, je commande un café-crème, le garçon me fait répéter trois fois la commande et la répète lui-même pour éviter tout risque d'erreur. Il s'élance, transmet mon ordre à un deuxième garçon qui le note sur un carnet et le transmet à un troisième. Enfin un quatrième revient et dit : «Voilà», en posant un encrier sur ma table. «mais, dis-je, j'avais commandé un café-crème. – Eh bien, justement, dit-il en s'en allant.» Si le lecteur peut penser, en lisant des contes de cette espèce, qu'il s'agit d'une farce des garçons ou de quelque psychose collective, nous avons perdu la partie. Mais si nous avons su lui donner l'impression que nous lui parlons d'un monde où ces manifestations saugrenues figurent à titre de conduites normales, alors il se trouvera plongé d'un seul coup au sein du fantastique. Le fantastique humain, c'est la révolte des moyens contre les fins, soit que l'objet considéré s'affirme bruyamment comme moyen et nous masque sa fin par la violence même de cette affirmation, soit qu'il renvoie à un autre moyen, celui-ci à un autre et ainsi de suite à l'infini sans que nous puissions jamais découvrir la fin suprême, soit que quelque interférence de moyens appartenant à des séries indépendantes nous laisse entrevoir une image composite et brouillée de fins contradictoires.

Suis-je parvenu, au contraire, à saisir une fin ? Tous les ponts sont coupés, je ne puis découvrir ni inventer aucun moyen de la réaliser. Quelqu'un m'a donné rendez-vous au premier étage de ce café ; il faut de toute urgence que j'y monte. Je vois d'en bas ce premier étage ; j'aperçois son balcon par une grande ouverture circulaire, je vois même des tables et des consommateurs à ces tables ; mais j'ai beau faire cent fois le tour de la salle, je ne trouve pas d'escalier. Dans ce cas le moyen est précis, tout l'indique et le réclame, il est figuré en creux par la présence manifeste de la fin. Mais il a poussé la malice jusqu'à s'anéantir. Parlerai-je ici d'un monde «absurde», comme M. Camus dans son *Étranger ?* Mais l'absurde est la totale absence de fin. L'absurde fait l'objet d'une pensée claire et distincte, il appartient au monde «à l'endroit» comme la limite de fait des pouvoirs humains. Dans le monde maniaque et hallucinant que nous tentons de décrire, l'absurde serait une oasis, un répit, aussi n'y a-t-il pour lui aucune place ; je ne puis m'y arrêter un instant : tout moyen me renvoie sans relâche au fantôme de fin qui le hante et toute fin, au moyen fantôme par quoi je pourrais la réaliser. Je ne puis rien penser, sinon par notions glissantes et chatoyantes qui se désagrègent sous mon regard.

«*Aminadab*, ou du fantastique considéré comme un langage», 1943, *Situations, I,* Gallimard, 1947, pp. 115 et 118-120.

## *Dos Passos*

Souvent le récitant ne coïncide plus tout à fait avec le héros : ce qu'il dit, le héros n'aurait pas tout à fait pu le dire, mais on sent entre eux une complicité discrète, le récitant raconte, du dehors, comme le héros eût aimé qu'on racontât. À la faveur de cette complicité, Dos Passos nous fait faire, sans nous prévenir, le passage qu'il souhaitait : nous nous trouvons soudain installés dans une mémoire horrible et dont chaque souvenir nous met mal à l'aise, une mémoire qui nous dépayse et n'est plus celle des personnages ni de l'auteur : on dirait que c'est un chœur qui se souvient, un chœur sentencieux et complice : «Malgré cela il réussissait très bien à l'école et ses professeurs l'aimaient beaucoup, surtout la maîtresse d'anglais, Miss Teagle, parce qu'il était bien élevé et disait de petites choses sans impertinence qui pourtant les faisaient rire. Cette dernière affirmait qu'il était vraiment doué pour la composition anglaise. Un jour de Noël, il lui envoya une petite pièce de vers qu'il avait faite sur l'Enfant Jésus et les Trois Rois, et elle déclara qu'il était doué.» Le récit se guinde un peu et tout ce qu'on nous rapporte du héros prend l'allure d'informations solennelles et publicitaires : «elle déclara qu'il était doué». La phrase ne s'accompagne d'aucun commentaire, mais elle prend une sorte de résonance collective. C'est une *déclaration*. Et le plus souvent, en effet, quand nous voudrions connaître les pensées de ses personnages, Dos Passos avec une objectivité respectueuse nous donne leurs déclarations : «Fred... déclarait que la veille du départ il s'en flanquerait à cœur joie. Une fois sur le front, il serait peut-être tué : alors quoi ? Dick répliquait qu'il aimait bien bavarder avec les femmes, mais que tout ça c'était trop du commerce et que ça le dégoûtait. Ed Schuyler, qu'ils avaient surnommé Frenchie et qui prenait des manières tout à fait européennes, dit que les filles de la rue étaient trop naïves.» J'ouvre *Paris-Soir* et je lis : «De notre correspondant spécial : Charlie Chaplin déclare qu'il a tué Charlot.» J'y suis : toutes les paroles de ses personnages, Dos Passos nous les rapporte dans le style des déclarations à la presse. Du coup, les voilà coupées de la pensée, paroles pures, simples réactions qu'il faut enregistrer comme telles, à la façon des béhaviouristes, dont Dos Passos s'inspire quand il lui plaît. Mais en même temps la parole revêt une importance sociale : elle est sacrée, elle devient maxime. Peu importe, pense le chœur satisfait, ce qu'il y avait dans la tête de Dick quand il a prononcé cette phrase. L'essentiel, c'est qu'elle ait été prononcée : elle venait de loin, d'ailleurs, elle ne s'est pas formée en lui, elle était, avant même qu'il parlât, un bruit pompeux et tabou ; il lui a seulement prêté sa puissance d'affirmation. Il semble qu'il y ait un ciel des paroles et des lieux communs, où chacun de nous va décrocher les mots appropriés à la situation. Un ciel des gestes aussi. Dos Passos feint de nous présenter les gestes comme des événements purs, comme de simples *dehors*, les libres mouvements d'un animal. Mais ce n'est qu'une apparence : il adopte en fait, pour les retracer, le point de vue du chœur, de l'opinion publique. Pas un des gestes de Dick ou d'Eleanor qui ne soit une manifestation, accompagnée en sourdine d'un murmure flatteur : «À Chantilly ils visitèrent le château et donnèrent à manger aux carpes dans les fossés. Ils déjeunèrent dans les bois, assis sur des coussins de caoutchouc. J.-W. fit rire tout le monde en expliquant qu'il avait horreur des pique-niques et en demandant à tout le monde ce qui prenait aux femmes, même les plus intelligentes, de vouloir toujours organiser des pique-niques. Après le déjeuner, ils allèrent jusqu'à Senlis, pour voir les maisons détruites par les uhlans pendant la guerre.» Ne dirait-on pas le rendu d'un banquet d'anciens combattants dans un journal local ? En même temps que le geste s'amenuise jusqu'à n'être plus qu'une mince pellicule, nous nous apercevons tout à coup qu'il *compte*, c'est-à-dire qu'il engage, à la fois, et qu'il est sacré. Pour qui ? Pour l'ignoble conscience de «tout le monde», pour ce que Heidegger appelle «das Man». Mais encore, cette conscience, qui donc la fait naître ? Qui donc la représente, pendant que je lis ? Eh bien, c'est moi. Pour comprendre les mots, pour donner un sens aux paragraphes, il faut d'abord que j'adopte son point de vue, il faut que je fasse le chœur complaisant. Cette conscience n'existe que par moi ; sans moi il n'y aurait que des taches noires sur des feuilles blanches. Mais au moment même que je *suis* cette conscience collective, je veux m'arracher à elle, prendre sur elle le point de vue du juge : c'est-à-dire m'arracher à moi. De là cette honte et ce malaise que Dos Passos sait si bien donner à son lecteur ; complice malgré moi – encore ne suis-je pas si sûr de l'être malgré moi, – créant et refusant à la fois les tabous ; de nouveau, au cœur de moi-même, contre moi-même, révolutionnaire. Ces hommes de Dos Passos, en retour, comme je les hais ! On me montre une seconde leur conscience, juste pour me faire voir que ce sont des bêtes vivantes, et puis les voilà qui déroulent interminablement le tissu de leurs déclarations rituelles et de leurs gestes sacrés. La coupure ne se fait point chez eux entre le dehors et le dedans, entre la conscience et le corps, mais entre les balbutiements d'une pensée individuelle, timide, intermittente, inhabile à s'exprimer par des mots, – et le monde gluant des représentations collectives. Comme il est simple, ce procédé, comme il est efficace : il suffit de raconter une vie avec la technique du journalisme américain, et la vie cristallise en social, comme le rameau de Salzbourg. Du même coup le problème du passage au typique – pierre d'achoppement du roman social – est résolu.

«À propos de John Dos Passos», *N.R.F.*, août 1938, *Situations, I*, Gallimard, 1947, pp. 19-22.

## *Une divine erreur*

*Le problème du point de vue narratif : Dieu, mauvais romancier.*

Dieu voit le dedans et le dehors, le fond des âmes et les corps, tout l'univers à la fois. De la même façon. M. Mauriac a l'omniscience pour tout ce qui touche à son petit monde ; ce qu'il dit sur ses personnages est parole d'Évangile, il les explique, les classe, les condamne sans appel. Si on lui demandait : «D'où savez-vous que Thérèse est une désespérée prudente ?», il serait sans doute fort étonné, il répondrait : «Ne l'ai-je point faite ?»

Eh bien non ! Il est temps de le dire : le romancier n'est point Dieu. Rappelez-vous plutôt les précautions que prend Conrad pour nous suggérer que Lord Jim est peut-être «un romanesque». Il se garde bien de l'affirmer lui-même, il place le mot dans la bouche d'une de ses créatures, d'un être faillible, qui le prononce en hésitant. Ce terme si clair de «romanesque» y gagne du relief, du pathétique, je ne sais quel mystère. Avec M. Mauriac, rien de tel : «désespérée prudente» n'est pas une hypothèse, c'est une clarté qui nous vient d'en haut. L'auteur, impatient de nous faire saisir le caractère de son héroïne, nous en livre soudain la clé. Mais, précisément, je soutiens qu'il n'a pas le droit de porter ces jugements absolus. Un roman est une action racontée de différents points de vue. Et M. Mauriac le sait bien, qui écrit justement dans *La Fin de la Nuit* : «... les jugements les plus opposés sur une même créature sont justes, c'est une affaire d'éclairage, aucun éclairage n'est plus révélateur qu'un autre...» Mais chacune de ces interprétations doit être en mouvement, c'est-à-dire entraînée par l'action même qu'elle interprète. En un mot, c'est le témoignage d'un acteur et elle doit révéler l'homme qui témoigne aussi bien que l'événement dont il est témoigné ; elle doit susciter notre impatience (sera-t-elle confirmée, ou démentie par les événements ?) et par là nous faire sentir la résistance du temps : chaque point de vue est donc relatif et le meilleur sera tel que le temps offre au lecteur la plus grande résistance. Les interprétations, les explications données par les acteurs seront toutes conjecturales : peut-être le lecteur, par-delà ces conjectures, pressentira-t-il une réalité absolue de l'événement, mais c'est à lui seul de la rétablir, s'il a du goût pour cet exercice, et, s'il s'y essaie, il ne sortira jamais du domaine des vraisemblances et des probabilités. En tout cas, l'introduction de la vérité absolue, ou point de vue de Dieu, dans un roman est une double erreur technique : tout d'abord elle suppose un récitant soustrait à l'action et purement contemplatif, ce qui ne sauvait convenir avec cette loi esthétique formulée par Valéry, selon laquelle un élément quelconque d'une œuvre d'art doit toujours entretenir une pluralité de rapports avec les autres éléments. En second lieu, l'absolu est intemporel. Si vous portez le récit à l'absolu, le ruban de la durée se casse net ; le roman s'évanouit sous vos yeux : il ne demeure qu'une languissante vérité *sub specie aeternitatis*.

Mais il y a plus grave : les appréciations définitives que M. Mauriac est toujours prêt à glisser dans le récit prouvent qu'il ne conçoit pas ses personnages comme il le doit. Avant d'écrire il forge leur essence, il décrète qu'ils *seront* ceci ou cela. L'essence de Thérèse, bête puante, désespérée prudente, etc., est complexe, je le veux bien, et ne saurait s'exprimer d'une seule phrase. Mais qu'est-ce au juste ? Le plus profond d'elle-même ? Regardons-y de près : «romanesque», Conrad avait bien vu que ce mot prenait son sens s'il traduisait un aspect du personnage *pour autrui* ; ne voit-on pas que «désespérée prudente» et «bête puante» et «naufragée» et toutes ces formules bien frappées sont du même genre que ce petit mot placé par Conrad dans la bouche d'un marchand des Îles : raccourcis de moraliste et d'historien. Et lorsque Thérèse résume son histoire («s'arracher à un bas-fond et y reglisser et se reprendre indéfiniment ; pendant des années, elle n'avait pas eu conscience que c'était le rythme de son destin. Mais maintenant voici qu'elle est sortie de la nuit, elle voit clair...»), elle n'a tant d'aisance à juger son passé que faute d'y pouvoir rentrer. Ainsi, M. Mauriac, lorsqu'il croit sonder les reins de ses personnages, reste dehors, à la porte. Il n'y aurait aucun mal s'il s'en rendait compte et il nous donnerait alors des romans comme ceux de Hemingway, où nous ne connaissons guère les héros que par leurs gestes et leurs paroles et les vagues jugements qu'ils portent les uns sur les autres. Mais quand M. Mauriac, usant de toute son autorité de créateur, nous fait prendre ces vues extérieures pour la substance intime de ses créatures, il transforme celles-ci en *choses*. Seules les choses *sont* : elles n'ont que des dehors. Les conciences ne sont pas : elles se font. Ainsi M. Mauriac, en ciselant sa Thérèse *sub specie aeternitatis*, en fait d'abord une chose. Après quoi il rajoute, par-en dessous, toute une épaisseur de conscience, mais en vain : les êtres romanesques ont leur lois, dont voici la plus rigoureuse : le romancier peut être leur témoin ou leur complice, mais jamais les deux à la fois. Dehors ou dedans. Faute d'avoir pris garde à ces lois, M. Mauriac assassine la conscience des personnages.

« M. François Mauriac et la liberté», *N.R.F.*, février 1939, *Situations, I,* Gallimard, 1947, pp. 42-44.

# *«Préciosité du brutal»*

*Sartre rassure le Castor, touché(e) par quelques observations de Brice Parain sur* L'Invitée, *et éclaire ainsi le style des* Chemins de la liberté.

Donc voilà qu'à présent vous vous sentez «vue du dehors» et ça vous angoisse. Là aussi il y a du synchronisme entre nous et en recevant votre lettre qui me racontait votre entrevue avec Brice Parain, j'étais agacé parce que je me sentais *aussi* visé. Dans mon roman aussi Mathieu et les autres ont ce parler «lâché» philosophique, argotique, tout ce que vous voudrez, qui au fond est le nôtre. Mais d'abord ça n'a pas de sens de dire que c'est le parler Montparnasse, d'abord parce que nous ne fréquentons personne à Montparnasse avec qui nous puissions forger en commun un langage, ensuite parce Montparnasse a autant de langages que de petits groupes et qu'il n'y a plus grand-chose de commun entre le langage des Boubous et consorts, celui du Mage et celui de la lunaire par exemple ou, j'imagine, de Youki, enfin parce que notre langage remonte à beaucoup plus loin. Mais il est vrai que ce langage c'est *nous*. Il y a évidemment en lui quelque chose de nos origines bourgeoises. Vous avez été une petite fille de famille, j'ai été un petit garçon de famille «libérale». Et puis là-dessus s'est broché l'argot des étudiants et de Normale, pour moi et puis ce langage «secret» du même type que nous avons construit d'abord Nizan et moi, puis Maheu, Guille et moi, puis cette dame, Guille et moi. Là-dessus vous êtes venue, je vous ai apporté tout ça et nous l'avons refondu ensemble et enfin Z. y a glissé la mignardise les «je veux tout bien, etc.» ou plutôt nous l'avons teinté de mignardise pour nous en servir avec elle. Et voilà : ça a donné ça. Et il est certain que le côté «argot d'étudiant» qui domine – car ce n'est ni un argot de profession, ni un argot de famille – a pu demeurer chez nous autres parce que nous sommes en effet des «séparés». J'ai écrit en long et en large dans mon carnet comment démocratie, fonctionnarisme, centralisation, joints à mon genre d'orgueil et à ma profession d'intellectuel et d'écrivain ont fait de moi un tout fermé et sans racines. Et vous autre, en vivant notre vie – vous autre parisienne, fonctionnaire comme moi, vous êtes aussi très séparée, surtout si en plus vous êtes, comme vous dites, enfermée dans notre monde et habituée à vous contenter de *mes* jugements sur vous, comme des Tables de la Loi (c'est aussi le cas pour moi). Tout cela est parfaitement exact et je comprends que ça horripile Sorok. qui a évidemment un langage herbe folle qu'elle s'est fait toute seule et qui doit aussi avoir une singulière histoire d'émigrée, de sans-patrie et quasi de sans-foyer – surtout d'ailleurs pour elle qui est si jalouse par tout ce qu'il y a en lui, malgré nous, de sous-entendus et d'allusions. Elle l'analyse très mal d'ailleurs, d'après ce que vous en dites – mais elle ne *peut* pas bien l'analyser parce qu'elle fait ça à travers le sien. Seulement que voulez-vous que nous y fassions ? À notre âge – et avec cette volonté appliquée que nous avons mise à nous forger cet instrument, ce symbole de nos rapports à nous deux – vraiment notre langage *c'est nous*. Il faut donc nous prendre comme nous sommes ou alors si nous ne sommes pas comme il faut, nous changer du dedans et le langage suivra. Nous avons été trop conscients des mots dont nous nous servions (vous rappelez-vous ces discussions interminables sur «dégotter» que nous repoussions, «des fois» avec votre sœur, etc.) bannissant les uns, acceptant les autres, pour que ces mots ne reflètent pas quelque chose de nous. Par exemple si Françoise disait à Élisabeth : «Tu as de la peine» ou «Tu as des ennuis» ou «Tu as du chagrin» ou «Ça ne va pas» ou même «Tu es embêtée» au lieu de «Tu es emmerdée» ça serait une autre Françoise. «Tu es emmerdée» chez vous autre – et chez moi – c'est «chaude sympathie avec jeu intérieur». La grossièreté est là pour cacher et symboliser à la fois le trémolo de la tendresse. Et puis on jette ça, net devant soi par brutalité, sans bavures. C'est tout à fait con de dire avec Parain que c'est «lâché» ; c'est au contraire la préciosité du brutal avec influence indéniable du pathétique des romans américains. Alors voilà, ça représente le genre de sympathie pour autrui que nous jouons. C'est en même temps un appel à l'objectivité : Tu es emmerdée : tu es assurée de ma chaude sympathie mais je t'en prie, ne te déballe pas, joue intérieur toi aussi, etc. Or, ce qui arrive c'est que nous nous sommes *mis* dans nos romans. Dans votre premier[1], que Parain a lu, il y avait des bonnes femmes qui n'étaient pas du tout *vous* et puis vous autre (et déjà quelque chose de ce style perçait : le *rond* qui est une de nos manières favorites de nous exprimer) mais toute petite. Pour moi Roquentin ne parlait guère dans *La Nausée* – et dans *Le Mur* il n'y avait que des salauds, des cons ou des gens du dehors. Mais dans ce roman comme dans le mien, nous nous étalons, nous parlons de nous, de nos petites histoires, du genre de gens que nous aimons, alors qu'est-ce que vous voulez, nous sommes sans défense : les gens pourront penser sur nous ce qu'ils voudront, parler d'argot intellectuel, de snobisme, de Montparnasse, etc. Nous n'avons qu'à laisser faire. Quant à changer quoi que ce soit gardez-vous-en. Je sais : on dira – mon beau-père dirait et peut-être même cette dame – que ce langage est artificiel et qu'il y a là une affectation de grossièreté. Mais si vous

---

1. *Quand prime le spirituel.*

écriviez : «Tu as des soucis ? ou «Ça ne va pas ?» personne ne dirait que c'est artificiel et ça le serait bien davantage. Bien davantage *par rapport* à Françoise et à Pierre, et à Mathieu, c'est-à-dire par rapport à nous. Les gens qui nous demandent de changer sont des gens qui ont la superstition du langage écrit (comme B. a une haine superstitieuse des natures mortes) et qui croient qu'en écrivant on doit transposer. Mais nous pensons vous et moi qu'on *doit écrire comme on parle.* En conséquence il n'y a qu'à écrire comme vous écrivez et à nous laisser juges.

12 mai 1940, *Lettres au Castor*, t. 2, Gallimard, 1983, pp. 215-218.

## *Prose critique : le jeu des miroirs*

*À propos d'un roman d'André Puig,* L'Inachevé, *Sartre définit la prose critique – en une analyse qui devrait sans doute être appliquée aux* Mots, *pour en articuler les niveaux narratifs (commentaires, discours ; récit rétrospectif ; fragments de récits de l'enfant).*

Beaucoup de romans contemporains sont critiques. J'entends par roman une prose qui se donne pour but de totaliser une temporalisation singulière et fictive. Cette définition vague et large («singulière» ne veut pas dire «individuelle») nous préserve d'utiliser les notions de récit, d'événement, d'histoire puisque, justement, les romanciers critiques contestent, chacun à sa façon, toute possibilité de «raconter une histoire» ce qui revient à marquer, d'une autre manière, l'inadéquation de l'homme à lui-même : nous aurons de nous-même, *peut-être,* quelques connaissances partielles et partiales, il nous est interdit de connaître en entier ce que nous sommes ; entre l'être et la pensée, le divorce est total : la mémoire ne se distinguant pas de l'imagination, le passé nous échappe ou plutôt c'est un mensonge permanent qui hante le présent et du coup le dénature en lui volant sa signification.

S'il en est ainsi nul ne peut totaliser sa vie ni en vérité ni même – le discours s'y oppose par essence – en imagination : le romancier critique commence par nous montrer l'impossibilité du roman. Toutefois, puisqu'il ne cesse pas pour autant de se dire romancier, il persiste à vouloir totaliser des processus imaginaires. En ce sens, ce qu'il dénonce, c'est *aussi* les techniques contemporaines. Ou, si l'on préfère, l'écriture *réaliste*. Ce mot, en effet, Chomsky l'a montré, est dépourvu de sens à moins qu'on ne s'en serve pour définir – sans préjuger de ses rapports à la «réalité» – une certaine technique acquise au cours des siècles derniers et qui se fonde sur l'idéologie bourgeoise comme la poésie inspirée sur l'idéologie précapitaliste. Ces procédés qui consistent, pour l'essentiel, à donner à voir directement et naïvement un objet romanesque à une seule dimension ne suffisent plus lorsqu'il s'agit de totaliser une temporalisation pluridimensionnelle. Le romancier critique prétend y réussir *par d'autres moyens* : il pervertira la prose et, prenant pour sujet apparent l'effondrement du réalisme, il révélera l'objet total par un éclairage indirect. (…)

Puig a gagné, nous gagnons avec lui : sur l'échec de la technique réaliste, il instaure, sans nous en prévenir, une nouvelle technique romanesque fondée sur l'apprésentation indirecte du Tout. Notons pour commencer qu'il est à Georges ce que celui-ci est à Marcel, à Robert, à Lucien ; il s'incarne en *un* Georges qui tente vainement de s'incarner en ces personnages de fiction. De ce point de vue le *sujet* de *L'Inachevé* à tous les sens du terme c'est Puig lui-même projetant de se totaliser dans un livre. Mais, objectera-t-on, c'est perdre la guerre avant de la commencer : s'il entend mener à bien son entreprise, écrire un jour le mot *Fin* au bas d'une page, achever *L'Inachevé*, ne s'interdit-il pas *a priori* de jamais se reconnaître dans Georges qui, lui, n'achèvera rien ?

En outre, s'il veut parler de soi, de ses quatre années parisiennes, de ses ambitions littéraires, de ses amours et de ses amitiés, qu'a-t-il besoin de la médiation de l'imaginaire ? Ne peut-il raconter ce qui lui est arrivé pour de bon ? À la deuxième objection je réponds tout de suite que l'autobiographie n'est qu'une simulation (et tout autant les Mémoires et les Confessions) : l'auteur prétend qu'il peut tout dire sur soi *en direct*, qu'il ne déborde jamais le personnage qui porte son nom, que la vie s'est déroulée irréversiblement dans un temps unique, continu, homogène, etc. ; il se condamne par là à écrire un roman *réaliste* sur des événements vrais ; l'authenticité des faits ne confère au récit aucun privilège puisque la technique adoptée ne lui permet jamais de les atteindre dans leur vérité. C'est par cette raison que les romanciers critiques – et Puig en particulier – opèrent un retournement copernicien : l'imaginaire, jusqu'à eux, *représentait* le réel, ils tentent au contraire de convoquer le réel au sein de l'imaginaire ; ce n'est pas l'image qui vise la réalité mais c'est la réalité qui se dévoile indirectement en dénonçant l'image dans son irréalité. Ces remarques permettront de répondre à la première objection : Puig s'est gardé de commettre les erreurs de Georges et, grâce à sa vigilance, il ne connaît point les échecs que celui-ci rumine au «Gymnase». (...)

*(L'analyse aborde les différents plans de la temporalité où vivent les personnages.)*

Puig a trouvé le moyen de les apprésenter : la «mise en abîme» comme disent les publicistes. Puig écrit un roman sur des personnages dont la vitesse actuelle n'est pas la sienne. Rien n'empêche que Lucien soit lui-même un écrivain incapable de déterminer son héros – lui-même – comme contemporain de la révolution atomique. Ce qui compte : dans *L'Inachevé*, des durées incommensurables entre elles sont présentes simultanément ; à Georges, enlisé dans l'instant, elles manifestent son incapacité de se rejoindre : son temps *réel* est microscopique ; les autres, bien que sourdement vécues, il ne peut que les *imaginer* ; pour Puig, qui, écrivant, vit dans le temps de l'acte, cette hétérogénéité disparaît puisque ces temporalités sont *toutes imaginaires*. Il est vrai qu'une seule se donne pour actuelle : les autres sont les rêves d'un rêve. Mais il n'y a pas de degrés, dans l'irréalité : les trois jours de Juan-les-Pins ne sont ni plus ni moins *irréels* que la matinée au «Gymnase». Et même, curieusement, le temps de Marcel et celui d'Irène-lisant-une-lettre-de-Jean ont plus de consistance que celui du personnage onirique dont ils sont issus : Georges, en effet, par la volonté de son créateur, ne se referme jamais sur soi et puis il doute de sa vérité temporelle ; il se demande *s'il est tout ce qu'il est* dans l'instant ; au lieu que ses trois hypostases, traitées intentionnellement par les techniques réalistes, ne mettent jamais leur propre durée en question – du reste, ce n'est pas leur problème : Georges aimerait savoir s'il peut, à travers elles, récupérer sa vie, elles n'ont qu'à la vivre. En sorte que les temporalités des trois hypostases se retournent vers l'image-mère et la signifient comme *une* dimension singulière et permanente du vécu au moins autant que celle-ci les désigne comme des vitesses *déterminées*. Qui donc empêcherait Georges, après tout, d'être le rêve de Marcel ou Robert d'être celui de Lucien. Quatre hommes, quatre durées, homogènes en ceci qu'elles sont toutes fictivement vécues, quatre dimensions incommensurables entre elles mais dont chacune indique les trois autres, ne fut-ce qu'en s'opposant à elles : quatre murs d'une même chambre, distincts mais unis par leur fonction commune, quatre miroirs les recouvrent – on peut en imaginer cent, ce sera la galerie des glaces – avec des indices de réfraction et de condensation divers, les uns concaves, les autres convexes, chacun reflétant les trois autres et non pas seulement celui qui lui fait face. Aucune image ne s'inscrit en l'un d'eux qu'elle n'apparaisse du coup, dilatée ou infiniment resserrée dans les trois autres, selon la courbure des temporalités ; c'est au point que personne – surtout pas Georges – ne peut savoir en quelle psyché elle a vraiment commencé ou, mieux encore, au point qu'elle commence partout à la fois, bref éclair *ici, là-bas* long déploiement fastidieux qui se vivra *pli selon pli*. Par cette réciprocité de perspectives déformantes l'événement est pluralisé dans la mesure exacte où il totalise les miroirs par son unité polyvalente.

«Je-Tu-Il», 1970, *Situations, IX,* Gallimard, 1972, pp. 281-282, 302-303, 308-309.

# III. Techniques théâtrales

*(Le volume de textes recueillis par Michel Contat et Michel Rybalka –* Un théâtre de situations *– est un instrument indispensable pour toute étude approfondie).*

## *Un programme*

*L'un des plus clairs textes programmatiques de Sartre dramaturge.*

### POUR UN THÉÂTRE DE SITUATIONS

La grande tragédie, celle d'Eschyle et de Sophocle, celle de Corneille, a pour ressort principal la liberté humaine. Œdipe est libre, libres Antigone et Prométhée. La fatalité que l'on croit constater dans les drames antiques n'est que l'envers de la liberté. Les passions elles-mêmes sont des libertés prises à leur propre piège.

Le théâtre psychologique, celui d'Euripide, celui de Voltaire et de Crébillon fils, annonce le déclin des formes tragiques. Un conflit de caractères, quels que soient les retournements qu'on y mette, n'est jamais qu'une composition de forces dont les résultats sont prévisibles : tout est décidé d'avance. L'homme qu'un concours de circonstances conduit sûrement à sa perte n'émeut guère. Il n'y a de grandeur dans sa chute que s'il tombe par sa faute. Si la psychologie gêne, au théâtre, ce n'est point qu'il y ait trop en elle : c'est qu'il n'y a pas assez ; il est dommage que les auteurs modernes aient découvert cette connaissance bâtarde et l'aient appliquée hors de portée. Ils ont manqué la volonté, le serment, la folie d'orgueil qui sont les vertus et les vices de la tragédie.

Dès lors, l'aliment central d'une pièce, ce n'est pas le caractère qu'on exprime avec de savants «mots de théâtre» et qui n'est rien d'autre que l'ensemble de nos serments (serment de se montrer irritable, intransigeant, fidèle, etc.), c'est la situation. Non pas cet imbroglio superficiel que Scribe et Sardou savaient si bien monter et qui n'avait pas de valeur humaine. Mais s'il est vrai que l'homme est libre dans une situation donnée et qu'il se choisit lui-même dans et par cette situation, alors il faut montrer au théâtre des situations simples et humaines et des libertés qui se choisissent dans ces situations. Le caractère vient après, quand le rideau est tombé. Il n'est que le durcissement du choix, sa sclérose ; il est ce que Kierkegaard nomme la *répétition*. Ce que le théâtre peut montrer de plus émouvant est un caractère en train de se faire, le moment du choix, de la libre décision qui engage une morale et toute une vie. La situation est un appel ; elle nous cerne ; elle nous propose des solutions, à nous de décider. Et pour que la décision soit profondément humaine, pour qu'elle mette en jeu la totalité de l'homme, à chaque fois il faut porter sur la scène des situations-limites, c'est-à-dire qui présentent des alternatives dont la mort est l'un des termes. Ainsi, la liberté se découvre à son plus haut degré puisqu'elle accepte de se perdre pour pouvoir s'affirmer. Et comme il n'y a de théâtre que si l'on réalise l'unité de tous les spectateurs, il faut trouver des situations si générales qu'elles soient communes à tous. Plongez des hommes dans ces situations universelles et extrêmes qui ne leur laissent qu'un couple d'issues, faites qu'en choisissant l'issue ils se choisissent eux-mêmes : vous avez gagné, la pièce est bonne. Chaque époque saisit la condition humaine et les énigmes qui sont proposées à sa liberté à travers des situations particulières. Antigone, dans la tragédie de Sophocle, doit choisir entre la morale de la cité et la morale de la famille. Ce dilemme n'a plus guère de sens aujourd'hui. Mais nous avons nos problèmes : celui de la fin et des moyens, de la légitimité de la violence, celui des conséquences de l'action, celui des rapports de la personne avec la collectivité, de l'entreprise individuelle avec les constantes historiques, cent autres encore. Il me semble que la tâche du dramaturge est de choisir parmi ces situations-limites celle qui exprime le mieux ses soucis et de la présenter au public comme la question qui se pose à certaines libertés. C'est seulement ainsi que le théâtre retrouvera la résonance qu'il a perdue, seulement ainsi qu'il pourra *unifier* le public divers qui le fréquente aujourd'hui.

*La Rue*, n° 12, novembre 1947, *Un théâtre de situations*, Gallimard, coll. Folio/Essais, 1992, pp. 19-21.

# Un langage

*Le théâtre ne va pas, estime Sartre, sans quelque «recul formel» ; de là un usage particulier du langage.*

Je ne puis vous donner – et cela servira de thème à la discussion – que les suggestions que je voudrais être des règles à mon usage et que voici : d'abord, un mot est un acte, c'est une manière d'agir parmi d'autres manières d'agir, à la disposition du personnage, donc il ne renvoie jamais à aucun cas intérieur. Il y a, à mon avis, dans une pièce d'un grand auteur américain une grave erreur, je parle de *L'Étranger* (O'Neill, *Strange Interlude)* : les personnages viennent sur scène et échangent des dialogues comme dans toute pièce de théâtre, mais ce qu'il y a de particulier, c'est que de temps en temps ils s'immobilisent, prennent un visage un peu spécial et défilent comme pour eux-mêmes ce qu'ils ont dans la tête ; ils ont voulu faire un monologue au lieu de faire un monologue intérieur à la manière de Joyce, mais transporté au théâtre.

Ceci est une erreur très grave, je crois, parce que le spectateur ne demande nullement à savoir ce qui se passe dans la tête d'un personnage mais à le juger dans l'ensemble de ses actes, à ne pas être sur le plan lâché de la psychologie naturaliste ; il demande que le mot ne serve pas à peindre un état intérieur mais à engager. Un mot au théâtre doit être ou serment ou engagement ou refus ou jugement moral ou défense des droits ou contestation des droits des autres, donc éloquence, ou moyen de réaliser l'entreprise, c'est-à-dire menace, mensonge, etc., mais en aucun cas il ne doit sortir de ce rôle magique, primitif et sacré.

L'erreur du naturalisme est de peindre avec des mots les choses de tous les jours, c'est-à-dire de faire des mots sur les mots.

En deuxième lieu, ce langage doit être elliptique, c'est-à-dire que le langage étant acte ne peut pas se séparer du geste : le geste aboutit au mot comme le mot aboutit au geste, par conséquent il doit être elliptique si on le lit, s'il est pris tout seul ; c'est précisément cette ellipse qui doit constituer perpétuellement le rythme du langage et l'ellipse doit être rendue sensible par les ruptures de mouvement, c'est-à-dire que, précisément, il doit toujours manquer dans un texte une partie qui exprimerait complètement la pensée de l'acteur ; celle-ci doit être exprimée par les gestes.

Enfin, ce langage doit être irréversible, c'est-à-dire qu'il doit être nécessaire puisque précisément il y a engagement et puisqu'il y a nécessité dans le domaine, que nous avons vu tout à l'heure, de la prévision ; il doit à chaque instant être tel qu'on ne puisse pas mettre une phrase ailleurs qu'à l'endroit où elle est.

Si on utilise ces trois procédés, arrivera-t-on à donner un mouvement particulier au texte qui soit précisément un mouvement à distance ? C'est-à-dire pourra-t-on, en utilisant les mots les plus banals, les plus usés, rendre exactement cete dureté et cette nécessité qui doit être précisément l'intouchabilité de l'acteur ? Non, si le langage est seul, c'est-à-dire si l'acteur n'a pas également compris que c'est la façon dont il doit jouer ; un langage non naturaliste de cette espèce, joué d'une manière naturaliste, perdra certainement de ce fait son caractère de rythme, de sorte que, et c'est une chose sur laquelle on pourrait amorcer un débat, il me semble qu'il y a une éducation de l'acteur à faire, éducation qui est admirablement faite pour les pièces qui ne sont pas des pièces modernes mais qui n'est pas faite pour la pièce moderne. On joue du Molière, on joue du Shakespeare en donnant du rythme à la phrase, on ne joue pas des auteurs contemporains ainsi ; mais, c'est un problème qui dépasse le style de l'auteur.

«Le style dramatique», 1944, *Un théâtre de situations*, Gallimard, coll. Folio/Essais, 1992, pp. 34-36.

## *Une alliance*

*Entre théâtre bourgeois et théâtre brechtien, Sartre cherche un théâtre dramatique, qui allie participation et distance, séduction et réflexion.*

Jusqu'ici il n'y a pas encore lieu de distinguer théâtre dramatique – si nous entendons par là qu'il veut se débarrasser de la notion bourgeoise de nature humaine, d'individualisme et de pessimisme – et théâtre épique. Dans les deux cas, il s'agit bien de faire voir le double aspect de tous les actes individuels, c'est-à-dire que chacun n'est qu'une expression de ce que Brecht appelait la gestus sociale, c'est-à-dire la totalité, la totalité sociale des contradictions à l'intérieur desquelles vit l'individu considéré. Par exemple, comme vous le savez, les contradictions mêmes de la guerre sont marquées par les contradictions de Mère Courage par Brecht d'une manière admirable car c'est une femme qui meurt de la guerre et qui en vit. La guerre lui fait tout le mal possible mais elle ne peut plus vivre sans la guerre ; elle est heureuse quand la guerre recommence et elle est misérable quand elle continue, et c'est un choix tout à fait admirable d'avoir pris, pour voir la guerre, pour voir les contradiction de la guerre, ce biais-là. Et finalement, c'est *elle* qui *est* la guerre, c'est elle, non pas comme symbole, pas du tout, mais comme une contradiction vivante qui ne peut faire qu'une chose, c'est nous amener à considérer toutes les contradictions de la guerre.

Donc, jusque-là, tout va bien, nous sommes tous d'accord, mais le vrai problème se pose autrement ; il se pose à partir du moment où nous nous demandons : Faut-il que l'objet ainsi créé – qui est la pièce – soit représenté à titre d'objet ou à titre d'image devant les spectateurs ? Je veux dire, faut-il réellement supprimer, sous prétexte que la bourgeoisie s'en servait comme d'une arme, la participation qui est, au contraire, l'essence profonde du théâtre, qui est le mouvement même qui crée le psychodrame aussi bien que les faits noirs dont je vous ai parlé ? Faut-il, si on ne la supprime pas, du moins la réduire de manière à donner au contraire une plus grande part à l'explication et à la connaissance ? Ou bien, faut-il considérer les choses autrement, en refusant justement de supprimer cette participation ?

(...)

Quand on ne partage pas les fins d'un groupe social qu'on définit, on peut, en effet, créer une sorte de distanciation et, par conséquent, montrer les gens du dehors et même quelquefois rendre par un chant ce qu'ils pensent ; mais quand on est dans une société dont on partage les principes, ça devient beaucoup plus difficile et, par conséquent, il faut dire : «Oui, le pauvre garçon est coupable, mais vous ne vous rendez pas compte des difficultés qu'il y a ; voici les contradictions, voici comment il les sentait ; il voulait ceci, il voulait cela...» Nous avons affaire à ce moment-là à un autre théâtre, théâtre qui essaie de comprendre, et c'est précisément, à mon avis, la différence entre l'épique et le dramatique ; dans le dramatique, on peut essayer de comprendre, mais dans l'épique, tel qu'on nous le présente actuellement, on explique ce qu'on ne comprend pas. Je ne parle pas de Brecht lui-même, mais d'une manière plus générale. Donc, si vous voulez, nous dirons qu'il y a une insuffisance très nette dans l'épique : jamais Brecht – d'ailleurs, il n'avait pas de raison de le faire et ce n'était pas à lui de le faire – n'a résolu dans le cadre du marxisme le problème de la subjectivité et de l'objectivité et, par conséquent, il n'a jamais su faire une place réelle à la subjectivité chez lui, telle qu'elle doit être.

Un grave défaut dans le théâtre dramatique, c'est qu'il est tout de même issu du théâtre bourgeois, il est issu des moyens qui ont été créés par l'individualisme, par des recherches individualistes, il est mal adapté encore à parler du travail. L'autre non plus, d'ailleurs. Il est évident qu'il serait tout à ait dommage de renoncer à l'une ou l'autre de ces branches, dommage même que chaque auteur ne puisse choisir, comme, après tout, on pouvait choisir au XVIIIe siècle de faire une épopée ou des sonnets, que chaque auteur ne puisse chercher à voir s'il a envie de faire un drame épique ou un drame vraiment dramatique. Dans ces conditions, il semble que toutes les forces que le jeune théâtre peut opposer aux pièces bourgeoises que nous avons actuellement, doivent être unies, et qu'il n'y a pas de vraie opposition entre la forme dramatique et la forme épique, sinon que l'une tire vers la quasi-objectivité de l'objet, c'est-à-dire de l'homme, et va ainsi vers l'échec, puisqu'on n'arrive jamais à avoir un homme objectif, avec l'erreur de croire qu'on peut donner une société-objet aux spectateurs, tandis que l'autre, si on ne la corrigeait pas par un peu d'objectivité, irait trop vers le côté de la sympathie, de l'*Einfühlung,* et risquerait de tomber du côté du théâtre bourgeois. Par conséquent, c'est entre ces deux formes de théâtre, je crois, que le problème aujourd'hui peut se poser.

«Théâtre épique et théâtre dramatique», 1960, *Un théâtre de situations*, Gallimard, coll. Folio/Essais, 1992, pp. 156-157 et 162-163.

# Un malaise

*Le théâtre sartrien cherche à produire du malaise, et la présentation écrite pour* La Promenade du dimanche, *pièce de Georges Michel, s'applique assez, avec quelques transpositions (petits et grands bourgeois, O.R.T.F. et magnétophone, etc.), aux* Séquestrés d'Altona.

Les pièces de Georges Michel sont provocantes.

Elles dénoncent nos contradictions sans les résoudre puisque, de toute manière, nous ne les résolvons pas. Si nous quittons le théâtre dans le malaise, l'auteur a gagné.

*La Promenade du dimanche* fut écrite dans les derniers temps de la guerre d'Algérie, quand de considérables pétards secouaient les immeubles de Paris. Georges Michel voulait nous montrer à nous-mêmes tels que nous étions alors, avec notre ignorance fabriquée, notre indifférence à moitié subie, à moitié complice, marchant vers notre perte, les oreilles bouchées, un bandeau sur les yeux. La guerre d'Algérie est finie, on ne torture plus, les maisons parisiennes ne sautent plus guère : la pièce a perdu son actualité, tant mieux, les circonstances ne cachent plus l'essentiel ; la dénonciation demeure : elle met en cause notre société.

Le théâtre de Georges Michel a pour thème principal la lutte de la répétition contre l'histoire. Contre celle-ci nous nous défendons par celle-là : voilà ce qu'il s'agit de montrer.

La répétition, ce sont nos petits rites misérables et ce bavardage qui nous assourdit : les lieux communs. Ceux-ci, vous le verrez, dans *La Promenade* viennent du dehors, universels, immémoriaux et s'imposent aux personnages ; mais, bien qu'ils soient appris et très proches des réflexes conditionnés, ils sont aussi maintenus en nous avec notre complicité. Unique moyen, dans le monde actuel, de communication entre les hommes, ils sont aussi les agents de l'absolue séparation : dans les dialogues de Michel, des gens se récitent, face à face, des bribes d'une leçon pas toujours sue mais ces mots passe-partout sont du silence ; on échange ces silences bruyants comme des marchandises : leur intérêt c'est d'assourdir ; les récitants n'entendent plus le bruit de leur vraie vie, de la mort qui s'approche, ils n'ont de solidarité qu'en ceci qu'ils s'entraident à *passer sous silence* la vérité, à cacher hors de nous, en nous, la violence, le malheur, notre misérable condition.

Le seul personnage qui connaît encore l'angoisse d'être né, qui s'interroge un peu sur la signification de son existence, c'est un enfant : il n'a pas eu le temps d'apprendre sa leçon ; ses parents, bêtes tout à fait dressées, font ce qu'ils peuvent pour l'aider à s'oublier. Ils gagnent du terrain : ce n'est pas notre moindre malaise que de voir ce môme qui se débat encore, en proie aux lieux communs ; si Dieu lui prête vie, il deviendra, comme les adultes, le support passif de ces relations impersonnelles et négatives de tout le monde avec tout le monde. À chaque instant, l'événement le saisit et l'inquiète ; à chaque instant, le père ou la mère lui enseigne la parade : un proverbe, une bonne banalité quotidienne. Ces échanges se font à différents niveaux : Michel nous fait passer sans transition des trivialités qu'on échange du bout des lèvres au noble verbiage qu'on apprend dans les journaux ou en écoutant l'O.R.T.F. C'est que ces âneries pompeuses se sont aussi glissées en nous : il est rare que nous nous exprimions comme un speaker de la radio mais le speaker est entré au plus profond de notre cœur, il parle et ses paroles servent de modèle intime à ce que nous appelons nos pensées.

Michel fait exprès de tout dire, d'éventer ces secrètes complaisances puisque, en vérité, elles sont publiques comme les autres et – c'est le charme sombre de son dialogue – de tout mettre sur le même plan.

Nous sommes piégés : quand nous voulons échapper aux lieux communs de la banalité quotidienne, nous ne trouvons que d'autres lieux communs, plus prétentieux, qui sont entrés chez nous, eux aussi par l'oreille.

Le théâtre représente des mythes. Il fallait trouver une forme mythique pour nous montrer ce drame de tous les jours : une famille de petits-bourgeois qui s'acharne à nier le monde pendant que le monde, implacablement, l'anéantit et dont les membres, tués un à un par l'histoire, se volant leur propre mort en la masquant par les lieux communs, meurent avec distraction dans l'indifférence générale.

«Jean-Paul Sartre présente *La Promenade du dimanche*», Georges Michel, *La Promenade du dimanche*, Gallimard, 1967, pp. 7-9.

# II
# RÉCEPTION DE L'ŒUVRE

*J'ai pris le parti d'organiser cette anthologie autour de trois pro-blèmes, essentiels pour la lecture de l'œuvre, qui ont été souvent abordés, mais ne sont pas encore épuisés: littérature et cinéma, litté-rature et philosophie, littérature et Histoire ; à l'exception du travail de Philippe Lejeune, j'ai choisi de ne reprendre aucun des textes réunis par Jacques Lecarme dans* Sartre et les critiques de notre temps *(Garnier, 1973). J'espère enfin ne point faire périr ces fleurs en les cueillant, tout en regrettant de ne pouvoir donner à entendre d'autres «voix séchées dans leurs petits herbiers»* (Les Mots).

# I. Littérature et cinéma

## *«Une certaine vue du monde»*

*Maurice Merleau-Ponty*

*Voici comment Maurice Merleau-Ponty relie esthétique cinématogra-*
*phique, psychologie moderne (le mot «conduites» renvoie à*
l'Esquisse d'une théorie des émotions *que Sartre publie en 1939), et*
*philosophie existentielle.*

Le problème que nous rencontrons ici, l'esthétique l'a déjà rencontré
à propos de la poésie ou du roman. Il y a toujours, dans un roman, une
idée qui peut se résumer en quelques mots, un scénario qui tient en
quelques lignes. Il y a toujours dans un poème allusion à des choses ou
à des idées. Et cependant le roman pur, la poésie pure n'ont pas simplement pour fonction de nous signifier ces faits, ces idées ou ces choses,
car alors le poème pourrait se traduire exactement en prose et le roman
ne perdrait rien à être résumé. Les idées et les faits ne sont que les matériaux de l'art et l'art du roman consiste dans le choix de ce que l'on dit
et de ce que l'on tait, dans le choix des perspectives (tel chapitre sera
écrit du point de vue de tel personnage, tel autre du point de vue d'un
autre), dans le tempo variable du récit ; l'art de la poésie ne consiste pas
à décrire didactiquement des choses ou à exposer des idées, mais à
créer une machine de langage qui, d'une manière presque infaillible,
place le lecteur dans un certain état poétique. De la même manière, il y
a toujours dans un film une histoire, et souvent une idée (par exemple,
dans l'*Étrange sursis :* la mort n'est terrible que pour qui n'y a pas
consenti), mais la fonction du film n'est pas de nous *faire connaître* les
faits ou l'idée. Kant dit avec profondeur que dans la connaissance
l'imagination travaille au profit de l'entendement, tandis que dans l'art
l'entendement travaille au profit de l'imagination. C'est-à-dire : l'idée
ou les faits prosaïques ne sont là que pour donner au créateur l'occasion
de leur chercher des emblèmes sensibles et d'en tracer le monogramme
visible et sonore. Le sens du film est incorporé à son rythme comme le
sens d'un geste est immédiatement lisible dans le geste, et le film ne

veut rien dire que lui-même. L'idée est ici rendue à l'état naissant, elle émerge de la structure temporelle du film, comme dans un tableau de la coexistence de ses parties. C'est le bonheur de l'art de montrer comment quelque chose se met à signifier, non par allusion à des idées déjà formées et acquises, mais par l'arrangement temporel ou spatial des éléments. Un film signifie comme nous avons vu plus haut qu'une chose signifie : l'un et l'autre ne parlent pas à un entendement séparé, mais s'adressent à notre pouvoir de déchiffrer tacitement le monde ou les hommes et de coexister avec eux. Il est vrai que, dans l'ordinaire de la vie, nous perdons de vue cette valeur esthétique de la moindre chose perçue. Il est vrai aussi que jamais dans le réel la forme perçue n'est parfaite, il y a toujours du *bougé,* des bavures et comme un excès de matière. Le drame cinématographique a, pour ainsi dire, un grain plus serré que les drames de la vie réelle, il se passe dans un monde plus exact que le monde réel. Mais enfin c'est par la perception que nous pouvons comprendre la signification du cinéma : le film ne se pense pas, il se perçoit.

Voilà pourquoi l'expression de l'homme peut être au cinéma si saisissante : le cinéma ne nous donne pas, comme le roman l'a fait longtemps, les *pensées* de l'homme, il nous donne sa conduite ou son comportement, il nous offre directement cette manière spéciale d'être au monde, de traiter les choses et les autres, qui est pour nous visible dans les gestes, le regard, la mimique, et qui définit avec évidence chaque personne que nous connaissons. Si le cinéma veut nous montrer un personnage qui a le vertige, il ne devra pas essayer de rendre le paysage intérieur du vertige, comme Daquin dans *Premier de Cordée* et Malraux dans *Sierra de Terruel* ont voulu le faire. Nous sentirons beaucoup mieux le vertige en le voyant de l'extérieur, en contemplant ce corps déséquilibré qui se tord sur un rocher, ou cette marche vacillante qui tente de s'adapter à on ne sait quel bouleversement de l'espace. Pour le cinéma comme pour la psychologie moderne, le vertige, le plaisir, la douleur, l'amour, la haine sont des conduites.

Cette psychologie et les philosophies contemporaines ont pour commun caractère de nous présenter, non pas, comme les philosophies classiques, l'esprit *et* le monde, chaque conscience *et* les autres, mais la conscience jetée dans le monde, soumise au regard des autres et apprenant d'eux ce qu'elle est. Une bonne part de la philosophie phénoménologique ou existentielle consiste à s'étonner de cette inhérence du moi au monde et du moi à autrui, à nous décrire ce paradoxe et cette confusion, à faire *voir* le lien du sujet et du monde, du sujet et des autres, au lieu de *l'expliquer*, comme le faisaient les classiques, par quelques recours à l'esprit absolu. Or, le cinéma est particulièrement apte à faire paraître l'union de l'esprit et du corps, de l'esprit et du monde et l'expression de l'un dans l'autre. Voilà pourquoi il n'est pas surprenant que le critique puisse, à propos d'un film, évoquer la philosophie. Dans un compte rendu du *Défunt récalcitrant*, Astruc raconte le film en termes sartriens : ce mort qui survit à son corps et est obligé d'en habiter un autre, il demeure le même *pour soi*, mais il est autre *pour autrui* et ne saurait demeurer en repos jusqu'à ce que l'amour d'une jeune fille le reconnaisse à travers sa nouvelle enveloppe et que soit rétablie la concordance du pour soi et du pour autrui. Là-dessus le *Canard Enchaîné* se fâche et veut renvoyer Astruc à ses recherches philosophiques. La vérité est qu'ils ont tous deux raison : l'un parce que l'art n'est pas fait pour exposer des idées, – et l'autre parce que la philosophie contemporaine ne consiste pas à enchaîner des concepts, mais à décrire le mélange de la conscience avec le monde, son engagement dans un corps, sa coexistence avec les autres, et que ce sujet-là est cinématographique par excellence.

Si enfin nous nous demandons pourquoi cette philosophie s'est développée justement à l'âge du cinéma, nous ne devrons évidemment pas dire que le cinéma vient d'elle. Le cinéma est d'abord une invention technique où la philosophie n'est pour rien. Mais nous ne devrons pas dire davantage que cette philosophie vient du cinéma et le traduit sur le plan des idées. Car on peut mal user du cinéma, et l'instrument technique une fois inventé doit être repris par une volonté artistique et comme inventé une seconde fois, avant que l'on parvienne à faire de véritables films. Si donc la philosophie et le cinéma sont d'accord, si la réflexion et le travail technique vont dans le même sens, c'est parce que le philosophe et le cinéaste ont en commun une certaine manière d'être, une certaine vue du monde qui est celle d'une génération. Encore une occasion de vérifier que la pensée et les techniques se correspondent et que, selon le mot de Gœthe, «ce qui est au dedans est aussi au dehors».

Maurice Merleau-Ponty, «Le Cinéma et la nouvelle psychologie», 1945,
*Sens et non sens*, Nagel, 1966, pp. 102-106.

# Saccade, détail, fragment

*Fréderic Jameson*

*Après avoir rappelé l'analyse que* L'Être et le Néant *donne de la perception des corps humains (chaque partie est rapportée au tout), F. Jameson envisage des effets de fragmentation dans les textes romanesques de Sartre, et les compare aux techniques du cinéma.*
*(N.B. La révision de cette traduction, comme de celle du texte de R. Goldthorpe donnée plus loin, a été amicalement assurée par Andy Rothwell, maître de conférences à l'Université de Leeds.)*

Les implications, pour l'œuvre d'art, de ces analyses de la perception sont étonnamment différentes aujourd'hui de ce qu'elles étaient autrefois. C'est parce que nous possédons deux yeux, placés à une certaine distance l'un de l'autre, que nous voyons la réalité en trois dimensions. Cette découverte de la nature de la perception incita les artistes de la Renaissance à en imiter les résultats, à construire des tableaux qui d'une certaine façon redoubleraient la perspective que la réalité humaine apporte avec elle dans l'univers : la perspective obtenue ayant été fixée sur la toile, elle allait continuer d'exister dans l'avenir, même en l'absence de tout témoin. Et au lieu de demeurer passivement un élément isolé au sein de la vision en trois dimensions du spectateur qui s'en approche, au lieu de se laisser assigner une position fixe dans cette perception, le tableau dans son cadre présente une profondeur seconde, d'imitation, qui attire à elle tous les regards et dans laquelle ils plongent.

L'art moderne est plus logique. Le spectateur arrive devant le tableau muni de ses propres organes sensoriels et de sa propre structure perceptive ; pourquoi essayer de les y installer par avance ? Supposons que, dans la mesure où l'esprit enregistre automatiquement les parties du corps comme éléments d'un tout, nous ne lui laissions que la partie et le fassions accomplir son activité habituelle à partir de cette seule donnée, sans ajouter une dimension qui la dépasse pour indiquer la totalité :«Ses yeux sont vitreux, je vois rouler, dans sa bouche, une masse sombre et rose» (*La Nausée*). Le nom, le mot «langue» aurait par lui-même fait ressortir cette dimension que nous cherchions à éviter, car il nomme non seulement l'organe isolé, mais aussi son rapport avec le corps ; «langue» ne signifie pas simplement une espèce particulière d'objet, mais une partie-du-corps. La phrase ne fait que noter les matériaux bruts de la perception, et nous laisse construire par l'imagination ce qui fait l'objet de la vision.

Et pourtant personne, en réalité, ne voit de cette façon. L'artiste ne va pas au plus simple, qui serait d'esquisser ses perceptions les plus immédiates ; au rebours, il décompose les perceptions d'ensemble, en les fragmentant, et ces fragments sont aussi étranges pour lui que pour nous. Indubitablement, il y a là quelque influence du cinéma. En son premier âge, les caméramen et les réalisateurs n'étaient pas très attentids, par choix ou par maladresse, aux habitudes perceptives de leur public. Les transitions abruptes, les gros plans presque gratuits où l'on voit bouger des mains, remuer des lèvres, figurent un monde brisé qui est loin de correspondre à notre expérience quotidienne. Mais l'effet d'ensemble de ces rapides et miroitants fragments visuels diffère, de façon instructive, de celui que produit le langage. Dans la fragmentation cinématographique, les divers membres, bouches, yeux, qui passent en flottant devant notre regard, ne perdent pas pour autant leur netteté ; nous ne doutons pas de leur identité, ni qu'ils appartiennent à des corps. Nous devenons sensibles à la violence de ces fragments grotesques, à l'autonomie du langage cinématographique par rapport à son sujet, à la volonté de fragmentation du réalisateur, à la liberté hautaine qu'il s'octroie par rapport à son histoire et à la matière elle-même.

Dans la mesure où la caméra s'adresse directement aux yeux, toute la dimension du langage, et de la nomination, est absente ; et nous avons vu que pour une part l'étrangeté de la phrase citée ci-dessus provenait du fait que le nom n'était pas révélé. La caméra est incapable d'enregistrer ces moments où un nom commence à se détacher de son objet :

«La porte de la chambre était entrebaillée ; il la poussa. Ça sentait lourd. Toute la chaleur de la journée s'était déposée au fond de cette pièce, comme une lie. Assise sur le lit, une femme le regardait en souriant, c'était Marcelle.» (*L'Âge de raison*, chapitre XVII).

Cette fraction de seconde durant laquelle un visage très familier n'est pas reconnaissable, durant laquelle les structures habituelles se dissolvent pour nous laisser momentanément sans passé ni mémoire, se trouve dépendre des mots qui accomplissent la transition inverse vers le familier, des noms qui surgissent pour abolir la soudaine nouveauté.

Mais bien que la caméra ne puisse enregistrer de tels moments, elle est capable parfois de les provoquer :

«J'entends un souffle court et je vois de temps en temps, du coin de l'œil, un éclair rougeaud couvert de poils blancs.» (*La Nausée*, pp. 25-26).

Tout le monde a un jour ou l'autre éprouvé, au cinéma, ce subit étonnement (que produit soit une position trop rapprochée de l'écran, soit une transition trop rapide entre deux images, soit un gros plan trop serré et trop inattendu), qui ne nous permet plus de percevoir sur l'écran que masses de lumière et d'obscurité : que représentent-elles ? Les yeux refusent d'accommoder ; c'est l'irritation qu'engendre l'incapacité à repérer le visage du géant caché dans le paysage truqué. Et puis soudain, reconnaissance :

«C'est une main».

L'équivalent verbal de ces instants de brouillage – tous les détails sont donnés mais le nom est retenu – fonctionne comme une petite forme dans une séquence en prose : il y a tension croissante, confusion, curiosité, l'esprit papillonne autour de l'énigme, et enfin la divulgation du nom calme et satisfait notre attente. Nous avons déjà décrit cette forme lors de notre discussion des deux-points et de ce qu'ils symbolisent : la possibilité, pour la réalité (et pour la vitesse narrative à laquelle elle est révélée), de ralentir, de devenir divisible, de se séparer d'elle-même durant une fraction de seconde, jusqu'à ce que les éléments dissimulés sautent finalement en place et nous laissent une fois de plus face à une totalité.

Et pourtant il y a une notable différence de qualité entre les parties et fragments dans lesquels la réalité se divise, et le tout qui résulte de leur recombinaison : de tels fragments, dans leur nudité, sont ordinairement inaccessibles à la perception ; ce sont, d'une façon spécifiquement sensorielle, des abstractions ; ils sont, en bref, la facticité, la facticité de nos corps, et la nécessité perpétuelle où nous sommes d'assumer cette facticité est mimée par la constante résolution de ces données sensorielles en totalités compréhensibles. Exactement comme on pouvait compter sur la pression de notre effort de compréhension pour faire vivre les personnifications des processus mentaux, pour les retransformer en consciences pures, ici c'est l'assomption de la facticité dans laquelle nous sommes perpétuellement engagés qui empêche ces notations touchant la réalité humaine de se geler, de n'être que les morceaux brisés de simples objets. C'est le fait qu'il nous est impossible de traiter les êtres humains comme des objets qui permet à l'artiste de les représenter *solidement*, à la manière des objets.

F. Jameson, *The Origins of a Style*, 1961,
Columbia University Press, 1984, ch. 7,
«The anatomy of Persons», pp. 158-161.
Traduction de J.-F. Louette.

## Le «montage par attractions»

*Michel Contat*

*Michel Contat analyse les procédés de montage qui font l'originalité du* Sursis, *et séparent Sartre de Jules Romains ou Dos Passos.*

La technique de base reste la même dans *L'Âge de raison* et *Le Sursis*. Le second procède, par rapport au premier, par élargissement spatial, élongation temporelle, accélération du rythme narratif et du passage d'une conscience à une autre, et multiplication des personnages. L'orchestration des consciences, Sartre dit l'avoir faite, dans *Le Sursis*, par le recours au «grand écran». Cette référence métaphorique au cinéma attire évidemment l'attention sur les procédés de montage. À vrai dire, plutôt que le montage cinématographique, qui met bout à bout des plans déjà découpés, le montage du *Sursis* évoque celui de la télévision en régie directe. Sartre se trouve, par rapport à la matière romanesque qu'il brasse, dans la position du réalisateur qui a devant lui une multitude d'écrans lui donnant l'image captée en direct et en continuité par des caméras dispersées aux quatre coins de l'espace (ici, l'Europe) et qui choisit parmi toutes ces images, en passant d'un écran à un autre, celle qu'il va transmettre sur l'écran unique des récepteurs[1]. C'est la plus ou moins grande rapidité de la succession des images qui donne le sentiment de la simultanéité. L'art intervient dans les rythmes de succession et dans les éléments associatifs qui relient une image à une autre. Le simple accolement des plans produirait un sentiment d'arbitraire et aboutirait sans doute à l'insignifiance, à un effet stroboscopique gratuit, quand le rythme s'accélère : la perception finirait par se brouiller complètement. C'est ce que certains critiques peu attentifs ou rebutés par le procédé ont reproché au *Sursis* à sa parution. En fait, pour peu qu'on lise le roman au rythme qui lui convient et qui est exactement l'inverse de celui de la narration, rapide pour les séquences longues, lent pour les montages rapides, on s'aperçoit que le texte est extrêmement inventif sur le collage des «plans», leur articulation, les associations qui les lient l'un à l'autre. Une étude de ces procédés de montage ou «pivots scripturaux[2]» montrerait sans doute qu'ils relèvent, plus que de la technique du «fondu enchaîné» comme on l'a dit souvent, de l'esthétique du «montage par attractions» définie et mise en œuvre par Eisenstein (et elle-même pour une part héritée de l'esthétique symboliste des «correspondances»). On n'en isolera ici que quelques exemples, pris un peu au hasard, pour focaliser l'attention du lecteur sur ces éléments associatifs qui font la texture de cet énorme «patchwork» qu'est *Le Sursis*. Au début du chapitre «Dimanche 25 septembre[3]», un montage alterné montre l'errance de Philippe et de Gros-Louis dans les rues désertes, l'un à Paris, l'autre à Marseille. Le thème associatif est leur commun abandon. À un moment, ils pensent *ensemble* : «N'y a-t-il personne

---

**1.** Nous n'esquissons ici, bien sûr, qu'une analogie. Il ne faudrait pas en déduire que Sartre avait d'abord écrit une série de nouvelles qu'il aurait ensuite tronçonnées en les alternant. *Le Sursis*, nous a-t-il dit, a été écrit dans l'ordre de succession où la narration éclatée se présente, et c'est dans son esprit que Sartre conservait les divers épisodes qu'il brasse comme des cartes. Cela est confirmé par les quelques pages de brouillons dont on trouvera, en variantes, les principaux passages. La structure narrative du *Sursis* est le tressage, plus ou moins serré, d'une vingtaine de nouvelles indépendantes avec la continuité romanesque portée par le personnage principal, Mathieu. Chacune de ces nouvelles est écrite dans le style qui correspond à la particularité existentielle de son protagoniste. D'où la variété des écritures. Geneviève Idt a raison de dire que *Le Sursis* est «le recueil achevé des romans inachevés de Sartre» (*Obliques*, n°s 18-19, 1979, p. 92).
**2.** Nous empruntons cette expression à Jean-Luc Seylaz qui a fait une analyse structurale des romans de Sartre dans un cours (inédit) à la faculté des lettres de l'université de Lausanne, en 1972.
**3.** P. 906-907.

pour m'aider ?» Ils ont chacun une blessure, physique pour Gros-Louis (une plaie à la tête), d'amour-propre pour Philippe (la gifle reçue la veille de Maurice, qui répète en l'aggravant celle qu'il a reçue précédemment de son beau-père) ; ils errent tous les deux sous le regard aveugle des fenêtres. Le thème du regard (thème récurrent du livre entier) assure la transition avec la séquence suivante : «Dieu regardait Daniel.» Le montage, ici, procède donc par analogie (de situations, d'actions, de sentiments) sous l'unité d'un thème. Ailleurs[1], la collure est faite sur une opposition de sensations et de sentiments : on passe de Maurice, exalté et joyeux («Il avait chaud, les tempes lui faisaient mal, c'était le plus beau jour de sa vie») à Charles, indisposé, malheureux («Il avait froid, il avait mal au ventre, il sonna pour la troisième fois…»). Plus loin[2], nous avons un montage alterné typiquement cinématographique entre un train vu de l'extérieur et dont des soldats entendent le sifflement dans la cour d'une caserne, et l'intérieur d'un autre train, d'où Charles voit défiler le paysage. L'attraction est double : d'analogie (les trains) et d'opposition (extérieur/intérieur). Plus loin encore[3], le montage est fait sur la musique : l'orchestre de l'hôtel Provençal où se trouvent Mathieu et Gomez joue un tango qu'Odette, de sa villa, entend, et on passe à Maud qui joue un tango avec l'orchestre Baby's. Exemple d'un pivot purement scriptural, jouant sur l'équivoque du sujet du verbe dans une même phrase : «Il dort ; il dort, quand il est entré il ne tenait plus debout…[4]». Le premier «il» se réfère à un compagnon de train auquel pense Charles, le second à Philippe endormi dans un café et que contemple la caissière. Ailleurs, la transition d'un lieu à un autre est opérée par un objet qui peut appartenir aux deux : on passe de Boris, dans un bar de Biarritz, à Philippe, dans une brasserie à Paris, et la phrase intermédiaire : «La pendule sonna en face de lui, au-dessus de la glace[5]» peut se référer aux deux lieux. Le montage procède parfois par une association d'idées induite chez le lecteur ; ainsi Mathieu

---

1. P. 920.
2. P. 953.
3. P. 974.
4. P. 946.
5. P. 976-977.

pense de Gomez : «comme il est romanesque !» et se juge ensuite : «moi je ne suis pas romanesque[1]» ; mais le lecteur se rappelle qu'Odette, elle, précédemment, a trouvé Mathieu romanesque, et le texte passe justement à Odette. Le montage peut aussi reposer sur un lieu commun : on passe de Gomez qui s'apprête à coucher avec une actrice de rencontre à Sarah qui se réveille en pleurant d'angoisse à cause de la guerre[2]. Le stéréotype moral supposé chez le lecteur et ironisé comme tel est du type : pendant que sa femme est malheureuse, il se tape le repos du guerrier. Plus loin l'association se fait sur une opposition d'analyse politique : M. Birnenschatz attribue toute la responsabilité de la situation à un homme : Hitler. On passe à Brunet qui l'attribue au capitalisme allemand. Les deux opinions sont aussi simplistes[3]. La très belle séquence de Charles, l'allongé, qui résiste à la débâcle de ses intestins et dont le mouvement de passion pour Catherine est de la protéger, est alternée avec des scènes diplomatiques qui montrent les gouvernements français et anglais décidés, semble-t-il, au risque de la guerre, à protéger la faible Tchécoslovaquie[4]. L'attitude de Charles prend le sens d'une leçon de résistance pour les démocraties devant Hitler. Lorsque Charles, séparé de Catherine et désespéré, cède et demande le vase, sa déroute personnelle annonce, métonymiquement, l'abandon des démocraties devant Hitler dont on attend le discours[5]. Enfin, dernier exemple, le plus évident, dans l'avant-dernier chapitre, l'abandon de la Tchécoslovaquie est monté en alternance avec le viol consenti d'Ivich par un jeune homme qu'elle hait.

On n'en finirait par d'inventorier et de classer ces procédés. Leur variété, leur subtilité, très souvent leur humour, leur utilisation ironiquement exhibée ou dissimulée, sont pour beaucoup dans l'allégresse de lecture que provoque le texte, un des textes de Sartre qui se relisent le mieux, celui en tout cas qui ménage le plus constamment des découvertes proprement scripturales, donc un plaisir de lecture chaque

---

**1.** P. 973.
**2.** P. 992.
**3.** P. 1000.
**4.** P. 955.
**5.** P. 1007.

fois renouvelé. Ce sont ces inventions, cette effervescence créatrice, cette vision kaléidoscopique s'affichant comme telle avec une virtuosité euphorique, qui assurent la modernité du *Sursis* et le relient bien davantage à un roman expérimental comme *La Vie : mode d'emploi* de Georges Perec, avec ses histoires-gigogne se déboîtant à l'infini d'une matrice commune, un immeuble, ou à un chef d'œuvre cinématographique méconnu comme *Made in U.S.A.* de Jean-Luc Godard, avec son montage éclaté obéissant d'abord à des associations plastiques, qu'à l'unanimisme vieillot de Jules Romains.

Michel Contat, «*Le Sursis*. Notice», *Œuvres romanesques*,
Gallimard, Bibliothèque de la Pléiade, 1982, pp. 1967-1969.

# II. Littérature et philosophie

## Professeur, philosophe, écrivain : une position nouvelle

*Anna Boschetti*

*Être à la fois philosophe et écrivain, c'est peut-être avant tout occuper une position nouvelle dans le champ intellectuel. C'est ce que cherche à montrer Anna Boschetti, dans une analyse sans complaisance de la figure sartrienne, inspirée des travaux de Pierre Bourdieu.*

L'expansion de l'enseignement secondaire et universitaire, le développement de l'édition et une série de phénomènes connexes transforment les mécanismes de la consécration littéraire et les rapports entre professeurs et écrivains. Avec le prolongement de la durée des études, les nouvelles générations d'écrivains tendent de plus en plus à avoir le même cursus scolaire, la même formation, et donc le même habitus, que les professeurs. D'autre part, le statut des professeurs s'élève, grâce aux modifications du marché scolaire[1]. Le recrutement et la définition sociale des deux catégories se ressemblent de plus en plus, comme le montre un phénomène tel que les «Décades de Pontigny», rencontres instituées en 1910 par Paul Desjardin, qui réunissent chaque été en une retraite intellectuelle écrivains et universitaires. Pour l'inter-connaissance et les échanges qu'elles suscitent entre les deux domaines, sous l'égide de Gide et de *La Nouvelle Revue française* (la *N.R.F.*) elles sont quelque chose de plus qu'un symbole de proximité. Elles sont le lieu où s'élabore et se renforce une redéfinition des rapports entre littérature et philosophie et une nouvelle image de l'intellectuel[2].

---

**1.** Voir V. Karady, «Les professeurs de la République», in *Actes de la recherche en sciences sociales*, n° 47-48, 1983, pp. 90-112.
**2.** Voir J.-L. Fabiani, «Les programmes, les hommes et les œuvres», *Actes de la recherche en sciences sociales*, n° 47-48, 1983, pp. 3 à 20.

La scolarisation de son côté produit un nouveau public cultivé, anonyme, qui favorise une autonomie croissante du champ littéraire. Ce public permet le développement d'instances proprement culturelles jouant un rôle déterminant dans le processus de consécration. Elles remplacent les salons de la grande bourgeoisie parisienne et l'Académie, c'est-à-dire le dispositif à travers lequel la classe dominante pouvait contrôler la littérature dans l'état antérieur ; elles rendent possible un nouveau type de créateur, indépendant du soutien et des pressions directes, matérielles et symboliques, du pouvoir économique et social. De grandes entreprises d'éditions, comme Grasset et Gallimard, commencent par ailleurs à financer les écrivains, privant le patrimoine du pouvoir discriminatoire qu'il avait auparavant[1]. Des revues comme, en premier lieu, *La Nouvelle Revue française*, deviennent les arbitres de la légitimité.

Avant Sartre on peut déjà voir des indices d'une transformation en acte des relations entre universitaires et écrivains. La conversion réussie de normalien en écrivain devient plus fréquente : parmi les cas les plus célèbres, Romain Rolland, Jules Romains, Giraudoux et Nizan. Ce n'est pas encore la synthèse sartrienne, mais un passage de champ à champ : la littérature prend la place de la philosophie. Du reste, Giraudoux est le seul de ces transfuges à conquérir une pleine légitimité.

(...)

Fait significatif, c'est surtout Giraudoux qui plaît à Nizan et à Sartre, pendant les années où, normaliens obscurs et avides de gloire, ils se découvrent liés par une «vocation» littéraire vécue comme alternative au professorat détesté[2] :

«Une façon de vie qui nous dégoûtait, en quelque sorte. Parce que, pour Nizan et moi, c'était le métier. Et puis il y avait l'art. Nous écririons... Le professorat nous dégoûtait. On se disait : «Bon, on sera professeurs en province, pendant vingt ans, on épousera une femme

---

**1.** Voir G. Boillat, *La librairie Bernard Grasset et les lettres françaises,* Paris, Champion, 1974 ; A. Anglès, *André Gide et le premier groupe de la* N.R.F., Paris, Gallimard, 1978 ; P. Assouline, *Gaston Gallimard*, Paris, Balland, 1984.
**2.** Voir les entretiens de 1974, S. de Beauvoir, *La Cérémonie des adieux*, Paris, Gallimard, 1981, p. 168.

en province (...).» On se faisait un petit drame lyrique pour se plaindre. Et c'est après, quand nous avons appris que quelques professeurs quand même avaient donné des livres, que nous avons changé. Mais vraiment on n'était pas contents à l'idée d'être professeurs»[1].

Ils lisent comme des apprentis, en cherchant dans leurs découvertes des leçons et des confirmations. Et ils aiment probablement chez Giraudoux un normalien rassurant, dont le succès vérifie par procuration le réalisme de leur ambition.

Giraudoux, c'est vrai, semble souligner lui aussi la nécessité de choisir entre littérature et philosophie, élégance de la forme et rigueur du concept. Et Nizan, qui commence à publier et à se faire connaître avant Sartre, non seulement se détourne lui aussi de la philosophie mais est loin de l'adhésion totale au projet littéraire nécessaire pour réussir. Sa tentative est pourtant importante à cause de sa position d'*alter ego* de Sartre pendant les années de leur formation, quand ils ont tant de traits communs au point d'être, comme écrira Sartre, «indiscernables»[2]. Nizan montre que le projet de Sartre a une certaine probabilité sociologique, qu'il s'insère dans la trajectoire d'une génération de *lectores*, orientée, dans son avant-garde du moins, à franchir la barrière historique qui la sépare des *auctores*. Le recrutement des collaborateurs de *La N.R.F.* est un autre indice. Rivière, Paulhan, Parain sont des transfuges du professorat. Et Alain, le professeur par excellence, y écrit régulièrement.

Possible et souhaitée, la synthèse n'est pleinement réalisée que par Sartre. Il fallait évoquer cette longue histoire d'antagonisme et de séparation, le prestige de la littérature, la fascination qu'elle exerce sur les professeurs de philosophie, pour mesurer l'effet de nouveauté prodigieuse associé à une telle prouesse.

Dans l'article sur l'intentionnalité d'Husserl, paru en 1939 dans la revue de Gide, on peut reconnaître un dense manifeste où Sartre souligne le côté révolutionnaire de son entreprise[3]. L'article est publié

---

1. *Sartre*, texte du film réalisé par A. Astruc et M. Contat, Paris, Gallimard, 1977, p. 48.
2. «De 1920 à 1930, surtout, lycéens, nous fûmes indiscernables». Préface à P. Nizan, *Aden Arabie,* Paris, Maspero, 1973, p. 16.
3. Voir «Une idée fondamentale de la phénoménologie de Husserl : l'intentionnalité», *La Nouvelle Revue française*, n° 34, 1939, pp. 129-131.

dans la *N.R.F.*, temple de la littérature, par un normalien qui à l'époque s'est déjà imposé à l'attention comme écrivain et comme philosophe[1]. Il salue une pensée qui permettrait d'abolir les frontières traditionnelles entre la philosophie et le «monde des artistes et des prophètes». Il exporte une philosophie ésotérique et d'avant-garde hors des cénacles universitaires. De plus, il affiche les intentions et les marques traditionnelles de la «littérarité» : un langage affectif et métaphorique. C'est, en somme, une vertigineuse mise en abîme, qui multiplie les emblèmes d'une conciliation exceptionnelle dans toute l'histoire du champ.

La culture française après Sartre montre qu'il ne s'agit pas d'une mutation irréversible. Aucun des «grands» intellectuels, candidats après lui à la représentation de l'excellence intellectuelle, n'a réussi à reproduire ce cumul. La littérature et la philosophie se sont de nouveau séparées. Les changements structurels indiqués sont nécessaires pour que Sartre soit possible, mais ils ne suffisent pas à l'expliquer. Dans l'unicité de son entreprise sont aussi décisifs des facteurs conjoncturels. On pourra les repérer soit dans la demande particulière d'une société qui, à travers la crise économique, la guerre, l'occupation, les guerres coloniales, la guerre froide, découvre tragiquement l'histoire et privilégie une culture philosophique capable d'exprimer et de rationaliser des expériences sans précédent, soit dans l'évolution convergente de la littérature et de la philosophie. En analysant l'état des deux champs au moment où apparaît Sartre, on peut apercevoir les prémices de son modèle, dans un processus évident d'assimilation partielle. Candidat lui aussi au rôle de romancier «métaphysique», Maurice Blanchot est bien placé pour voir dès 1945 dans cette convergence une des conditions de l'entreprise sartrienne :

«On peut évidemment penser que si Jean-Paul Sartre a écrit en même temps des œuvres philosophiques considérables, des romans, des pièces de théâtre et des essais critiques qui ne le sont pas moins,

---

1. Sartre alors a déjà publié, outre des écrits de jeunesse, *L'imagination* (1936), *La transcendance de l'Ego* (1936-1937), *La nausée* (1938), *Le mur* (1939). Dans les articles tirés de la première interview importante accordée par Sartre, Claudine Chonez présente l'auteur de *La nausée* en insistant sur sa double activité. Voir C. Chonez «Jean-Paul Sartre, romancier philosophe», *Marianne*, 23 nov. 1938, et «À qui les lauriers des Goncourt, Fémina, Renaudot, Interallié ?», *Marianne*, 7 déc. 1938.

cette capacité d'œuvres si différentes lui est propre et exprime la seule diversité de ses dons. C'est un fait cependant : cette rencontre en un même homme d'un philosophe et d'un littérateur pareillement excellents vient de la possibilité que lui ont offerte philosophie et littérature de se rencontrer en lui»[1].

Les descriptions phénoménologiques, les analyses existentielles, en introduisant dans le discours philosophique l'actualité et la vie quotidienne, et en refusant l'abstraction conceptuelle, finissent par emprunter les fonctions et les effets de la littérature. Elles prennent du reste volontiers appui sur des ressources du langage et sur des textes littéraires. Pendant les années 30, en outre, s'affirment déjà des exemples d'une littérature «métaphysique» qui visent moins à renouveler les formes qu'à traduire une «vision du monde» : l'écrivain qui représente alors la jeune gloire de *La N.R.F.* s'appelle Malraux.

La double carrière dans deux champs distincts, séparés par des histoires profondément différentes, est la principale nouveauté de la figure créée par Sartre. Si l'on ne tient pas compte de ce paradoxe – une révolution qui consiste moins à subvertir qu'à rassembler des modèles déjà institués ou en voie d'institution –, on ne peut expliquer son succès. Si Sartre produit un effet de légitimité extraordinaire avec l'apparence de l'innovation la plus radicale, c'est que chacune de ses pratiques respecte profondément la logique du terrain spécifique où il se place. En cela il ne fait que porter à sa limite extrême la combinaison de conformité et de différence qu'exige toujours le succès intellectuel. S'il faut introduire un «écart» pour se distinguer des positions existantes, il est indispensable de rappeler aussi des formes déjà légitimées que le champ est prêt à reconnaître comme titres de compétence et comme valeurs. Destinées à un marché différent, à un jury différent (les personnes compétentes dans leurs champs respectifs) et à un public différent, évaluées selon des critères de compétence différents, ses pratiques littéraires et philosophiques sont profondément conditionnées par cette juridiction différente. Cela vaut en particulier pour les œuvres antérieures à 1945. Personne ne respecte alors plus que lui, spontanément, les règles du jeu, personne ne se dirige aussi infailli-

---

**1.** M. Blanchot, «Les romans de Sartre», in *L'Arche*, n° 10, 1945, pp. 121-134, cité par M. Contat et M. Rybalka in Sartre, *Œuvres romanesques*, Paris, Gallimard, 1981, p. 1925.

blement vers les choix les plus légitimes, ne sait s'adapter sans cesse comme on le demande à un héritier exemplaire. Non seulement il est bien loin de l'«écrivant», immédiatement idéologique, auquel a fini par le réduire une image trop hâtive tirée du Sartre des manifestes engagés, mais pendant toute cette phase son souci fondamental est d'ordre technique. C'est le travail intense de mise en forme nécessaire pour se faire reconnaître par un champ culturel qui, grâce à son autonomie déjà ancienne, peut ériger en critères de légitimité des valeurs distinctives, strictement techniques, qui ne peuvent être vraiment appréciées que par des techniciens, les producteurs eux-mêmes.

Il se conduit comme s'il poursuivait et réalisait inconsciemment un programme : produire la littérature et la philosophie qu'attendent alors le champ littéraire et le champ philosophique français, selon les formes et suivant la succession requises. Il ne suffit pas d'admettre qu'il s'agit d'une œuvre tissée de références, d'influences, d'imitations, comme on le reconnaît déjà pour la production littéraire et théâtrale (pas encore assez pour les textes philosophiques, où résiste davantage la tradition de la lecture intrinsèque de l'œuvre). Il faut mettre en relation ses pratiques avec les systèmes de référence pertinents : les définitions de l'excellence littéraire et philosophique en vigueur à l'époque de ses débuts. On verra apparaître une sorte de somme de tout ce qui est légitime dans les deux champs. D'où la nécessité d'examiner séparément les deux carrières parallèles par lesquelles, entre sa sortie de Normale et 1945, Sartre conquiert la domination absolue de tout le champ intellectuel. Rien n'est plus trompeur, si l'on veut expliquer les propriétés et la fortune d'une œuvre si profondément façonnée par les conditions de production et de reconnaissance, que de prétendre la lire sans tenir compte de cette division, comme font ceux qui aujourd'hui confondent la philosophie et l'œuvre littéraire de Sartre dans le statut indistinct de l'«écriture».

Il faut aussi souligner les effets associés au cumul des deux domaines. Incontestablement, la possibilité de mobiliser dans chaque secteur de la production des ressources puisées ailleurs est fondamentale. Cela ne signifie pas seulement transfert de capital symbolique mais interaction. Entre l'écrivain et le philosophe il y a échanges, non seulement de prestige, mais d'expériences et de procédés.

Anna Boschetti, *Sartre et* Les Temps Modernes, Ch. 1 : «Professeur et créateur», Les éditions de Minuit, 1985, pp. 30-36.

# Dissertation dans la nouvelle

*Geneviève Idt*

*Un échange de procédés entre le philosophe et l'écrivain : Geneviève Idt repère dans les nouvelles du* Mur, *ces «contes philosophiques», quelques traces de la culture khâgneuse, si attachée à la dissertation – sans oublier pour autant leur verve parodique, fort peu scolaire. (Toutes les références renvoient à l'édition Folio, Gallimard, 1972).*

*Découvertes intellectuelles et structure dialectique.* Bien que – ou parce que – Sartre critique toute morale qui fait de l'expérience une valeur[1], chacune de ses nouvelles est le récit d'une expérience : le héros tire la leçon des faits, découvre en vivant une vérité. Ce ne sont pas des intellectuels de profession : on ne sait rien de Pablo, mais les autres sont employé de bureau, femme au foyer, modéliste de tissus, vendeuse chez Burma, futur directeur d'entreprise. Mais c'est une découverte intellectuelle qui les mène tous au dénouement.

Résumées dans le prière d'insérer, les actions se réduisent à un acte d'intellection. Ce sont des regards mais leur objet est intellectuel : personne ne veut «regarder l'Existence», l'un ne «reconnaît» plus son crime, un autre porte un «regard» sur soi, un autre «contemple» ses droits ; les évasions que souhaitent Pablo et Ève sont toutes idéales : l'un veut «jeter sa pensée de l'autre côté de l'Existence», l'autre entrer dans «le monde irréel et clos de la folie».

Le contenu des nouvelles confirme ce que révèle l'analyse du prière d'insérer. Les verbes les plus fréquents, d'après un relevé sur quelques pages d'échantillon dans chaque nouvelle, sont des verbes de perception ou d'intellection : *penser, savoir, sentir, regarder. Intimité*, cependant, est un cas particulier : le langage de Lulu et celui de Rirette s'opposent. Celui de Lulu est essentiellement affectif : elle

---

**1.** Voir dans *La Nausée* et dans *Situations II* le portrait des «professionnels de l'expérience», et l'étude des relations entre l'expérience et le récit, l'anecdote.

*aime, se plaît à, déteste, a horreur de* ; les choses lui *font envie*, ou *plaisir*, l'*embêtent* ou l'*agacent*. Des deux, c'est Rirette la plus intellectuelle, Rirette, la vendeuse de perles fausses chez Burma, et non Lulu, l'artiste. Tandis que Lulu est attentive aux moindres mouvements de son affectivité, Rirette s'interroge sur le mystère de Lulu et prétend la comprendre et la juger ; *penser, savoir, comprendre*, font partie de son vocabulaire, comme la locution *trouver que*, qui exprime un jugement éthique. Cette opposition tendrait à faire de Rirette le personnage central : Lulu est l'objet de sa découverte, Rirette l'observe, l'interroge et tire la leçon des faits.

Cette constatation nous conduit à nuancer le schéma des découvertes intellectuelles analysé par le prière d'insérer. Chaque nouvelle comprend au moins deux découvertes, dont l'une masque l'autre, ou qui, en se succédant, permettent un rebondissement de l'intrigue. Le schéma des intrigues étudié précédemment peut alors s'interpréter en termes de dialectique.

*Le Mur.* La première question, «qu'est-ce que la mort ?», Pablo la pose au début comme un programme de travail pour la nuit :

> *Moi-même je ne réalisais pas encore tout à fait, je me demandais si on souffrait beaucoup, je pensais aux balles, j'imaginais leur grêle brûlante à travers mon corps. Tout ça c'était en dehors de la véritable question ; mais j'étais tranquille : nous avions toute la nuit pour comprendre* (p. 17).

En réalité, la réponse à la question se dérobe. Comme l'infini, la mort ne se définit que négativement. Et le texte le démontre comme un raisonnement mathématique : la terreur de la mort produit des effets physiques indéniables chez Pablo. Et pourtant, il ignore l'objet de cette terreur ; en mesurant les progrès de son indifférence, il doit renoncer à chaque étape à une raison de craindre la mort :

– son indignation devant le médecin belge, symbole de la tyrannie, tombe brusquement, laissant place à «un poids énorme», dont on ignore la raison : «Ce n'était pas la pensée de la mort, ni la crainte : c'était anonyme» (p. 18) ;

– puis, découvrant les effets physiques que produit en lui la perspective de la mort, il perd brusquement toute honte et toute colère : «ce n'était pas la crainte de souffrir qui me faisait transpirer» (p. 21) ;

– enfin, ce n'est pas non plus le regret de la vie qui le fait souffrir : «ça n'était plus comme auparavant... le ciel ne m'évoquait plus rien» (p. 21).

À la fin de cette première étape, Tom résume l'aporie où se trouve Pablo : «Il faudrait que j'arrive à penser... à penser que je ne verrai plus rien, que je n'entendrai plus rien et que le monde continuera pour les autres. On n'est pas faits pour penser ça» (p. 23) ; et Pablo confirme :

*Je ne voulais plus penser à ce qui arriverait à l'aube,*
*à la mort. Ça ne rimait à rien, je ne rencontrais que*
*des mots ou du vide* (p. 26).

Pablo pose donc la question en d'autres termes ; renonçant à penser à la mort, il pense à la vie dans la perspective de la mort. Il portait sur la mort des jugements de réalité. Sur la vie, il porte des jugements de valeur : «elle ne valait rien, puisqu'elle était finie» (p. 27). Et Pablo énumère tout ce que la mort a «désenchanté» : l'amour (p. 28), les objets (p. 29), la perception du corps (p. 30), pour laisser place à la seule perception du temps qui passe. La vie est donc réduite à une forme vide.

La fin du texte tire les conséquences logiques de cette découverte. Puisque la vie n'a pas de valeur, les activités humaines sont «comiques» : la mimique dominatrice de l'officier (p. 33), les «petites activités» et les «petits manèges» des hommes, mais aussi bien l'obstination de Pablo à ne pas livrer Gris (p. 35). Car Pablo intègre dans la même absurdité sa propre attitude et celle des phalangistes :

*Je me représentais la situation comme si j'avais été un*
*autre : ce prisonnier obstiné à faire le héros, ces*
*graves phalangistes avec leurs moustaches et ces*
*hommes en uniforme qui couraient entre les tombes ;*
*c'était d'un comique irrésistible* (p. 36).

La fin, qui associe l'évocation du cimetière et de la mort de Ramon Gris au rire de Pablo, donne une conclusion paradoxale au problème posé au début : on ne peut pas penser la mort, donc il faut réfléchir sur la vie ; la vie est «comique», donc la mort aussi est «comique». La nouvelle est conduite comme une dissertation philosophique : posé d'une certaine manière, le problème est insoluble ; une définition par les contraires conduit à un retournement paradoxal de la situation initiale et des idées reçues.

*La Chambre* pose un problème philosophique que le prière d'insérer schématise, et dont il déforme un peu la conclusion : celui de la folie. Les deux parties de la nouvelle expriment deux attitudes à l'égard de la folie : celle de la société et celle du philosophe, avec, en filigrane, le discours des médecins qu'utilisent différemment la société et le philosophe.

M. Darbédat résume la conception de la folie qui ressort des conduites sociales au début du XX$^e$ siècle. Les fous sont des êtres qu'il faut enfermer (p. 44-45) dans les prisons confortables (p. 45) parce qu'ils se sont placés «en dehors de l'humain» (p. 59) : «Pierre n'est plus un être humain». Refusant les valeurs, le fou est à la fois un malade et un coupable : «Pierre n'était pas responsable. Mais, tout de même, il avait toujours porté cette tare en lui ; elle formait le fond de son caractère» (p. 50). Par voie de conséquence, chercher à comprendre le fou, c'est se laisser gagner par une contagion : ce faisant, Ève ressemble à Phèdre, monstre sacré possédé par les passions, et son entreprise est «au-dessus des forces humaines» (p. 55). C'est au nom d'un «humanisme» que la société écarte celui qui ne s'adapte pas.

Ève représente l'antithèse de cette attitude : elle cherche à comprendre la folie de l'intérieur, et se débat dans un faux problème : faut-il dire, avec Franchot, Franchot le franc, détenteur de la vérité, que «tous les aliénés sont des menteurs» (p. 70) ? Le prière d'insérer l'affirme. Mais le texte n'est pas si net : Ève ne peut pas trancher ; elle est enfermée dans une série de propositions contradictoires : «À certains moments, Ève avait l'impression que Pierre était envahi malgré lui [...]. Mais à d'autres moments, Pierre avait l'air d'inventer» (p. 69), «il ment [...] il ne ment pas» (p. 72).

Le dernier paragraphe, qui commence ironiquement par «Récapitulation», donne la conclusion et sort du faux problème abordé par Ève. Curieusement, cette conclusion rejoint le matérialisme de Franchot : la vérité du fou, c'est sa dégradation physique : «Un jour, ces traits se brouilleraient, il laisserait pendre sa mâchoire, il ouvrirait à demi des yeux larmoyants» (p. 77). Cette phrase décrit le fou comme on décrit les cadavres. Ce que confirme l'attitude d'Ève, qui baise la main du fou comme on baise celle des morts. Cette conception démythifie à la fois la théorie de Darbédat et celle d'Ève : le fou n'est ni un coupable, ni un inspiré ; il est physiquement un malade. On reconnaît, dans ces trois parties de la nouvelle, la structure dialectique d'une dissertation en trois points.

*Erostrate.* La construction dialectique, dans *Erostrate*, est plus subtile parce qu'elle ne suit pas l'ordre du texte : la conclusion du raisonnement est donnée dans la première page. Pour rétablir le mouvement dialectique, il faut chercher la thèse dans la lettre de Paul Hilbert : c'est la vision humaniste qu'il attribue à ses destinataires. Les humanistes admirent dans l'homme ce qui le distingue des mammifères inférieurs : sa main préhensile, la station debout, son regard. Paul Hilbert critique cette thèse en opposant à cette admiration son dégoût pour l'homme (p. 92), puis une raison plus sérieuse, qu'on pourrait nommer, en termes anachroniques, la «répression» et la «récupération» humanistes : l'humanisme imprègne le langage même. La seule solution qu'offre Paul Hilbert, c'est le crime.

Le crime anti-humaniste est-il possible ? C'est l'antithèse. Elle est posée (p. 95) quand Paul Hilbert espère bouleverser «sa laideur trop humaine» par un crime. La réalité montre que cette solution est impraticable ; Paul Hilbert renonce à son crime avant même de l'avoir commis : il n'en a plus envie ; puis, une fois le crime commis, il le regrette, et la fin scelle sa réconciliation provisoire avec les hommes : «je leur ai ouvert la porte».

La synthèse est donnée au début, début dans l'ordre de la narration, mais fin dans l'ordre de la fiction : le seul remède contre l'humanisme, c'est «la perspective plongeante» (p. 81). «Quelle est ma supériorité sur les hommes ? Une supériorité de position, rien d'autre : je me suis placé au-dessus de l'humain qui est en moi et je le contemple» (p. 81). Contre l'humanisme, la seule solution est philosophique : c'est le dédoublement de la lucidité et de la conscience réflexive. La solution est dans la réflexion et non dans l'action.

*Intimité* parodie à la fois la dissertation de morale et la forme dégradée qu'elle prend à l'usage des faibles femmes dans les réponses au courrier du cœur. Sa construction est bien dialectique, même si le sens en est parodique. Le problème posé est bien celui d'une leçon de morale pratique, quoiqu'un peu osée, ou d'une lettre de lectrice à son journal favori : Lulu a épousé un impuissant, doit-elle le quitter ? Première réponse, celle de l'hédonisme, celle de Lulu : elle ne le doit pas, puisqu'elle n'en a pas envie. Deuxième réponse, celle de Rirette, fondée sur une morale du bonheur et sur les droits de la passion : elle n'a pas le droit de gâcher sa vie, de «jouer avec son Bonheur». Troisième réponse, celle que formule la lettre de Lulu, conforme à une morale altruiste et humaniste du devoir : elle ne doit pas partir, sinon son mari, trop malheureux, n'aurait plus «figure humaine» (p. 150). Et la découverte finale de Rirette est parodique ; c'est à la fois le «happy end» de l'histoire attendrissante, et la conclusion lénifiante des dissertations moralisantes : «alors tout le monde est content».

G. Idt, Le Mur *de Jean-Paul Sartre, techniques et contexte d'une provocation*,
Larousse, 1972, pp. 34-39.

# *Dialectique dans l'autobiograhie*

*Philippe Lejeune*

*Toujours la dialectique – cette «logique de la temporalité» dont Sartre parle dans* Situations, IV. *Ph. Lejeune, dans une étude devenue classique, en analyse le fonctionnement, et les séductions, dans* Les Mots. (*Références : collection Folio, 1972*).

L'ordre dialectique aura la priorité absolue pour la construction du récit : et toutes les *articulations dialectiques* devront être représentées comme des schémas de *succession historique*. Si l'ordre chronologique se trouve par chance coïncider avec l'ordre dialectique, il sera respecté. S'il s'arrange mal avec lui, on l'arrangera. Et s'il ne s'arrange pas du tout, on le violera froidement sans même prendre la peine de s'en cacher. L'ordre dialectique se sert du droit du plus fort, et il a le cynisme du loup en face de l'agneau : l'agneau a toujours tort. Il peut par exemple troubler l'eau en amont du point où il boit, exactement comme un événement survenu à l'âge de dix ans peut causer une réaction à l'âge de sept ans. Si ce n'est lui, c'est donc son frère. Ça n'a pas d'importance. Il y a dictature de la dialectique, et la chronologie n'a qu'à obéir et filer doux. En fait, tous les événements survenus entre 1909 et 1916 sont traités comme appartenant à une vaste synchronie, et l'ordre de leur entrée dans le récit dépend uniquement de leur *fonction* dans la mécanique dialectique : le paradoxe est que le récit se présente *en même temps* comme entièrement diachronique, et qu'il insiste de manière scrupuleuse et cynique sur les datations.

Les séquences chronologiques naturelles reprises dans le récit sont très peu nombreuses : ordre de l'apprentissage de la lecture (ne pas savoir lire, le désirer, apprendre à lire, lire), de l'écriture littéraire, de quelques portions de carrière scolaire – cela ne va guère plus loin. Et l'ordre chronologique est intérieur à ces séquences, et ne concerne guère le rapport des séquences entre elles. Pour le reste, le récit présente effrontément comme chronologiques des articulations purement logiques entourées d'un chaos de dates. L'exemple le plus frappant est naturellement celui du passage de la première à la seconde partie :

> *N'importe : ça ne tournait pas rond.*
> *Je fus sauvé par mon grand-père : il me jeta sans le vouloir dans une imposture nouvelle qui changea ma vie* (p. 116).

Ce moment dramatique a l'air de séparer un avant d'un après. Or, avant, il y a un nombre considérable d'événements et d'états qui se situent de 1909 à 1915 ; après, un événement de 1912. Mais le lecteur ne s'étonne pas que l'événement qui change tout se situe avant ce qu'il doit changer. Il est, tout au long du livre, stimulé par des formules dramatiques qui persuadent parce qu'elles font plaisir : «Il n'y eut rien. Pourtant mes affaires allaient de mal en pis» (p. 89), ou bien : «Il était temps : j'allais découvrir l'inanité de mes songes» (p. 120), ou : «C'était trop beau pour durer» (p. 131), etc. Cette dictature ingénument cynique de la dialectique, sur laquelle s'appuie le narrateur, le

**253**

lecteur croit en découvrir le modèle chez le héros, comme si, d'une certaine manière, l'adulte répétait au niveau des techniques de narration les ruses de l'enfant, de la même manière qu'il répète ses singeries dans les effets de son style :

> *Par bouderie, je maintenais, martyr inexorable, un malentendu dont le Saint-Esprit lui-même semblait s'être lassé. Pourquoi ne pas dire mon nom à cette ravissante admiratrice ? Ah ! me disais-je, elle vient trop tard. – Mais puisqu'elle m'accepte de toute façon ? – Eh bien c'est que je suis trop pauvre. – Trop pauvre ! Et les droits d'auteur ? Cette objection ne m'arrêtait pas : j'avais écrit à Fayard de distribuer aux pauvres l'argent qui me revenait. Il fallait pourtant conclure : eh bien ! je m'éteignais dans ma chambre, abandonné de tous mais serein : mission remplie* (p. 161).

Tel est le récit «fignolé» par l'enfant. C'est d'ailleurs la loi de tout récit : le sens détermine les événements, et non le contraire. Tous les récits sont construits à partir de la fin[1]. Rien ne sert de chicaner le détail : c'est le sens qui finira par avoir raison. Pour l'enfant, il faut qu'il meure inconnu. Pour l'adulte qui écrit *Les Mots*, il faut que l'enfant finisse fou. Si un événement est gênant, on l'écarte. Toutes les solutions que l'enfant pourrait trouver, l'adulte les écarte. Si la comédie qu'il joue marche mal, il faudra en trouver une autre. Mais si elle marche bien, c'est pareil. Tantôt ce n'est pas assez beau pour durer, tantôt c'est trop beau. De toute façon, l'enfant doit finir fou, mais heureux : névrose accomplie. Dans certaines articulations (par

---

**1.** Voir G. Genette, *Figures II*, éd. du Seuil, 1969, p. 97. Les analyses de G. Genette sur fonction et motivation font écho aux remarques de Valéry et de Sartre sur l'imposture de tous les récits, construits implicitement à partir de leur fin (voir Valéry, *Œuvres*, Bibliothèque de la Pléiade, t. II, 1960, p. 776-777 ; Sartre, *La Nausée*, coll. «Livre de Poche», 1961, p. 60-63) : dans *Les Mots* même, le narrateur stigmatise l'illusion rétrospective telle que la pratiquent les biographes dans les «vies» d'hommes devenus célèbres, et l'application perverse que l'enfant fait de ces récits à son propre cas (p. 168-173). Mais cette illusion n'est-elle pas à l'œuvre aussi dans *Les Mots* ? Sartre répond à cela en écrivant «Reconnue, cette erreur d'optique ne gêne pas : on a les moyens de la corriger» (p. 169) : ne serait-ce qu'en montrant le décalage entre l'avenir imaginé, et l'avenir tel qu'il s'est réalisé.

exemple p. 131-140), ce n'est même plus la chronologie qui est violée, mais le sens de l'événement. Si l'enfant trouve une solution heureuse, on décrète que c'est trop beau pour durer. Il faut donc trouver un événement pour rompre ce bonheur et pour mener à l'étape suivante, la rêverie sur le mythe de l'écrivain. Ce sera l'intervention du grand-père, acceptant la vocation d'écrivain. Ce succès apparent va donc être travaillé dialectiquement en catastrophe. Écrivain, oui, mais gratte-papier ! Le lecteur, embarrassé de la subtilité de ces analyses, finit par comprendre qu'il s'agit de faire jouer à un événement qui se trouvait pour une fois à la bonne date, un rôle pour lequel il était mal préparé.

C'est le sens qui dicte, et jamais la chronologie : si on n'a pas, pour le moment dont on parle, des matériaux susceptibles d'illustrer le sens que l'on veut produire, on les prendra deux ans avant ou trois ans après, en le signalant d'ailleurs au lecteur : «Deux souvenirs me sont restés, un peu postérieurs mais frappants» (p. 91 ; ce qui importe, c'est qu'ils soient frappants). Et pour passer de l'exposé sur l'Écrivain-Héros à celui qui porte sur l'Écrivain-Martyr, on construit un événement à retardement, à dire vrai assez proche de l'après coup freudien (à cette différence, cependant, que la réactivation du souvenir est consciente) : «Deux ans plus tôt, pour m'éveiller à l'humanisme, il m'avait exposé des idées dont il ne soufflait plus mot, de crainte d'encourager ma folie mais qui s'étaient gravées dans mon esprit. Elles reprirent, sans bruit, leur virulence (...)» (p. 150).

Cette dictature du sens s'étale donc sans scrupule. On songe à la désinvolture provocante avec laquelle Sartre annonce, au début de sa biographie de Flaubert, s'interrogeant justement sur l'*ordre* à suivre : «On entre dans un mort comme dans un moulin.» Dans l'enfant qu'on fut aussi. Mais le moulin, ce n'est pas le désordre des ouvertures, permettant n'importe quel trajet : c'est l'ordre d'un engrenage. C'est le grand moulin de la dialectique.

Jusqu'ici, j'ai fait semblant de défendre l'ordre chronologique, en mettant en évidence les différents «trucages» dont se sert Sartre. Il était nécessaire de procéder ainsi pour montrer la toute-puissance de l'ordre dialectique. Reste qu'on ne saurait accuser Sartre de trucage que s'il s'en cachait – or, il donne au contraire toutes les indications chronologiques qui permettent d'y voir clair –, et que si l'ordre chronologique était une sorte d'étalon-or de la vérité : or l'ordre chronologique n'a pas plus de vérité en soi que le mètre-étalon déposé au pavillon des Poids et Mesures, pas plus de vérité que les axes des coordonnées par rapport aux fonctions auxquelles ils servent de référence. Mais avant même de faire le procès de la chronologie, et de montré le bien-fondé et l'intérêt de la technique de Sartre, je voudrais souligner son efficacité.

La dictature de la dialectique, j'ai essayé de le montrer plus haut, donne au récit une structure dramatique qui tient en haleine le lecteur du début à la fin : avouons que rares sont les autobiographies qui produisent cet effet. Elles pèchent toutes par l'excès inverse, même quand le narrateur intervient dans son récit pour le dramatiser : car alors, il intervient de l'extérieur, comme un *deus ex machina.* Tandis qu'ici, l'ordre même d'enchaînement des éléments du récit suffit à créer cet effet. Il le fait d'autant mieux que le rythme du récit est très vif et nerveux : pas de temps mort, pas de monotonie non plus : les accélérations fulgurantes, des retournements de situation viennent sans cesse renouveler l'espèce de suspense sur lequel est fondé le livre. Le rythme ordinaire des autobiographies ressemblerait plutôt à celui d'un feuilleton romanesque : l'attente vague de l'avenir et les prémonitions sont amorties par les loisirs de l'écriture, qui donnent dans le texte même l'image d'une durée molle et fluctuante, et de lointains embrumés. Dans *Les Mots,* au contraire, le rythme est celui d'une pièce de théâtre, il obéit aux impératifs de la représentation scénique : déployer dans un temps limité, avec le maximum de netteté, toutes les étapes d'un projet. D'où la netteté, mais aussi la dureté des contours : ni lointains, ni flous.

En même temps qu'elles entraînent le lecteur, cette densité et cette tension le fascinent, c'est-à-dire, lui interdisent toute autre attitude que l'adhésion ou le refus : la plénitude du sens fait qu'aucune marge n'est laissée, par exemple, à l'interprétation du texte. 1) *Tous* les éléments du récit sont explicitement signifiants : alors que souvent dans les récits autobiographiques, la pertinence tend à se relâcher, et que le récit flotte autour des sens explicités, laissant une marge à l'interprétation du lecteur, ici le récit est ajusté, sens et récit sont coextensifs et absolument indissociables. 2) Toutes ces significations renvoient à un système unique au sein duquel elles s'articulent : il est impossible de les arracher à leur fonction dans ce système, impossible d'imaginer un autre système qui rende compte de l'ensemble des éléments signifiants : cela est extrêmement remarquable. Très souvent, dans la mesure où les autobiographes ne sont pas capables de dominer leur vie, ils sont aussi incapable de *fermer* la structure de leur texte. Au mieux, ils organisent l'incertitude du sens dans un système d'ambiguïté, et donnent le spectacle du *jeu* de l'interprétation : c'est le cas de Rousseau affronté à des contradictions intérieures ; de Gide construisant avec une ruse diabolique *Si le grain ne meurt* sur l'emploi simultané d'une double problématique (celle du péché et celle de la nature) ; de Leiris louvoyant avec la psychanalyse. Ici, rien de tel, le texte se présente comme un bloc, comme une totalité inentamable. Si nous avons cru y apercevoir une faille, c'était une faille intérieure à la logique (à la folie) du système, et qui assure son fonctionnement. La seule retraite qui reste à un lecteur sceptique, mais naturellement incapable de proposer une autre interprétation, c'est de voir, dans cette perfection et cette omniprésence de la dialectique, une conduite de protection. Hypothèse que Claude Burgelin a avancée pour rendre compte de la prolifération totalisante de *L'Idiot de la famille*[1], et qu'on pourrait aussi avancer pour expliquer la densité des Mots. Toutes les issues du texte qui pourraient mener à une réflexion psychanalytique sont impeccablement bouchées, soit par les interventions de compères psychanalystes, soit par de petits développements préventifs (note de la p. 48)[2]. Mais porter un tel diagnostic de «conduite de protection» sur la fermeture du texte, n'est-ce pas soi-même chercher à se protéger d'un texte qu'on ne déclare peut-être fermé que parce qu'il est ouvert sur une vérité dernière difficilement supportable : à savoir que la névrose est *politique ?*

Au demeurant, cette dictature du sens dans le récit n'a rien d'étouffant. À lire nos analyses sans avoir lu *Les Mots*, on imaginerait au mieux une œuvre abstraite et sèche, au pire un récit à thèse. Quiconque a lu *Les Mots* sait qu'il n'en est rien. Le très grand succès

**1.** Claude Burgelin, «Lire *l'Idiot de la famille ?*», *Littérature*, n° 6, mai 1972, p.115.
**2.** Pour une mise au point sur l'attitude de Sartre face à la psychanalyse, voir James Arnold et Jean-Pierre Piriou, *Genèse et critique d'une autobiographie* : Les Mots *de Jean-Paul Sartre,* Archives des Lettres Modernes, éd. Minard, 1973.

**257**

du livre le prouve : c'est même un livre qu'on peut lire sans être du tout familiarisé avec la pensée de Sartre : tout au plus sera-t-on gêné par quelques formules, ou traînera-t-on un peu vers le milieu de la seconde partie. Pour le reste, on aura cette impression de «vécu» et de «pris sur le vif» que l'autobiographe vise souvent sans arriver à la donner. C'est que, s'il n'y a aucune partie du récit qui ne soit explicitement signifiante, réciproquement, il n'y a pratiquement aucune signification qui ne s'explicite à travers un récit (récit qui peut d'ailleurs être condensé dans un mot, une phrase, ou s'étendre aux dimensions de la scène ou de l'anecdote) ou à travers une description, un mime «phénoménologique» : le sens jaillit de la technique même de description du vécu concret, où chaque geste, chaque conduite est décrite en dégageant les lignes de force, le sens du *projet* qu'elle manifeste. Cette technique très efficace avait déjà été employée par Sartre dans un de ses premiers récits, *L'Enfance d'un chef*, qui n'est pas sans ressemblance avec *Les Mots* : parodie du récit d'enfance, essai d'analyse de l'origine d'une névrose, démystification ironique d'une conduite de mauvaise foi[1]. En effet la description «phénoménologique» rend sensible (et donc comique) le décalage entre l'apparence de la conduite et sa fonction réelle. Plus la description est ramassée, plus le décalage éclate ; très souvent, elle est concentrée dans un mot d'esprit, où l'on aurait tort de voir simple jeu d'un style à facettes. C'est l'imposture ou la mauvaise foi qui sont visées et atteintes en leur centre[2].

Il y a donc fusion du récit et de la dialectique, aussi bien au niveau de la phrase ou du paragraphe, grâce au style «phénoménologique»

---

**1.** On est tenté de superposer ces deux récits, non seulement à cause des nombreux éléments que Sartre a empruntés à sa propre enfance pour les utiliser dans la fiction de *L'Enfance d'un chef*, mais pour montrer les analogies dans le système descriptif et explicatif de l'origine et des manifestaions de la névrose. Mais, du point de vue qui m'intéresse ici, il faut aussi voir la différence : dans une fiction, l'écrivain n'est plus gêné par la chronologie, rien ne l'empêche de construire l'histoire à partir de l'analyse, très classiquement. D'où le développement strictement linéaire et très simple du récit. Le récit suit l'ordre d'une histoire construite à partir de l'ordre de l'analyse. Une vie réelle ne se laisse pas faire si facilement.
**2.** La densité est produite par un travail très serré *d'écriture* : allusions culturelles, pastiches, jeux sur le style indirect libre, mélanges subtilement violents de style hyperlittéraire et de brusquerie orale. Voir sur ces problèmes l'étude de Jacques Lecarme déjà citée.
Ce style ironique s'estompe fatalement lorsque Sartre raconte oralement sa vie au lieu de l'écrire, par exemple dans ses interviews (cf. le récit de son adolescence fait à la demande de Francis Jeanson, dans *Sartre dans sa vie*, éd. du Seuil, 1974). Lui-même s'est longuement expliqué sur ce décalage et cette inégalité stylistique entre l'*écrit* et l'*oral* dans son interview au *Nouvel Observateur* du 23 juin 1975.

qui dégage l'intentionnalité, qu'au niveau global du livre, grâce à l'articulation dialectique de toutes les intentions ainsi dégagées.

Ph. Lejeune, «L'ordre du récit dans *Les Mots* de Sartre», *Le Pacte autobiographique*, 1975, Le Seuil, pp. 227-232.

# La Philosophie, servante de la vie

*Serge Doubrovsky*

*La maîtrise dialectique affirmée dans* Les Mots, *Sartre peut-être ne l'a que lentement conquise. Dans les* Carnets, *selon Serge Doubrovsky, le principe («vraiment vie et philo ne font plus qu'un») cache une dissymétrie :* philosophia ancilla vitae – *la rationalité ne serait que rationalisation.*

## Brouillage posthume

Ce qui s'est passé récemment de passionnant et sur quoi portera notre attention, c'est que ce «jeu du je», non moins savamment réglé chez Sartre que chez Proust, vient d'être déréglé, brouillé, bref, remis en cause par l'ensemble des publications d'outre-tombe mentionné au début. On aurait pu croire que ces pages retrouvées, ces fragments à la fois nouveaux et anciens, prendraient simplement leur place historique, dans le long procès de l'autobiographie sartrienne, qu'ils apporteraient quelques traits complémentaires à l'autoportrait, sans en déranger la belle ordonnance. Or, je crois, c'est l'inverse qui se produit : une subversion subtile déloge soudain ou déporte la maîtrise prétendue du discours sur soi, parasite le sens affiché, y introduit un désarroi aussi imprévu qu'involontaire.

Une remarquable machinerie textuelle se constitue sous nos yeux. D'abord, avec les *Carnets,* ce que j'appellerai un «intertexte». Le contenu traditionnel du journal intime (anecdotes personnelles, choses vues, états d'âme, examens de conscience, résurgences de mémoire, etc.) est entrelacé de passages proprement philosophiques où s'élaborent des concepts clés (néant, liberté, authenticité, etc). Il ne s'agit nullement d'ajouts disparates, mais justement d'un *tressage du vécu et du théorisé*, se produisant l'un l'autre en un mouvement sinon simultané, du moins *contemporain*, et non pas *rétrospectif*, comme dans le *Discours de la Méthode*. C'est un peu comme si l'on avait, rabattus en un seul texte, *L'Être et le Néant* et *Les Mots*. Nous assistons à une sorte de genèse existentielle de la théorie, à son surgissement et à sa constitution dans la vie du théoricien. Liaison d'autant plus rare et précieuse, que la théorie s'empresse, pour se sentir indépendante et valide, de trancher en général ce lien. Le plus illustre précédent serait sans doute ici *L'Interprétation des rêves*. Ou, peut-être, chez Sartre même, la façon dont Roquentin tire de ses bouffées délirantes la substantifique moelle des théories sur l'«absurdité» ou la «contingence». Mais, dans *La Nausée*, le didactisme se plie au projet romanesque, qui le contient et le limite. La recherche, dans les *Carnets*, se donne libre cours, au fil d'un quotidien improvisé et imprévisible, lequel, contrairement au pseudo-vécu de la fiction, n'est pas ordonné d'avance par une intention et qui demeure, par définition, immaîtrisable.

L'«intertexte» se redouble de ce que l'on pourrait nommer un «contre-texte», en l'occurrence, les *Lettres* : sur une période qui va de novembre 1939 à mars 1940, et quasiment au jour le jour, nous disposons d'une *seconde* version des *mêmes* faits et gestes consignés dans les *Carnets*, et ce, avec des variations minimes ou des écarts hautement significatifs, qu'il nous faudra interroger. Le bel équilibre interne des *Carnets* (destinés à la publication) est fragilisé, contesté ou renversé par un texte jumeau et antithétique (à l'intention de destinataires privés). Si bien que nous assistons à une confrontation inattendue – et cette fois non dirigée, organisée par l'auteur – entre le «sujet philosophique» et le «sujet autobiographique». Désormais, la «vérité» n'est plus énoncée et installée en un texte privilégiée ; elle s'éparpille, se répartit entre les textes. Plus exactement, elle se joue (ou se noue) à leur jointure, s'expose à leur entrecroisement, se donne dans leur interface. En somme, le lieu du vrai est *l'entre-deux*. On verra que ce n'est pas tout à fait par hasard qu'est appelé ici un terme à connotation sexuelle.

### Un exemple approprié
Toute notre analyse tournera donc autour de cette déclaration de Sartre, déjà citée et essentielle à nos propos :

*Vraiment vie et philo ne font plus qu'un. (*Lettres, *II*, p. 39).

Unité qui ne va point sans quelque ambiguïté, univocité qui n'est pas, et Sartre est le premier à s'en rendre compte, sans équivoque. Ne pouvant, dans les limites de ce travail, suivre cette proposition fonda-mentale à travers les méandres infinis d'un jaillissement d'écriture torrentiel, je choisirai d'examiner un exemple. C'est, je crois, un exemple approprié : celui de l'*appropriation*. Notion dont Sartre entreprend l'étude rigoureuse et détaillée dans ses *Carnets* (pp. 292 sqq.) et, si l'on peut dire, *catégorie-miroir*. Elle renvoie au sujet auto-biographique le geste même par lequel, ressaisissant en une totalisa-tion cohérente le sens d'une vie, il la reprend et la récupère. Geste que redouble, à un niveau abstrait, celui du sujet théorique qui, à son tour, fondant en vérité, en raison démonstrative, l'histoire d'un Moi singu-lier, l'assimile et le digère dans le système. Pour l'écrivain intimiste, par le biais de la notation ou de l'examen, comme pour le penseur universel, au moyen d'une instrumentalité conceptuelle, comprendre, c'est toujours *s'approprier*. Mais cette compréhension n'est qu'un cas particulier d'un désir de préhension plus vaste ; il est lié, en fait, à la nature même du désir et du rapport au monde que celui-ci institue :

> *tout désir particulier est une spécification du désir du monde... Désirer un objet c'est désirer le monde en la personne de cet objet. À présent, que désire-t-on de l'objet ? On désire se l'*approprier. *Qu'est-ce donc que l'appropriation ?* (p. 292).

Voici qu'en ce *Vendredi 23 février* (1940), au cœur des *Carnets* le soldat-philosophe de la «drôle de guerre» lance lui-même la «drôle de question», celle qu'était sans doute pour Oedipe l'énigme du Sphinx, et que nous relancerons à sa suite.

Accompagnons-le pas à pas. Il commence par renvoyer dos à dos idéalisme et réalisme traditionnels : «Une substance ne peut s'appro-prier une autre substance. L'appropriation a un tout autre sens phy-sique» (*ibid.*). Serait-ce alors le droit d'usage défini par la «propriété» ? Ce sens jurique abstrait ne règle pas la question. Par contre, les formes de *possession magique* peuvent guider la réflexion :

> *la propriété est le prolongement du pour-soi dans l'en-soi.* S'approprier quelque chose, c'est exister dans cette chose sur le mode de l'en-soi (p. 294).

La définition de l'appropriation renvoie donc à un mode symbolique d'existence pour un sujet : «Ceci nous amène à l'origine du symbole, dont je parlerai demain». (*ibid.*). Notation importante et qui rappelle qu'il s'agit bien d'un *journal*, dont la datation même ancre la réflexion généralisante dans le flux d'un quotidien singulier.

Ce quotidien fait d'ailleurs curieusement retour, après trois pages d'analyses philosophiques serrées, sous forme d'une entrée personnelle, voire intime :

> *Ce que reflète mal ce carnet-ci (à partir du 20 février) c'est l'état d'énervement et d'angoisse où je suis à propos de quelque chose qui va très mal là-bas, à Paris... Aujourd'hui la cause est difficile mais je ne suis pas coupable. Et puis je tiens à T. comme à la prunelle de mes yeux...*
>
> *T. me voit en ce moment comme un bouc obscène. Ça me fait le même effet de scandale que quand je voyais moi, sur les nombreux récits de ceux qui le connaissaient, Jules Romains comme un ladre. J'ai devant moi, comme devant lui, cette même impression d'un défaut injustifiable mais qui est dépassé de toute part par la liberté. Je me fais un peu horreur, quoique je sache que ce reproche n'est pas bien juste, et je veux changer. (*Carnets, p. 295*).

Le contraste est saisissant, la rupture de ton frappante, entre le discours dialecticien assuré en sa maîtrise conceptuelle et celui de l'«homme», empêtré dans la plus pure mauvaise foi. Car si le «reproche» n'est pas juste, pourquoi «se faire horreur» ? Si l'on n'est pas «coupable», pourquoi donc vouloir «changer» ? Et comme la «liberté» vient à point nommé «dépasser» de toute part «un défaut injustifiable» ! Lequel, au fait ? Et de quoi s'agit-il en ce mystérieux embrouillamini qui fait suite à une démonstration limpide ? «T. me voit en ce moment comme un bouc obscène».

Diantre ! Mais qu'est-ce qu'un «bouc obscène» ? Sartre ne le dit pas. Il ne nous livre qu'une amorce, comme il ne nous donne que l'initiale de «T». Discrétion oblige. Nous voilà de retour aux dissimulations chiffrées, aux ruses retorses de l'écriture intimiste (ô Stendhal !). Mais de l'écriture, personne n'est maître. Le secret de cette affaire ténébreuse est celui de polichinelle : «je tiens à T. comme à la prunelle de mes yeux». À la bonne heure : tenir à quelqu'un, c'est vouloir à tout prix garder pour soi ; garder pour soi, bien sûr, c'est une façon de s'approprier. De quoi était-il question dans l'analyse philosophique ? De l'appropriation, justement. «Comme c'est curieux ! Quelle bizarre coïncidence !», dirait Ionesco. Mais revenons en arrière, reprenons la démonstration théorique : «S'approprier quelque chose c'est exister dans cette chose sur le mode de l'en-soi». Le texte ajoute aussitôt :

> *(Le cas de la possession d'une personne aimée est plus compliqué mais nous le laisserons volontairement de côté, car il n'est pas premier)* (p. 294).

Mais si cette mise entre parenthèse était une simple dénégation ? Si ce qui est bien «premier», en ce *Vendredi 23 février*, est le cas de la possession d'une personne aimée ? Évidemment, si on «tient» à une personne, elle vous tient ! Rappelons que la «magie» devait «guider» la réflexion philosophique (p. 293). L'exemple le plus longuement développé, sur plus de vingt lignes, est celui de l'«homme» et de la «femme» possédés. De la femme, on est aisément débarrassé :

> *la coutume de brûler les veuves malabraises, bien que barbare en ses résultats, s'entend fort bien dans son principe. La femme a été* possédée. *Elle fait donc partie du mort, elle est morte en droit, il n'y a plus qu'à l'aider à mourir* (p. 293).

La femme, une fois possédée, «fait partie de l'homme» : voilà qui est rassurant ; mais l'homme, à son tour, peut être possédé : «il est lui-même donné comme *appartenant à...*» (p. 293). L'homme possédé est, en fait, un homme dépossédé de soi, – notamment s'il «tient comme à la prunelle de ses yeux» à quelqu'un, «là-bas», qui lui échappe... Il ne s'agit, d'ailleurs, pas seulement d'un phénomène psychique, mais physique : «Je constate qu'on dit d'un homme que c'est un possédé lorsque les démons sont en son corps» (*ibid.*). L'incarnation démonique transforme donc l'être humain en une sorte de satyre dionysiaque : de là, évidemment, à «le voir en bouc obscène»...

À une lecture attentive, les deux entrées du carnet, qui semblaient se succéder sans autre rapport que de pure contiguïté, se recoupent et se redoublent ; apparemment séparées, sur le plan de l'énoncé (analyse philosophique, aveu personnel) comme sur celui de l'énonciation (discursivité abstraite, notation intimiste), elles sont reliées, «tressées» par une torsion secrète du fil de l'écriture. L'examen conceptuel est entièrement appuyé, modelé sur l'expérience, Sartre dirait l'*Erlebnis* passionnel qui le sous-tend ; l'examen de conscience est clos par la conceptualité ainsi constituée : défaut-dépassé-par-la-liberté. Le développement, linéaire en sa surface, est, en réalité, circulaire : le problème (majeur) qui se pose alors est de savoir si ce cercle est vicieux.

## Une question déplacée

La question fondamentale que présente la trame même des *Carnets*, en tant qu'ils unissent texte intime et texte philosophique, me paraît donc celle-ci : la *rationalité,* qui se propose à partir de l'examen de mon existence, n'est-elle qu'une *rationalisation*, que mon existence m'impose ? Cette question, que la plupart des penseurs évitent prudemment de confronter *(sic, N.d.E.)*, c'est, je crois, l'immense mérite, l'intrépidité juvénile de Sartre, de l'exhiber sous nos yeux, crûment, avec une franchise exemplaire. Dans *L'Être et le Néant*, et, à plus forte raison, dans la *Critique*, il reviendra à l'impersonnalité traditionnelle du sujet philosophique. Mais si, en droit, la philosophie elle-même est bien ce désir d'appropriation totale du monde, que décrit parfaitement Sartre, que peut faire d'autre le philosophe que *théoriser à l'infini son désir dans son discours* ? L. Goldmann soulignait que, dans le domaine des sciences humaines, il y a toujours coïncidence partielle du sujet et de l'objet de la connaissance. Recoupement et chevauchement de la théorie et de l'existence sont dès lors inévitables : lorsque Freud, au terme du chapitre II de *L'Interprétation des rêves*, déclare que «tout rêve est un accomplissement de désir», il est évident que le désir qui se donne en premier lieu dans cette formule est celui du théoricien du rêve ! Même dans les sciences exactes, il ne serait sans doute pas exagérément difficile de montrer que le théoricien pense être vrai ce qu'il désire être vrai. Seulement, bien sûr, si la pensée scientifique ou «sublimée» reste sous la coupe du principe de plaisir, la connaissance n'est possible que confrontée au «principe de réalité» et rectifiée par l'«épreuve de réalité». La «mauvaise foi» de l'attitude philosophique est, si l'on peut dire, de bonne foi, dans la mesure où péché avoué est à demi-pardonné : le pseudo-détachement de soi et du monde est un *moment,* nécessaire à la saisie du monde et de soi, qui appelle sa *correction.* D'où la litanie des «je veux changer», «il faut changer», qui ponctue les analyses successives des *Carnets* de Sartre :

> *Ce que j'ai compris c'est que la liberté n'est pas du tout le détachement stoïque des amours et des biens. Elle suppose au contraire un enracinement profond dans le monde et on est libre* par-delà *cet enracinement...* (p. 356).

Enracinement qui implique que l'authentique philosopher ne sera plus désormais une simple façon de penser, mais une manière de vivre. *Par-delà* donc le Sartre/Roquentin se profile le futur apôtre de l'«engagement». Seule, une nouvelle praxis échappant à la solitude truquée de l'acte réflexif ouvrira à la réflexion de nouvelles voies. En conclusion, dans le texte double des *Carnets,* s'il y a intrication, imbrication des deux parties, si l'écriture se love et se replie sur elle-même, il n'y a point duplicité. La circularité est ici un processus incontournable, qui tient à la nature du *sujet.* Rappelons-nous ce que dit judicieusement M. Smith à la fin de *La Cantatrice chauve* : «Prenez un cercle, caressez-le, il deviendra vicieux !» Le cercle herméneutique, lui aussi, n'est vicieux qu'à partir du moment où on le caresse.

Le malheur, c'est que, tout en dénonçant sa «mauvaise foi», Sartre la choie. Il la choisit. Et s'il la cultive, c'est qu'elle le protège. «Je n'essaie pas de protéger ma vie après coup par ma philosophie», disait-il. Non, il ne la protège pas «après coup», mais *dans le coup,* si l'on peut dire, tandis qu'il va, pour lui et pour nous, philosophant...

S. Doubrovsky, «Sartre : retouches à un autoportrait (une autobiographie visqueuse)», *Lectures de Sartre,* Cl. Burgelin éd., P.U. Lyon, 1986, pp. 102-106, 110-111.

# L'émotion esthétique et la visée éthique

## Rhiannon Goldthorpe

*Francis Jeanson avait opposé, dans le théâtre de Sartre, la fin (libération) et les moyens (fascination) ; Rhiannon Goldthorpe analyse les entrelacs de l'éthique et de l'esthétique dans* Les Mouches, *en partant d'un personnage censément négatif, Électre. La philosophie, donc, surprise ou contestée par le théâtre[1].*

Comment s'équilibrent, pour finir, les effets moraux et esthétiques de la pièce ? Les réactions d'ordre émotif devraient, semble-t-il, paraître, dans la pièce, d'un point de vue moral, négatives ; ce que confirme notre examen antérieur de la théorie sartrienne. Mais l'intensité dramatique et pathétique de la pièce repose largement sur le personnage moralement négatif, qui, par le biais de sa capacité de mauvaise foi émotive, est capable aussi d'imaginer et de créer des mondes de joie et d'horreur, ou bien d'inventer un langage poétique et incantatoire qui transcende le monde réel. Notre réaction positive, de lecteurs ou de spectateurs, à cette intensité dramatique, est susceptible d'obscurcir la signification morale de la pièce. Faut-il pourtant après mûre réflexion, considérer notre implication émotive comme une simple réaction passagère à des techniques traditionnelles ? Avons-nous le sentiment que l'auteur attend et suggère que nous réévaluions, de manière rétrospective, notre réaction ? C'est loin d'être clair, et on ne peut assurer que Sartre utilise simplement des procédés accessoires, qui font appel à l'imagination et à la poésie, afin d'attirer le spectateur dans un piège émotionnel d'où il devrait par la suite se sortir. Nous avons déjà vu que Sartre attribue à Electre, dans sa danse de joie, la création d'une atmosphère dramatique qui, par son effet rituel, hiératique, mythique, correspond étroitement à sa propre définition du but recherché par l'expression théâtrale : «un grand phénomène religieux et collectif» (*Un théâtre de situations,* p. 62). De plus, l'attitude

---

1. *Esquisse d'une théorie des émotions* est cité dans l'édition Hermann, tirage de 1975 ; *L'Imaginaire,* dans l'édition de 1940 ; *Situations, II* dans la collection Blanche, et *Un théâtre de situations* dans la collection Idées (ces trois derniers textes chez Gallimard).

de Sartre à l'égard de ces facultés étroitement apparentées que sont l'émotion, l'imagination, et la créativité poétique est ambivalente. Il distingue à juste titre les «sentiments» (l'aspect affectif de l'expérience en général) et les émotions proprement dites, et soutient avec constance que les réactions affectives qui accompagnent nos perceptions révèlent des qualités et des structures réelles du monde ; il est cependant déconcertant de lire, dans un ultime revirement de l'*Esquisse d'une théorie des émotions,* que ces émotions particulières qui jusqu'alors étaient considérées comme de répréhensibles «conduites d'*évasion*» (p. 45) constituent aussi une «intuition de l'absolu» (p. 56), une intuition authentique de qualités absolues de joie et d'horreur dans le monde. L'émotion, d'autre part, implique que la réalité soit transcendée par l'imagination ; celle-ci est définie dans *L'Imaginaire* à la fois comme un «savoir dégradé» et comme un aspect fondamental de la libre créativité propre à la conscience humaine (pp. 82 et 236-237). Le langage de la poésie («l'émotion devenue chose», *Situations, II*, p. 69) est, comme l'émotion elle-même, une «conduite d'échec» (*Esquisse*, p. 23 ; *Situations, II*, p. 86) : c'est un symptôme de l'incapacité de l'homme à utiliser le langage comme un moyen visant une fin pratique dans le monde. Pourtant l'échec que représente l'expression poétique, qui représente elle-même l'échec de la réflexion «pure», comporte paradoxalement sa propre valeur absolue et cathartique : «l'échec seul, en arrêtant comme un écran la série indéfinie de ses projets, rend [l'homme] à lui-même, dans sa pureté» (*Situations, II*, p. 86). C'est encore dans le contexte inattendu de *Qu'est-ce que la littérature ?* que nous trouvons une description et une justification de la figure poétique d'Electre : dans le monde de la poésie, «l'action, détachée de ses buts qui s'estompent, devient prouesse ou danse» (p. 85).

Si l'on garde présente à l'esprit cette attitude ambivalente de Sartre envers le monde de l'émotion, de l'imagination, de la poésie, on pourra peut-être tempérer l'impression désagréable qu'en réagissant émotionnellement, plutôt que réflexivement, aux pièces de Sartre, l'on n'est point son spectateur idéal. Mais escompte-t-il que son spectateur ou son lecteur soit capable de réflexion pure, capable de se libérer de l'inauthenticité de ses états émotifs, de son Ego, de son passé «objectivé», et de ses valeurs constituées pour se disposer aux nouveaux départs que

Sartre préconise ? Loin de là : «Ce que l'écrivain réclame du lecteur ce n'est pas l'application d'une liberté abstraite, mais le don de toute sa personne, avec ses passions, ses préventions, ses sympathies, son tempérament sexuel, son échelle de valeurs» (p. 100). En outre, la réaction émotive se voit maintenant associée à la liberté psychologique : «l'on voit des gens réputés pour leur dureté verser des larmes au récit d'infortunes imaginaires : ils étaient devenus pour un moment ce qu'ils auraient été s'ils n'avaient passé leur vie à se masquer leur liberté» (p. 101). Il semble en fait y avoir une tension fondamentale entre l'analyse théorique que Sartre donne de l'émotion comme une forme de la *mauvaise* foi et sa conviction que la réaction émotive à une œuvre d'art peut être un moyen d'affirmer, plutôt que de masquer, sa liberté. Et cette tension n'est pas résolue par les arguments sartriens, selon lesquels les émotions suscitées par un objet esthétique sont libres, puisque non conditionnées par la réalité extérieure, ou puisque la croyance et la passivité inhérentes à une réaction émotive sont croyance choisie et passivité choisie (pp. 100-101). Dans d'autres contextes moins polémiques, Sartre continue de soutenir que nos réactions, quelles qu'elles soient, ne peuvent jamais être totalement conditionnées par la réalité extérieure, et qu'elles sont toutes choisies, réflexivement ou non. À ce point, pas de solution non plus à tirer de la référence superficielle que Sartre fait à la fonction de la distance esthétique (*Situations, II*, p. 99).

Ne serait-il pas alors plus adéquat, en vérité, de parler d'un renversement radical, plutôt que d'une tension fondamentale, entre la vision initiale de l'émotion, essentiellement négative, et la façon plus positive dont Sartre par la suite envisage la réaction émotive devant l'œuvre d'art ? L'évolution de l'attitude de Sartre envers les relations de l'émotion, de l'imagination, et de l'art semblerait suggérer un tel renversement. Nous avons déjà vu qu'il cherche à exploiter l'imaginaire et le mythique afin de permettre une réaction émotive et esthétique. Mais une réaction dans quel but ? Dans *Qu'est-ce que la littérature ?* (1947), nous découvrons que ce but doit être moral. L'œuvre d'art devrait nous aider à réaliser, mutuellement, notre liberté métaphysique et politique : «au fond de l'impératif esthétique nous discernons l'impératif moral» (p. 111). Cette assertion contredit absolument une définition antérieure des relations entre expérience esthétique et action morale ; dans la conclusion de *L'Imaginaire*, Sartre écrit ceci :

*La contemplation esthétique est un rêve provoqué et le passage au réel est un authentique réveil. On a souvent parlé de la «déception» qui accompagnait le retour à la réalité. Mais cela n'expliquerait pas que ce malaise existe, par exemple, après l'audition d'une pièce réaliste et cruelle, en ce cas, en effet, la réalité devrait être saisie comme rassurante. En fait ce malaise est tout simplement celui du dormeur qui s'éveille : une conscience fascinée, bloquée dans l'imaginaire, est soudain libérée par l'arrêt brusque de la pièce, de la symphonie, et reprend soudain contact avec l'existence. Il n'en faut pas plus pour provoquer l'écœurement nauséeux qui caractérise la conscience réalisante.*

*De ces quelques remarques on peut déjà conclure que le réel n'est jamais beau. La beauté est une valeur qui ne saurait jamais s'appliquer qu'à l'imaginaire et qui comporte la néantisation du monde dans sa structure essentielle. C'est pourquoi il est stupide de confondre la morale et l'esthétique.*

Étant donné cet apparent retournement, il est peut-être significatif que *Les Mouches* soit, à la fois chronologiquement et théoriquement, situé à un point médian entre *L'Imaginaire* et *Qu'est-ce que la littérature ?*. Là où la pièce est esthétiquement satisfaisante, elle s'avère moralement ambiguë ou négative ; là où Sartre cherche à exprimer un message moral univoque, dans une forme dramatique conventionnelle, il n'emporte la conviction sur aucun des deux plans. De telles tentatives, et de tels échecs, deviennent moins fréquents au fur et à mesure que le théâtre de Sartre se développe. En fait, malgré les affirmations catégoriques de *Qu'est-ce que la littérature ?*, le renversement n'est jamais complet ni permanent. Lorsque, dans *Le Diable et le Bon Dieu*, nous regardons les gestes charismatiques de Gœtz, ou lorsque nous partageons la réclusion hystérique et obsessionnelle de Frantz von Gerlach dans *Les Séquestrés d'Altona*, il se peut bien que nous ne soyons pas immédiatement saisis par le libre et généreux désir de changer le monde réel ; nous risquons plutôt de rester pris dans une contemplation fascinée. Car la vitalité dramatique des pièces «engagées» de Sartre réside dans le fait qu'il présente des héros problématiques qui, à l'instar d'Electre, Gœtz, ou Frantz, créent leurs propres univers privés, à la signification magique – chercheurs d'absolus, dévorés de culpabilité, déchirés par la passion, obsédés. Dans la théorie sartrienne de l'émotion et dans son incarnation dramatique, mais aussi dans toute l'œuvre, les conclusions du moraliste-penseur et la sensibilité de l'artiste sont souvent en désaccord ; ces deux points de vue opposés peuvent soit résister à toute synthèse dramatique ; soit enrichir la texture d'une œuvre précisément par le biais des tensions dramatiques qu'ils engendrent. Les meilleures pièces de Sartre impliquent notre engagement esthétique en faisant naître tant des émotions complexes qu'une conscience réflexive ; c'est seulement sous forme de résumé qu'elles peuvent être dépourvues d'ambiguïté morale.

R. Goldthorpe, «*Les Mouches* : emotion and reflection», *Sartre : literature and theory,* Cambridge University Press, 1984, pp. 79-83. Traduction J.-F. Louette avec l'aide d'Andy Rothwell.

# III. Littérature et Histoire

## Les Mouches, *pièce résistante*

*Ingrid Galster*

> *Bien des censeurs de la onzième heure mettent en cause le rôle de Sartre durant l'occupation allemande. Voici les conclusions d'une enquête scrupuleuse conduite par Ingrid Galster (dont sont ici malheureusement supprimées les notes) ; il s'agit des* Mouches.

On sait que les occupants tenaient à maintenir l'apparence d'une normalité dans le secteur culturel et que chaque manifestation légale appuyait donc forcément leur stratégie. Or, dans le cas du théâtre, la clandestinité était exclue. «On ne peut pas jouer une pièce sous le manteau comme on distribue une brochure», écrit Jacques Duchesnes en avril 1944 à l'égard du théâtre parisien dans un organe de la Résistance extérieure. Fallait-il pour autant renoncer au théâtre ? Les résistants eux-mêmes ne le pensaient pas ; dans le cas des *Mouches*, ils avaient, en outre, approuvé la représentation au préalable. Cet accord vaut à notre avis plus qu'un jugement rétrospectif basé sur des connaissances dont les auteurs de l'époque ne disposaient pas, à savoir que le libéralisme culturel était une arme stratégique.

Quand on aborde, ceci posé, la question, il y a assez d'arguments en faveur d'une classification des *Mouches* comme pièce résistante. Compte tenu des faits que Sartre avait essayé de monter le groupe de Résistance *Socialisme et Liberté* quand il se mit à la rédaction des *Mouches,* qu'il faisait partie de deux organisations de la Résistance intellectuelle et participa à leurs réunions clandestines, qu'il écrivit des articles contre les collaborateurs dans *Les Lettres françaises* (clandestines) et donna un texte à *Combat* (clandestin), on ne saurait plus parler de «Résistance par hasard» à propos des allusions visant, dans *Les Mouches*, le méaculpisme vichyssois. Pourtant il est vrai que les opposants intellectuels en zone occupée avaient établi certaines règles que

Sartre a heurtées. «[...] La première règle sur laquelle s'accordèrent les intellectuels résistants, c'est qu'ils ne devaient pas écrire dans les journaux de la zone occupée», écrit Simone de Beauvoir dans ses Mémoires. Sartre a cependant publié un compte rendu dans le premier numéro de *Comœdia* et donné l'interview à propos des *Mouches* à un journaliste du même journal ainsi qu'un court texte à la mort de Giraudoux. Les démystificateurs qui lui gardent rancune de ces infractions oublient cependant de noter que Sartre abandonna la chronique littéraire de *Comœdia* tout de suite après la sortie du premier numéro et qu'il refusa aussi de collaborer dans la *N.R.F.* de Drieu La Rochelle, bien qu'on le lui eût demandé. Le fait qui, à notre avis, pèse plus lourd que les trois articles publiés dans *Comœdia*, c'est que Sartre ait consenti à faire monter sa pièce par Dullin qui, s'il n'était pas un collaborateur, fut quand même en assez bons termes avec les autorités occupantes et les milieux de la Collaboration. Il faut pourtant croire que certaines compromissions étaient inévitables pour les Français qui poursuivaient leur travail en zone occupée. À la Libération, Sartre caractérisait l'ambiguïté de l'horreur régnant dans «Paris sous l'occupation», en notant qu'elle était intolérable et qu'on s'en accommodait en même temps fort bien ; Maurice Merleau-Ponty écrivit, lui aussi, à la même époque :

> *La vérité est que chacun a composé avec la nécessité extérieure, sauf quelques-uns qui ont donné leur vie. Il fallait ou bien cesser de vivre, refuser cet air corrompu, ce pain empoisonné, ou bien vivre, c'est-à-dire se ménager dans le malheur commun un réduit de liberté privée, et c'est ce que la plupart ont fait.*

De fait, plus d'écrivains ont «composé avec la nécessité» qu'on n'a pu le supposer jusqu'ici. Même la communiste Elsa Triolet publia sa «prose de Résistance» *Mille Regrets* chez Denoël, l'éditeur des œuvres antisémites les plus connues de l'époques. Les éditions Gallimard, où parurent *Les Mouches* et *L'Être et le Néant*, bien que leur rôle fût du reste assez ambigu, ont cependant refusé de publier, «pour pénurie de papier», *Les Décombres* de Lucien Rebatet (670 pp.), ce qui valut à l'éditeur l'anathème de *Je suis partout* et à

Sartre une dénonciation – toutefois tardive – de Rebatet. Si, pour pouvoir attribuer à un texte l'épithète «résistant», on devait tenir compte de chaque inconséquence que son auteur a pu commettre dans sa vie sous l'occupation, la littérature de la Résistance se réduirait probablement à un corpus assez maigre. Sartre lui-même ne surestimait d'ailleurs pas sa position en se considérant rétrospectivement comme «écrivain qui résistait» et non pas comme «résistant qui écrivait».

Reste le critère de la réception. Celle-ci compense, à notre avis, le compromis auquel Sartre avait consenti en acceptant que *Les Mouches* fussent montées au théâtre de la Cité. Si le fait que Sartre appartint au C.N.E. et que ce fut Leiris qui rendit compte de la pièce joua sans doute un certain rôle pour l'accueil favorable dans l'organe de la Résistance intellectuelle, celui-ci n'en est pas moins une réalité. Il est vrai que le nombre des intellectuels clairvoyants et des disciples de Sartre qui ont saisi pleinement l'appel à la liberté était probablement assez restreint ; néanmoins la pièce renforça la solidarité des opposants entre eux, comme les défenses contre la critique collaborationniste le prouvent. Quant à la jeunesse intellectuelle, qui s'identifia instinctivement avec la vision du monde proclamée par Oreste, si la pièce ne l'incita pas à commettre des attentats contre les occupants (Sartre l'aurait-il vraiment souhaité ?), l'enthousiasme sans doute souvent irréfléchi constituait, malgré son caractère irrationnel, un bon antidote contre la propagande vichyssoise : en renforçant leur attitude de refus, la pièce rendait les jeunes plus imperméables aux slogans de la Révolution Nationale. Enfin *Les Mouches* n'ont pas offert au «public normal» – une bourgeoisie ni résistante ni collaboratrice mais attentiste – l'occasion de s'évader de la réalité et de voir ses valeurs confirmées. C'est dans la mesure où le théâtre exerçait ces effets qu'il aidait à assurer l'immobilité de la majorité des Français, cette immobilité qui était nécessaire à l'occupant pour exécuter sa politique. Pour cette couche de spectateurs, c'est ce qu'il faut conclure, *Les Mouches* eurent, assez paradoxalement et tout à l'encontre des intentions de leur auteur, quelque chose du «choc de l'incompréhensible» que Th. W. Adorno de l'École de Francfort opposait, en 1962, comme effet esthétique souhaitable, à la littérature engagée qui, par sa nature intelligible, servait, selon lui, malgré elle l'ordre dominant.

Ingrid Galster, *Le Théâtre de Jean-Paul Sartre devant ses premiers critiques*, Gunter Narr Verlag, Tübingen ; Jean-Michel Place, Paris, 1986, pp. 189-192.

# Un rêve, écrire en direct

*Denis Hollier*

*«Les malheurs du temps présent» sont à la fois ceux du temps verbal et du temps réel : à partir d'une analyse des failles propres au système énonciatif de* La Nausée, *Denis Hollier montre comment les mots sartriens tendent à se substituer aux choses de l'Histoire – ou : des difficultés d'engager son style.*

Le déjeuner avec l'Autodidacte étant écrit au présent, ce gonflement temporel somme toute à peine digne de mention en lui-même perd toute crédibilité : ces deux heures en trente pages deviennent en même temps, à cause du présent de leur énonciation, trente pages en deux heures. Ce qui fait du quinze pages à l'heure de moyenne : une cadence infernale, à rendre jaloux Sartre lui-même.

On ne choisit pas son époque. Il n'y a pas lieu de tenir Roquentin pour responsable personnellement des anachronismes qu'il multiplie sur son passage. Sartre plus tard donnera le vrai coupable. «L'avant-guerre ignorait le temps.» Le présent de *La Nausée* est le temps de l'absence de temps.

L'énonciation écrite du déjeuner avec l'Autodidacte est insoutenable, selon les critères de la vraisemblance, pour des raisons qui ne relèvent plus seulement, comme dans la séquence au sandwich, de soucis de savoir-vivre («on n'écrit pas la bouche pleine»), ou, comme dans celle à la pipe, de performances techno-anatomiques («on n'écrit pas les mains pleines»), mais sont liées, plus fondamentalement, à des problèmes relatifs au temps de l'écriture, au rapport de l'écriture et du temps. Roquentin n'a évidemment pas le temps réel ou, comme on dit, le temps matériel d'écrire ces trente pages pendant la durée qu'elles couvrent : ces deux heures, si on voulait à tout prix leur trouver un équivalent plausible, ne conviendraient, à la rigueur, qu'à la durée de leur énonciation orale. C'est à peu près le temps que prendrait leur lecture à voix haute ou l'écoute d'un disque ou d'une bande magnétique sur laquelle on l'aurait enregistrée.

Le récit du déjeuner épouse rigoureusement, de sa nappe narrative, sans lacune et sans supplément, la durée du déjeuner lui-même. Il le double, mais sans le dépasser. Les choses sont accompagnées, immédiatement, par leur doublure verbale comme si elles étaient enregistrées à l'instant précis où elles se produisent, sans l'ombre d'un retard, d'un décalage. Exactement simultané, le récit commence et finit en même temps que les faits qu'il rapporte, mais sans jamais mordre sur eux, empiéter sur le déjeuner lui-même, laisser sa marque sur lui. Il a lieu en même temps que le déjeuner, mais ne se compte pas lui-même parmi les faits qui ont lieu au cours du déjeuner. Pour le dire autrement : il a lieu en même temps que le déjeuner, mais il n'a pas lieu, il n'a pas de lieu ni de place dans ce en même temps que quoi il a lieu. Atopique et inétendu, ce récit est également instantané : il ne prend ni temps ni place. Il perçoit à l'œil. Son écriture, parfaitement gratuite, prétend ne pas entrer en ligne de compte. Gratuity not included : Roquentin n'a même pas le temps de voir qu'il n'a pas le temps d'écrire. «Par exemple, en ce moment j'écris, mais je n'ai pas conscience d'écrire». On ne doit pas remarquer la facture. L'inscription est gratuite. Je pèse mes mots. Mais quel peut être le poids d'une écriture aussi peu onéreuse ?

On pourrait esquisser un gestuaire des actes de paroles. La prière, par exemple, se récite à genoux, en baissant la tête, les mains jointes. Le serment se prononce debout, la main droite tendue en avant. Une ritualité gymnastique permet aux mots de prendre corps. Un écrivain qui promet doit d'abord se lever. Il en va de même pour un écrivain qui s'engage. Il faut qu'il quitte sa chaise, sa table, sa bouteille d'encre, cette feuille de papier, etc. Mais l'écriture est une activité désespérément assise. Sans doute est-ce un peu mieux que le lit ; ça reste pourtant à mi-chemin de la verticale.

Il y a bien eu, dans l'histoire de la littérature, quelques dictateurs. Montaigne se promenait et son scribe notait. Quand l'écrivain se lève, c'est qu'il n'est pas tout seul ; ses verticales reposent toujours sur le dos des autres. Au reste, si Roquentin avait eu un secrétaire ou une script-girl, ça se serait fait remarquer quelque part. Les scribes sont tarifiés. La solution de la bande magnétique qu'il aurait recopiée lui-même, de retour à l'hôtel, ne peut pas être retenue davantage en 1932 : on ne choisit pas son époque et le séquestré de Bouville aurait pu être le père de l'homme au magnétophone. Les interviews se font encore à la main ou de mémoire.

Le fait est d'ailleurs qu'il n'avait pas à attendre les progrès de la technologie des media pour s'enregistrer. Il a sa babillarde, lui aussi, qui suit chacun de ses mouvements, en direct, comme un scripteur omniprésent : «Maman, les choses sont délivrées de leurs noms... Le mot reste sur mes lèvres, maman.»

Roquentin journaliste de soi-même, ne se lâche pas d'une semelle : dès qu'elle passe au présent, l'écriture de *La nausée* n'a plus rien à voir avec celle d'un journal intime. Ce qu'on peut appeler son «style direct libre», ce mélange de descriptions, de monologues plus ou moins intérieures et de dialogues, fait d'elle, au lieu du journal écrit pour lequel elle veut se faire passer, le transcript d'un journal parlé. Vous êtes branché sur le sujet. Avant même l'intervention des media (Roquentin n'écoute jamais la radio), l'autobiographie parlée est parasitée par l'immédiat.

(...)

Mallarmé exceptait, c'est son mot, la littérature de ce qu'il appelait l'«universel reportage». Dans un mouvement inverse, Sartre militera pour faire reconnaître le statut littéraire du journalisme, plus encore : pour imposer le reportage comme genre pilote pour la littérature du présent. «Le reportage, écrit-il dans la «Présentation des *Temps modernes*», fait partie des genres littéraires et il peut devenir l'un des plus importants d'entre eux.» De l'écrivain comme correspondant : il correspond à son époque parce qu'il correspond avec elle, parce que, à travers lui, elle se correspond. Le modèle américain, c'était Hemingway. Le rival français, Camus. Écriture efficace, minutée ; proximité des rotatives ; fraternité des typos : le journal est un mini-groupe en fusion qui défait les mythes hautains de la tour d'ivoire ou du sixième étage. Il doit sortir à l'heure, ponctuel comme un train ou un avion. On a vu Sartre, au lendemain de la guerre, payer de sa personne et de sa plume pour la promotion du genre. Au-delà de ce tribut anecdotique, la structure du reportage rejoint le plus constant fantasme sartrien, celui d'une écriture sans différence, sans décalage horaire, qui collerait au présent, une écriture rigoureusement contemporaine de ce dont elle parle. De notre envoyé spécial : les bananes sont meilleures sur place, *on the spot*. Et quand je dis «une banane», je n'entends pas l'absente de tout régime. En bon journaliste, Sartre romancier a toujours commencé par utiliser ce qu'il avait sous les yeux.

On se rappelle la scène des *Mots* : «Je marche, maman, je bois un verre d'eau.» Elle a trouvé son titre : *Poulou reporter*. «Je décrivais ce que je voyais, ce qu'Anne-Marie voyait aussi bien que moi, les maisons, les arbres, les gens...» Dans «Qu'est-ce que la littérature ?», ça s'appellera dévoiler. Mais c'est exactement le même bavardage qu'on entendait dans le commentaire perpétuel de Roquentin : «Il faut dire comment je vois cette table, la rue, les gens, mon paquet de tabac.» On a vu que le présent s'y perdait et que l'écriture y perdait le temps. C'est tout dire sur la quantité de réel programmée dans le désir journalistique sartrien. A coller au présent de trop près, les mots prennent sa place. Le triomphe du direct, c'est le circuit fermé, les media tournent en vase clos, n'ont plus d'autre objet qu'eux-mêmes, trouvent leur fin en soi. Le reportage n'est plus la relation d'un événement, mais l'événement lui-même. Son propre reportage préoccupe le présent comme un parasite qui le doublerait avant même qu'il se soit produit. Rien n'aura eu lieu qu'un reportage. L'actualité se réduit à sa couverture. Pourtant, si un présent se laisse reporter, personne n'est en position de dire à quand c'est. Qui parlait d'écriture sans différence ? D'une écriture qui ne prenne pas de temps ? D'un monde où les choses et les mots seraient contemporains ? Roquentin, bien sûr, n'avait pas le temps réel d'écrire ses trentes pages. Mais le temps réel n'est pas fait pour écrire. Son récit, avec son apparence de présent, fait semblant de s'écrire en même temps que se déroulent les événements qu'il rapporte. Mais il s'écrit en même temps dans un autre temps. C'est cela : en même temps et dans un autre temps en même temps : le reportage simule.

On peut imaginer sans trop de risques que c'est en février 1932 que Sartre et Roquentin se sont mis, ensemble, à la rédaction, celui-ci de son journal et l'autre de *La nausée*. Auteur et personnage, comme un seul homme, commencent à écrire un seul et double texte, leurs deux mains à l'unisson tenant un seul stylo. Cet impeccable ensemble pourtant ne survivra pas à l'instant du départ. Sartre et Roquentin commencent par tenir en même temps le journal du second, mais celui-ci ne tarde pas à se détacher, prend la tête et sème son auteur en quelques jours. Il atteindra, en un mois juste, le point final qu'il faudra six ans à l'autre pour rejoindre. Sartre, en bon romancier, commençait déjà en direct, par ce qu'il avait sous les yeux. Jusqu'à ce qu'il le perde de vue. On ne sait d'ailleurs toujours pas ce que Roquentin a pu faire en attendant que Sartre en ait fini avec sa nausée. Entre le 29 février 1932 et le printemps 1938.

Denis Hollier, «Les Malheurs du temps présent», *Politique de la prose. Jean-Paul Sartre et l'an quarante*, Gallimard, 1982, pp. 128-133.

## *Le temps des bâtards historiques*

*François George*

*Dans un livre étonnant et souvent brillant, aujourd'hui épuisé en librairie, François George essaie de replacer la trajectoire sartrienne dans une situation historique ouverte par le régicide de la révolution française, et dominée par l'absence de la figure du Père. De là une hardie comparaison entre De Gaulle et Sartre, deux bâtards historiques – ce que seul le second assume.*

On n'a rejeté en vérité qu'un père réel, qui était faux : ainsi, Louis XVI, lourdaud incapable. Le problème, c'est que le vrai père est devenu inaccessible et que le monde est hanté par son fantôme. D'une certaine manière, il faut le faire être, le représenter, et telle est la vocation de la bâtardise[1]. Ce père inconnu, incertain, d'un côté il est nié, de l'autre il est sublimé, idéalisé. Le héros a la légitimité d'Oreste : Egisthe est lui-même un usurpateur, il y a là davantage qu'une simple projection défensive. Comme l'a bien vu Hegel, le héros, ce bâtard de Dieu – on pourrait dire aussi sa veuve, puisque le fantasme du paranoïaque, comme nous l'a appris le justement célèbre président Schreber, est d'être la femme de Dieu – est *passif*. Et Napoléon en avait bien conscience, lui qui se plaignait d'avoir un «maître sans entrailles», qui gouvernait ses mouvements, lui ne sachant pas où cet Autre voulait le faire aller. «Je me sens poussé vers un but que je ne connais pas ! Quand je l'aurai atteint, dès que je ne serai plus utile, un

---

[1]. Napoléon se serait écrié à Sainte-Hélène : «Ah ! si j'avais pu naître bâtard ! » Cf. Marthe Robert.

**278**

atome suffira pour m'abattre.» Hegel dit la même chose : «La fin atteinte, ils tombent, balle vide du grain...» Napoléon se rabattra sur une identification au Christ, qui peut paraître surprenante de sa part, mais qui en fait est inhérente au pouvoir moderne, ainsi que l'a suggéré Freud en la retrouvant dans un cas aussi différent en apparence que celui du président Wilson. «J'ai porté la couronne impériale de la France, la couronne de fer de l'Italie, et maintenant l'Angleterre, m'en a donné une autre plus grande encore et plus glorieuse, celle portée par le Sauveur du monde, une couronne d'épines.»

Que le héros disqualifie le pouvoir existant au nom de l'idéal paternel, c'est ce que peut démontrer l'histoire récente. Pétain n'est pas un vrai père, puisqu'il n'a pas su défendre la patrie et l'a livrée à l'envahisseur. Ses relations personnelles avec lui auront sans doute facilité à de Gaulle la tâche du 18 juin. La faillite du père permet au fils de remplir *légitimement* ses fonctions auprès de la mère. «Penché sur le gouffre où la patrie a roulé, je suis son fils qui l'appelle, lui tient la lumière, lui montre la voie du salut... Maintenant, j'entends la France me répondre. Au fond de l'abîme, elle se relève, elle marche, elle gravit la pente. Ah ! mère, tels que nous sommes, nous voici pour vous servir.» Mais il faut rendre aussi à de Gaulle cet hommage d'avoir aperçu de plus loin le problème du pouvoir moderne, et de l'avoir traité, dans la perspective de la pratique, dans *Le Fil de l'Épée*, où il annonce la couleur. «Nos dieux sont décrépits et la misère en tombe», rappelait d'abord cet officier inconnu. D'où une crise pour l'autorité qui doit se trouver un fondement nouveau, car, n'est-ce pas, les hommes ne sauraient se passer de chefs. Et de Gaulle, décrivant tranquillement le rôle qu'il allait jouer dix ans plus tard, énonce cette vérité : le pouvoir ne peut plus avoir d'autre fondement que la certitude narcissique du paranoïaque. Ce que les masses, naguère, accordaient de crédit à la naissance, «elles le reportent à présent sur ceux-là seulement qui ont su s'imposer. Quel prince légitime fut jamais obéi comme tel dictateur sorti de rien, sinon de son audace» ?

(...)

Sartre aura été le contemporain de celui qu'on a pu appeler le légitimiste de soi-même, et en brossant à grands trait la situation historique, nous nous sommes donné les moyens d'approfondir cette relation, d'après une démarche suivie par Sartre lui-même s'agissant de Flaubert et de Napoléon III[1]. D'une vie à l'autre, dit à peu près Sartre, l'époque communique avec elle-même, se forge des symboles qui esquissent sa signification latente et fait transparaître le programme objectif sur lequel tous ont à broder. Sartre s'est bien gardé, assurément, de l'identification qu'il dénonce chez Flaubert – d'un prince de l'imaginaire à l'autre, le Second Empire ayant été un monument d'illusion, de fausseté –, mais une passe d'armes rapide et instructive devait opposer le général au «particulier» philosophe, à propos du tribunal Russell sur les crimes de guerre américains au Viêt-nam[2].

De Gaulle s'est défini comme «un homme jeté hors de toutes les séries»[3], et le père étant, on le verra, la raison de la série, cela veut dire qu'il s'est trouvé hors de père aussi bien que de pair, – un homme seul, n'appartenant à personne, et appartenant à tout le monde, comme il le dira en 1958, qui se trouve donc tout désigné pour être le fondé de pouvoir de l'universel. Hors des séries et du cadre ordinaire, ce héros historique par vocation cherche quelle peut bien être sa place et comment il pourrait se rendre utile. «Utile, comment ? Eh bien, si le peuple le veut, comme lors de la précédente grande crise nationale, à la tête du gouvernement de la République française[4].» Car il a un extrême désir de se justifier, de servir la transcendance, qui pour lui est «Notre-Dame la France», il veut lui rendre, depuis toujours, un «service signalé», tel est le but assigné à sa vie. Que cette certitude s'affaisse, il ne resterait que l'homme «passion inutile» de *L'Être et le Néant*, qui s'enivre solitairement plutôt que de conduire les peuples... C'est en ce sens au fond qu'il confia sur le tard à Malraux : «J'ai essayé de dresser la France contre la fin du monde[5].» En de Gaulle comme chez Sartre on trouve l'affirmation d'une légitimité dédiée à la transcendance maternelle, en l'absence du père empirique failli, raison pour laquelle le génie échoit au fils comme responsabilité à prendre du salut collectif. Écoutons Sartre (qui évidemment n'a pas

---

1. *L'Idiot de la Famille,* tome III.
2. Cf. *Situations, IX.*
3. *Mémoires de guerre, l'Appel.*
4. Conférence de presse du 19 mai 1958. Cf. *Discours et Messages,* tome I, «Avec le renouveau».
5. Malraux, *Les Chênes qu'on abat.*

tout à fait le sérieux de De Gaulle, qui vend la mèche avec humour) : «je voulus devenir un cadeau utile à la recherche de ses destinataires, j'offris ma personne à la France, au monde[1]» Disons que c'est là une attitude très XX$^e$ siècle.

Au départ, il y a une dénégation du père qui place le sujet hors de l'humanité, de l'espèce, comme fils de rien – entré dans l'existence sans billet, sans validation légale, enregistrement symbolique de ces «quelques gouttes de sperme qui font le prix d'un enfant». Mais comme de Gaulle, s'étant exclu de toute place dans la hiérarchie militaire et dans l'État, ne peut plus en retrouver qu'une : à sa tête, parce qu'il n'en a jamais voulu d'autre, étant hors de l'espèce Sartre se rapporte à elle dans son ensemble, comme étant investi de fins supérieures. Nous voyons ici le ressort de ce renversement de la honte en orgueil, dont il difficile d'établir l'ordre chronologique, et qui n'interdit qu'une chose, l'identification sereine de l'homme simplement homme, voyageur comme les autres. Le non-droit, délibérement choisi, ou assumé, se surcompense en légitimité absolue : je suis celui dont l'absence rendrait vain l'univers, vouerait l'espèce au désarroi, l'histoire au chaos. En un mot, comme l'atteste l'absence même d'un banal viatique paternel, un don du Ciel.

Plus ambitieux en un sens que de Gaulle, Sartre s'est donné le mandat de «protéger l'espèce». Au commencement, il y a certes un désordre, il est ce désordre, en tant qu'il subvertit la série, la loi commune, mais, conformément à la théodicée historique, ce désordre est la condition d'un ordre supérieur qu'il va établir ; ainsi l'historicité est justifiée, de même que l'homme de caractère gaullien, pour exercer son utile talent, remplir sa mission, a besoin de la crise, car c'est elle qui destitue le père officiel.

Sartre explique cela très bien quand il expose son roman familial et héroïque : «champion de l'ordre établi, j'avais placé ma raison d'être dans un désordre perpétué.» Ce qui rapproche Sartre et de Gaulle, c'est d'avoir été des enfants de la défaite, celle de 1870 – là encore, Sartre est merveilleusement explicite : «si j'ai commis dans un siècle de fer la folle bévue de prendre la vie pour une épopée, c'est que je

---

1. *Les Mots*, comme toutes les citations de Sartre qui suivent.

suis un petit-fils de la défaite.» Cette simple contemporanéité les rend également sensibles aux éclats de Cyrano de Bergerac, comme aux exploits d'Arsène Lupin, héros solitaire aussi, bâtard qui renaît de ses œuvres, mais nationaliste plus encore qu'anarchiste, qui veut cambrioler l'Europe au nez du Kaiser[1]. Si le mythe de l'époque voue donc ses enfants au don quichottisme, Sartre choisira la voie des belles-lettres, mais aussi par mandat du Très-Haut, il est écrivain comme on est chef : pour ainsi dire de naissance («Or voici qu'on m'avait sondé et que la sonde avait rencontré le roc ; j'étais écrivain comme Charles Schweitzer était grand-père : de naissance et pour toujours»). Cela dit, c'est une mission plus importante que celle des armes ou du pouvoir, l'enfant prédestiné ne doute pas que «les hommes de lettres affrontent les pires dangers et rendent à l'humanité les services les plus éminents». Lui-même là-dessus fait le parallèle avec les soldats («ils risquaient leur vie en francs-tireurs dans de mystérieux combats, on applaudissait, plus encore que le talent, leur courage militaire»), mais en pensant bien que l'homme de lettres, au-delà de la patrie, est donc en rapport avec l'humanité entière ; rapport qui peut être négatif, Flaubert et Mallarmé par exemple ont voulu nuire à l'espèce, mais Sartre, après une brève tentation de suivre ces fâcheux exemples voudra à l'exemple de Corneille être son tuteur.

C'est donc ici que la différence se creuse avec le soldat et c'est ce qu'on pourra voir cinquante ans plus tard. À propos du tribunal Russell, de Gaulle répond à Sartre en propriétaire de l'État, du haut de son fantasme réalisé, sa légitimité ayant pris corps – d'où ce ton de supériorité : mon cher maître, ce n'est pas à vous que j'apprendrai que toute justice appartient à l'État. De Gaulle s'est improvisé héritier, le trône des rois de France étant tombé en déshérence, il est moins fondateur que restaurateur – dans l'imaginaire, évidemment. Bref, dans la crise historique, tandis que de Gaulle a choisi de restaurer la loi ancienne (ce qui objectivement se réduira à une plaisanterie du genre Second Empire), Sartre s'est engagé pour la fondation d'un droit nouveau, ce que de Gaulle ne veut pas voir, pas plus qu'il ne peut se

---

1. Cf. Maurice Leblanc, *813*.

poser la question pourtant décisive : et si l'État est injuste ? Ne doit-il pas exister une justice au-dessus des États, puisque l'événement prouve qu'ils peuvent perpétrer des crimes contre l'humanité ? Bref, c'est bien la loi et la légitimité qui sont en cause. Qui peut exercer la justice, comment l'instituer, puisqu'elle a perdu son fondement transcendant ? Moi-même, répond à peu près de Gaulle, pour avoir pris en charge le pouvoir. Et son «cher maître» auquel Sartre devait réagir vivement, que signifie-t-il sinon ceci : soyez ce que vous êtes, restez à votre place, honorable elle aussi, celle d'un souverain des mots, vous y avez prouvé vos droits et elle vous est attribuée selon l'ordre des choses, je ne songe nullement à vous la contester, que n'êtes-vous mon Flaubert ?

De Gaulle oublie qu'il y a deux types de héros : le guerrier, comme lui, étant entendu que pour lui, la guerre, cela ne veut pas dire se battre sur le terrain, occupation subalterne d'un Patton ou d'un Rommel, mais une certaine manière d'user des signes, un rapport symbolique au pouvoir, la possibilité de prendre authentiquement le ton du maître, et le poète, qui fait un autre usage des signes, irréductible à la dialectique de la domination et de la servitude. Tous deux sont en compétition, mais à des niveaux différents. Sartre le dit bien : il a recherché non pas exactement le pouvoir, mais la *toute-puissance,* et comme celle-ci ne saurait être qu'imaginaire, elle se révèle finalement impuissance, ce qu'il constate dans *Les Mots* avec une amertume légère. Resterait à savoir si le pouvoir d'un de Gaulle était bien réel. Mais surtout, il n'est pas sûr que Sartre soit arrivé au dernier mot de la lucidité. Freud nous permet d'en douter, quand il nous relate les suites du grand événement, le meurtre archétypique du père : longtemps après, un individu s'est détaché des autres, et a assumé le rôle du père, mais obliquement, en poète épique – il a créé le genre. Il a «transformé la réalité dans le sens de ses désirs, il a inventé le mythe héroïque», c'est-à-dire qu'il a imputé le meurtre du père, en fait collectif et brouillon, à un seul héros magnifique auquel il s'identifie secrètement, et dont il fait le plus jeune des fils, le préféré de la mère. Bref, la représentation héroïque du meurtre du père (mais en ce domaine comment distinguer nettement l'acte et la représentation ?) est l'œuvre d'un poète qui a dévoyé les signes de la tribu, qui en un sens est ce héros qu'il invente, définissant du même coup *l'idéal* qui va supplanter le père[1]. – Nous étudierons la *Critique de la Raison dialectique* comme ce qu'elle est malgré certaines apparences, un poème épique, un mythe héroïque[2].

Ce que veut de Gaulle, c'est nier le problème historique : le pouvoir a toujours un propriétaire attitré, la preuve c'est qu'il est là – le roi est mort, vive lui. Sartre pose le problème, laisse l'histoire ouverte. Certes, il n'est pas véritablement un fondateur, il n'en a pas la psychologie, il manifestera au contraire souvent son besoin de ralliement. Par exemple, il dit aujourd'hui que le gauchisme n'existant pas après-guerre, il ne pouvait y adhérer : mais pourquoi ne l'aurait-il pas inventé ? C'est qu'au fond il n'a aucune certitude, son attitude reste interrogative. Sans doute est-il conscient des limites de la réponse qu'il apporte au sujet de la loi. Là où de Gaulle répond : l'État, comme toujours, incarné en un monarque constitutionnel au besoin, Sartre dit : le peuple. «Le fondement de la justice, c'est le peuple..., la source de toute justice est le peuple.» A vrai dire, depuis le mot tonitruant de Mirabeau, cela n'est pas nouveau : c'est à l'époque que le peuple est apparu comme le seul substitut possible à la volonté divine et royale, la *vox populi* a pris la place de la *vox dei*, mais ne lui est-elle pas au fond équivalente ?

F. George, «La bâtardise historique», *Deux études sur Sartre,* C. Bourgois, 1976, pp. 124-131.

---

1. *Psychologie collective et Analyse du Moi.*
2. Je précise dès maintenant que cet *opus magnum* de Sartre ne sera pas pour autant épuisé par une mise en perspective dont la partialité est inévitable.

# Repères et références

# REPÈRES BIOGRAPHIQUES

(Ils sont empruntés avant tout à la précieuse chronologie établie par Michel Contat et Michel Rybalka pour leur édition des *Œuvres romanesques* ; quelque peu aussi aux travaux d'Annie Cohen-Solal et Ronald Hayman : voir bibliographie critique, section II).

**1817**   Naissance de Philippe-Chrétien Schweitzer, qui sera instituteur frondeur ; la première phrase des *Mots* semble faire allusion à son refus (tel Michelet) de prêter le serment de fidélité imposé par Napoléon III aux fonctionnaires ; le 8 mai 1870, il appela à voter non au plébiscite impliquant l'approbation, par-delà les réformes libérales, de leur instigateur supposé, l'Empereur. L'intellectuel, déjà, contre le pouvoir. Philippe-Chrétien devient (quand ? aucune biographie ne le précise) épicier : faute originelle contre l'esprit, premiers démêlés avec le capitalisme. Meurt en 1899.

**1844**   Naissance du grand-père maternel de Sartre, Chrétien-Charles Schweitzer (Karl dans *Les Mots*). Il a pour frères cadets Auguste et Louis (père d'Albert Schweitzer). La famille est de religion protestante. Charles refuse d'être pasteur (il aurait été chassé du séminaire pour une affaire de cœur) et passe l'agrégation d'allemand ; il publiera plusieurs manuels sur l'enseignement des langues.

**1874**   Naissance à Thiviers, en Dordogne, de Marie-Jean-Baptiste Aymard Sartre. Son père, Aymard Sartre, est médecin.

**1882**   Naissance d'Anne-Marie Schweitzer, qui a deux frères aînés : Georges, futur polytechnicien, et Émile, autre professeur d'allemand. Tous sont élevés dans la religion catholique par leur mère, Louise née Guillemin.

**1904**     3 mai, mariage de Jean-Baptiste Sartre (enseigne de vaisseau, sorti de Polytechnique et de l'École Navale) avec Anne-Marie Schweitzer.

**1905**     7 février, naissance de Paul Nizan.
21 juin, naissance, à Paris, de Jean-Paul-Charles Aymard Sartre (après une gestation de dix mois, selon *Les Mots* : surprotection, exception, perfection).
20 juillet, baptême de Jean-Paul.
Première révolution russe.

**1906**     17 septembre, Jean-Baptiste Sartre meurt à Thiviers d'une fièvre contractée en Cochinchine. Anne-Marie retourne, avec son fils, chez ses parents : à Meudon, de 1906 à 1911, ensuite rue Le Goff, à Paris, près du Luxembourg.

**1908**     Naissance de Simone de Beauvoir (9 janvier) et de Maurice Merleau-Ponty.

**1909**     L'œil droit du jeune Poulou est atteint d'une taie, qui lui en fait perdre le plein usage, et amènera son strabisme.

**vers 1912**     Vastes lectures : selon la dichotomie des *Mots*, le «temple» (Rabelais, Corneille, Voltaire, Vigny, Hugo, *Madame Bovary...*), et le «bordel» (*Pardaillan,* feuilleton de Michel Zévaco, *Michel Strogoff, Cri-Cri, L'Épatant...*) ;
Premiers écrits : transposition, en alexandrins, des *Fables* de La Fontaine (Sartre est un La Fontaine du XX$^e$ siècle : «dire le vrai à travers mes fables»[1]) ;

---

1. *Les Mots,* Folio, 1992, p. 174.

«Pour un papillon», «Le marchand de bananes» ; lettre à Georges Courteline.

**1913**   Automne, entrée au lycée Montaigne. Son grand-père l'en retire vite.

**1914**   Fréquente l'école communale d'Arcachon.
Guerre mondiale. Poulou écrit «L'histoire du soldat Perrin», qui triomphe en combat singulier du Kaiser.
Passe un semestre à l'institution Poupon, à Paris. Sa mère l'en retire vite.

**1915**   Octobre, entre comme externe en sixième au lycée Henri IV ; Paul Nizan sera son camarade de classe.

**1917**   26 avril, Anne-Marie épouse Joseph Mancy, polytechnicien (de la même promotion – 1895 – que son frère Georges et son défunt mari, Jean-Baptiste). Le couple s'installe rue Condorcet, Poulou reste chez ses grands-parents.
Octobre, seconde révolution en Russie, les Bolcheviques au pouvoir.
Novembre, Poulou rejoint sa mère et son beau-père (qui prend la direction de chantiers navals) à La Rochelle. Il entre en quatrième au lycée de garçons. Découverte de la violence : bagarres entre potaches, chahuts contre les professeurs, mauvaises relations avec son beau-père.
Un jour de cette année, mort de Dieu : Poulou perd la foi (*Carnets de la drôle de guerre*, Carnet III).

**1915**   Écrit un roman de cape et d'épée sur Götz von Berlichingen.

**1918**   Printemps, on découvre que Poulou volait de l'argent à sa mère pour régaler ses petits camarades ; rupture avec le grand-père, envoi en pension à Paris.

**1920**  Octobre, Sartre, pensionnaire au lycée Henri IV, y retrouve Nizan, qui lui fait découvrir Giraudoux, Gide, Morand, Proust. Sa grand-mère (maternelle) lui fait lire (ou relire ? ) Stendhal.

**1921**  Juin, prix d'excellence, baccalauréat, première partie.

**1922**  Juin, baccalauréat, seconde partie.
Été, écrit *Jésus la chouette, professeur de province*.
Automne, «L'Ange du morbide».
Rentrée : Sartre et Nizan, inséparables (on les surnomme Nitre et Sarzan, ils forment le couple des surhommes) passent au lycée Louis-le-Grand pour préparer le concours d'entrée à l'École Normale Supérieure.

**1923**  Publie, dans *La Revue sans titre*, une nouvelle, «L'Ange du morbide», puis, sous le pseudonyme de Jacques Guillemin, plusieurs chapitres de *Jésus la Chouette*.

**1924**  Entreprend *La Semence et le Scaphandre*.
Sartre, souvent absent, appartient à la race des khâgneux-fantômes. Se prend d'intérêt pour la philosophie, à l'occasion d'une dissertation sur «La conscience de durer».
Lit Conrad, Valéry, Laforgue, Nietzsche.
Août : reçu septième à l'École Normale Supérieure ; il aura pour condisciples, outre Nizan (son «co-turne»), Raymond Aron, Georges Canguilhem, Daniel Lagache, puis Pierre Guille, Jean Hyppolite, Maurice Merleau-Ponty.

**1925**  Septembre, rencontre Simone Camille Sans (plus tard Simone Jollivet). Passion : expéditions ferroviaires à Toulouse (c'est aussi le surnom de la jeune femme).
Mars : joue le rôle de Lanson, directeur de l'École, dans une revue parodique.

**1926**  Septembre : départ de Nizan pour Aden, amitié avec Maheu et Guille.

**1927**  Janvier, publie un article sur le droit dans la *Revue universitaire internationale*.
Écrit *Une défaite*, roman d'inspiration nietzschéenne.
Présente un diplôme d'études supérieures sur «L'image dans la vie psychologique», qui révèle une bonne connaissance de la tradition mystique ; Freud (*L'Interprétation des rêves*) figure dans la bibliographie.
Passe en conseil de discipline pour s'en être pris, dans le journal de l'École, à l'armée française (refus de la préparation militaire supérieure).

**1928**  Écrit *Le second voyage d'Er l'Arménien ou l'Olympe chrétienne*.
Lit les *Cahiers de Malte Laurids Brigge* (Rilke), qui eurent quelque influence sur *La Nausée*.
Échoue à l'agrégation de philosophie ; veut épouser la fille d'un... épicier (sa demande est rejetée).

**1929**  Juillet, rencontre Simone de Beauvoir. Liaison, qui deviendra un mythe du couple rénové (distinction, proposée par Sartre, et appliquée par les deux, de l'amour nécessaire et des amours contingentes, mais pacte de transparence absolue ; collaboration intellectuelle – ils sont l'un pour l'autre le premier lecteur de tout écrit – ; point de procréation).
Reçu premier à l'agrégation de philosophie.
Novembre : service militaire à Saint-Cyr, comme météorologue.

**1930**  Janvier, transféré près de Tours.
Mort de sa grand-mère Schweitzer.
Écrit «La Légende de la vérité», et deux pièces : *Épiméthée,* et *J'aurai un bel enterrement.*

Lit *Le Soulier de satin* (Claudel), *Vol de nuit* (Saint-Exupéry).

**1931**   Nizan publie *Aden, Arabie* ; Sartre, «La Légende de la vérité» (*Bifur*, n° 8, juin 1931).
28 février, démobilisé.
Avril, professeur – à succès – au lycée du Havre. Il y restera durant les années scolaires 1931-1932 (Beauvoir est nommée à Marseille), 1932-1933, puis 1934-1936 (le «Castor» a un poste à Rouen de 1932 à 1936).
Été : voyage en Espagne.
Enthousiasme pour les films de Bunuel, des Marx Brothers.

**1932**   Conférences au Havre sur Joyce, Faulkner.
Commence un «*factum* sur la contingence», d'où naîtra *La Nausée*.
Découverte de Céline (*Voyage au bout de la nuit*), Dos Passos (*Quarante-deuxième parallèle*).
Pâques : voyage en Angleterre ; été : au Maroc et en Espagne.

**1933**   Lit Hemingway (*Cinquante mille dollars, Le soleil se lève aussi*) ; Malraux (*La Condition humaine*).
Découverte de la phénoménologie, grâce à Raymond Aron et à *La Théorie de l'intuition dans la phénoménologie de Husserl* (Lévinas).
Été, voyage en Italie.
Septembre, commence un séjour d'un an à l'Institut français de Berlin. Il succède à Raymond Aron et étudie Husserl (beaucoup), Heidegger (peu). Hitler est au pouvoir depuis le 30 janvier.

**1934**   Achève à Berlin une seconde version de *Melancholia* (*La Nausée*) ; rédige l'essai sur *La Transcendance de l'Ego*.

Été : voyage en Europe centrale avec Beauvoir.
Lit Faulkner (*Tandis que j'agonise*), Kafka (*La Métamorphose, Le Procès*).

**1935**     Injections à la mescaline (Sartre prépare un livre sur l'imagination) ; dépression et hallucinations.
21 mars, mort de Charles Schweitzer.
Nizan publie *Le Cheval de Troie*.
Croisière en Norvège ; Sartre écrit et perd une nouvelle d'atmosphère («Soleil de minuit»).
Noël en Suisse.

**1936**     Sartre publie *L'Imagination*.
Formation d'un trio avec Olga Kosakiewicz, ancienne élève de Beauvoir, et son amante, mais qui se refuse à Sartre.
5 mars, ne vote pas aux élections qui portent le Front Populaire au pouvoir ; mais donne, pour le soutenir, un article (non publié) à *Vendredi*.
Écrit «Érostrate» ; et «Dépaysement» durant un voyage d'été en Italie.
Juillet : début de la guerre d'Espagne.
Rentrée : Sartre nommé à Laon, Beauvoir à Paris.
*Melancholia* est refusé par Gallimard, malgré une bonne appréciation de Paulhan.

**1937**     Publication de «La Transcendance de l'Ego» dans les *Recherches philosophiques*, n° 6.
*Melancholia* est accepté par Gallimard, grâce à Dullin et Pierre Bost.
Parain suggère des modifications (contre l'osé et le populiste), et Gallimard le titre : *La Nausée*.
Juillet, «Le Mur», *Nouvelle Revue Française*.
Été, vacances en Grèce, avec Beauvoir et Jacques-Laurent Bost (un des élèves de Sartre au Havre).
Nommé au lycée Pasteur, à Neuilly.

**1938**    Janvier, «La Chambre», *Mesures.*

Février, «*Sartoris* par William Faulkner», *La Nouvelle Revue Française.*

Avril, parution et succès de *La Nausée* ;

Juillet, Sartre achève «L'Enfance d'un Chef».

Août, «À propos de John Dos Passos et de *1919*», *La Nouvelle Revue Française.*

Août et septembre, «Intimité», *La Nouvelle Revue Française.*

28 septembre, signature de l'accord de Munich. Cette crise sera au centre du *Sursis.*

Novembre : «*La Conspiration* par Paul Nizan», *La Nouvelle Revue Française* (prix Interallié cette même année) ; «Nourritures» (fragment de «Dépaysement»), *Verve,* n° 4.

Sartre écrit quatre cents pages de *La Psyché,* traité de psychologie phénoménologique ; en automne, il commence *L'Âge de raison.*

Sartre rencontre Wanda Kosakiewicz, sœur cadette d'Olga, avec qui il aura une longue liaison, et qui jouera, sous le nom de Marie-Olivier, dans nombre de ses pièces.

**1939**    Février, *Le Mur* (avec deux nouvelles inédites : «Érostrate», «L'Enfance d'un Chef») ; «M. François Mauriac et la liberté», *La Nouvelle Revue Française.*

Juin, «À propos de *Le Bruit et la Fureur* : la temporalité chez Faulkner», *La Nouvelle Revue Française.*

«Portraits officiels», «Visages», *Verve,* n° 5-6.

2 septembre, Sartre est mobilisé et envoyé, comme météorologue, en Alsace. La guerre, dit-il, fut «le vrai tournant de ma vie» (*Situations, X,* p.180). Tient des *Carnets* ; correspondance nourrie avec Beauvoir.

Décembre, *Esquisse d'une théorie des émotions.*

**1940**    Février, permission à Paris ; Sartre est résolu à faire de la politique.

Mars, publication de *L'Imaginaire* ; «M. Jean Giraudoux et la philosophie d'Aristote : à propos de *Choix des élues*», *La Nouvelle Revue Française*.

Avril, deuxième permission ; *Le Mur* reçoit le Prix du roman populiste (accepté «pour le sou»).

23 mai, Nizan est tué au front.

21 juin, Sartre est fait prisonnier en Lorraine ; puis transféré, en août, au Stalag XII D, à Trèves. Il se lie d'amitié avec des prêtres et apprécie, comme à l'École Normale, la vie collective.

24 décembre : Sartre fait jouer *Bariona ou le fils du tonnerre*, pièce qu'il a écrite, mise en scène, et où il tient le rôle d'un roi mage.

**1941**     Sartre obtient sa libération en se faisant passer pour infirme de la vue, donc civil.

De retour à Paris (et au lycée Pasteur), il fonde un groupe de résistance intellectuelle («Socialisme et liberté»), avec, entre autres, Merleau-Ponty, J. L. Bost, J. Pouillon, Jean et Dominique Desanti – outre Beauvoir. Les communistes rejettent une tentative de rapprochement.

Reprend et achève *L'Âge de raison*.

Été : infructueux voyage en zone libre pour développer son mouvement de résistance (tiédeur de Gide et Malraux).

Octobre : prend la khâgne du lycée Condorcet.

Dissolution de «Socialisme et liberté», peu efficace.

Commence *L'Être et le Néant*. Comme au Havre et à Rouen, Sartre et Beauvoir écrivent dans les cafés (Le Flore, La Coupole), vivent dans des hôtels : on s'en offusquera.

**1942**     Termine *Les Mouches*, commence *Le Sursis*.

Cours sur l'histoire du théâtre à l'École d'art dramatique de Dullin (avant tout la tragédie grecque).

| | |
|---|---|
| **1943** | Sartre devient membre du Comité national des écrivains, rattaché au Conseil national de la Résistance, et collabore aux *Lettres françaises clandestines* (notamment un article sur Drieu La Rochelle). |

Février. «Explication de *L'Étranger*», *Cahiers du Sud*.

Avril, «*Aminadab* ou du fantastique considéré comme un langage» (sur Blanchot), *Cahiers du Sud*.

2 juin, première des *Mouches* au théâtre de la Cité (ex-théâtre Sarah-Bernhardt, débaptisé). La pièce a été agréée par la censure allemande (grâce au lieutenant Heller, francophile et anti-nazi, ou par cynisme germain : des jeux à défaut de pain) ; elle est présentée avec l'accord du C.N.E.

Fin juin, parution de *L'Être et le Néant*.

Octobre, «Un nouveau mystique» (sur Bataille), *Cahiers du Sud*.

Sartre se lie avec Camus ; avec Michel et Zette Leiris, Raymond Queneau.

Pour Pathé il écrit plusieurs scénarios : *Les Jeux sont faits, Typhus*.

En quelques jours, rédaction de *Huis clos*.

Simone de Beauvoir publie *L'Invitée*.

**1944**

Mai, fait la connaissance de Jean Genet.

27 mai, première de *Huis Clos*, au Vieux-Colombier.

Juillet-octobre, «À propos du *Parti pris des choses*», *Poésie 44*.

Août-septembre, reportage dans *Combat* sur les journées de la Libération ; «La République du silence», dans le premier numéro non clandestin des *Lettres françaises* (cf. *Situations, III*).

Septembre, constitution du comité directeur des *Temps Modernes* (Aron, Beauvoir, Leiris, Merleau-Ponty, Ollivier, Paulhan, Sartre).

Sartre en congé de l'Université.

Novembre : Sartre remet à Gallimard *Le Sursis et L'Âge de raison*.

**1945**     Janvier, voyage aux États-Unis ; liaison avec Dolorès Vanetti.
21 janvier, mort de Joseph Mancy.
Mars, publication de *Huis clos*.
Avril, «L'homme ligoté : notes sur le *Journal* de Jules Renard», *Messages,* II.
Septembre, publication de *L'Âge de raison* et du *Sursis.*
15 octobre, premier numéro des *Temps Modernes*. Manifeste pour une littérature engagée qui n'oublie pas d'être littéraire. Vogue naissante de l'existentialisme ; hostilité des communistes.

**1946**     Juin, «Matérialisme et révolution», *Les Temps Modernes* ; critique du «néo-marxisme stalinien».
Mars, *L'existentialisme est un humanisme.*
Printemps, retour des États-Unis ; fait la connaissance de Boris et Michelle Vian (avec qui il aura une liaison).
Octobre, *La Putain respectueuse.*
Octobre, Sartre s'installe avec sa mère rue Bonaparte (il y restera jusqu'en 1962).
Novembre, *Baudelaire, Morts sans sépulture ; Réflexions sur la question juive.*
Jean Cau devient le secrétaire de Sartre (il le sera jusqu'en 1957).
Raymond Aron et Albert Ollivier quittent *Les Temps Modernes.*

**1947**     Février, la publication de *Qu'est-ce que la littérature ?* débute dans *Les Temps Modernes* («Le sort de la littérature est lié à celui de la classe ouvrière» ; «La politique du communisme stalinien est incompatible avec l'exercice honnête du métier littéraire» : *Situations, II,* 1948, pp. 277 et 280).
Octobre, *Situations, I.*
Octobre-décembre, Sartre réalise une émission radiophonique, «La Tribune des *Temps Modernes*» ; dirigée

contre les deux blocs et contre De Gaulle, elle est vite supprimée.

**1948**

Février, participation au Rassemblement Démocratique Révolutionnaire (fondé par David Rousset). Entrée de Sartre dans l'action politique directe ; contre la politique des blocs, pour une Europe socialiste et pacifiste. Sartre, Rousset *et alii* publient cette même année des *Entretiens sur la politique*.

2 avril, création des *Mains sales* ; François Périer joue Hugo. L'accueil des communistes est très défavorable.

Mai, parution de *Situations, II*.

Juin, parution de *Situations, III*.

30 juin : éclatement du R.D.R., que Sartre jugeait trop favorable aux États-Unis.

Septembre, parution de *La Mort dans l'âme*.

30 octobre : Un décret du Saint-Office met à l'index toute l'œuvre de Sartre.

Abandonne sa «Morale», à laquelle il travaillait depuis 1947.

Novembre-décembre, *Les Temps Modernes,* «Drôle d'amitié», fragment du tome IV des *Chemins de la liberté.*

**1950**

Janvier, condamne avec Merleau-Ponty, dans un éditorial des *Temps Modernes,* l'existence des camps soviétiques.

Publication, dans *Les Temps Modernes*, de fragments de la préface à Genet à laquelle Sartre travaille.

Début de la guerre de Corée.

**1951**

7 juin, *Le Diable et le Bon Dieu,* mise en scène de Louis Jouvet ; Pierre Brasseur joue Gœtz ; la pièce est publiée en octobre.

Octobre, en Italie, Sartre commence *La Reine Albemarle ou le dernier touriste*, qu'il abandonnera en juin 1952.

**1952**  Janvier : sous l'influence, en partie, de Péju et Lanzmann, récemment entrés aux *Temps Modernes*, rapprochement avec le parti communiste (compagnonnage critique : campagne en faveur d'Henri Martin, matelot déserteur ; «Les communistes et la paix», première partie dans *Les Temps Modernes* de juillet) ; rupture avec Camus.
Sartre lit *Le Coup du 2 décembre*, d'Henri Guillemin – toujours l'*incipit* des *Mots*.
15 novembre, «Mallarmé 1842-1898», *Les Écrivains célèbres*, R. Queneau éd., Mazenod (repris comme Préface aux *Poésies*, Gallimard, collection *Poésie*, 1966).

**1953**  Mai, Merleau-Ponty démissionne des *Temps Modernes*.
Octobre, *L'Affaire Henri Martin* ; dont Sartre a rédigé la partie polémique.
14 novembre, première de *Kean*.
Sartre conçoit le projet d'écrire une autobiographie, avec pour premier titre *Jean sans terre*.

**1954**  Février, Sartre fait la connaissance de Brecht.
15 février, publication de *Kean*.
Mai-juin, premier voyage en U.R.S.S. ; enthousiasme.
Automne : Beauvoir, prix Goncourt pour *Les Mandarins*.

**1955**  Soutien au F.L.N. algérien, aux côtés de Francis Jeanson.
8 juin, première de *Nekrassov*, satire de la grande presse de droite. Rencontre Évelyne Rey, sœur de Claude Lanzmann, comédienne, avec qui il aura une liaison.
Septembre-novembre, voyage en Chine.

**1956**  Mars, Sartre fait la connaissance d'Arlette Elkaïm ; elle sera sa maîtresse, sa fille adoptive (mars 1965), son ayant-droit.
9 novembre 1956, après l'intervention soviétique en

Hongrie, dans une interview accordée à *L'Express,* Sartre dénonce «douze ans de terreur et d'imbécillité», et «la faillite complète du socialisme en tant que marchandise importée d'U.R.S.S.» ; rupture avec le P.C.F.

**1957**

Prises de position contre la guerre et la torture en Algérie.

Septembre-octobre, «Questions de méthode», *Les Temps Modernes.*

**1958**

Écrit au galop, et à la corydrane, *La Critique de la raison dialectique.*

Prises de position antigaullistes.

6 mars, article, dans *L'Express,* sur *La Question,* d'Henri Alleg (la torture en Algérie) ; saisie de l'hebdomadaire.

17 avril, demande, avec Camus, Malraux, Martin du Gard, que le gouvernement condamne l'usage de la torture en Algérie.

22 mai : article sur De Gaulle dans *L'Express* : «Le Prétendant».

Parution du *Traître,* d'André Gorz, avec une préface de Sartre sur l'autobiographie ; et des *Mémoires d'une jeune fille rangée.*

**1959**

24 septembre, première des *Séquestrés d'Altona.*

Voyage en Irlande : Sartre travaille à un *Scénario Freud* pour John Huston.

**1960**

Février-mars, voyage à Cuba.

Mai, parution de la *Critique de la raison dialectique.*

Été : «Paul Nizan», Préface à la réédition d'*Aden, Arabie* ; voyage au Brésil.

Août, signe le manifeste des 121 (sur le droit à l'insoumission dans la guerre d'Algérie).

**1961**

19 juillet, le 42 rue Bonaparte est plastiqué.

**1962**   Second attentat au plastic : toujours la droite musclée (sans doute l'O.A.S.).
Juin, séjour de Sartre et Beauvoir en U.R.S.S. ; liaison de Sartre avec Lena Zonina, l'interprète officielle (d'où la dédicace des *Mots*).

**1963**   Octobre-novembre, parution des *Mots* dans *Les Temps Modernes*.
Séjour en Tchécoslovaquie.

**1964**   Janvier, publication des *Mots* en volume.
Avril, «L'universel singulier», communication au colloque de l'Unesco sur Kierkegaard (reprise dans *Situations, IX*).
26 octobre, refus du prix Nobel.
Publication de *Situations, IV, V, VI*.

**1965**   Sartre médite une morale (notes pour des conférences, annulées, à l'université de Cornell, U.S.A.).
10 mars, première des *Troyennes*, adaptation de la pièce d'Euripide.
Juin : reprise des *Séquestrés d'Altona*.
Publication de *Situations, VII*.

**1966**   Dans *Les Temps Modernes*, extraits d'un travail sur Flaubert (entrepris de longue date).
Septembre-octobre, conférences au Japon sur le rôle de l'intellectuel : «Plaidoyer pour les intellectuels» (repris dans *Situations, VIII*).

**1967**   Visites semi-officielles en Égypte et en Israël, pour œuvrer au rapprochement des gauches de chaque pays. Insuccès.
Sartre président exécutif du Tribunal Russell, qui condamne les crimes de guerre (américains) au Vietnam.

**1968**  Sartre soutient le «printemps de Prague» ; il condam-
nera en août l'intervention soviétique ; en mai, il
s'engage en faveur du mouvement étudiant.
Octobre : reprise de *Nekrassov* à Strasbourg.
Novembre : reprise du *Diable et le Bon Dieu* au T.N.P.

**1969**  30 janvier, mort de Madame Mancy, la mère de Sartre.
Entreprend de réécrire son ouvrage sur Flaubert.

**1970**  Début de l'engagement pro-maoïste. Sartre directeur de
*La Cause du peuple* ; se lie avec Pierre Victor.
Octobre : Sartre sur un tonneau devant les usines
Renault, haranguant, tel un moderne Diogène, les
ouvriers.
Préface à *L'Inachevé*, d'André Puig.
Premiers entretiens avec John Gerassi en vue d'une
biographie qui serait une contestation politique de
Sartre.

**1971**  Mai, *L'Idiot de la famille*, tomes I et II.

**1972**  *Situations, VIII et IX, L'Idiot de la famille*, tome III.

**1973**  Sartre frappé de demi-cécité.
Dans une interview au *Spiegel*, Sartre, tout en condam-
nant leurs actes, prend la défense des membres de la
Fraction Armée Rouge, en tant que révolutionnaires.
22 février, premier numéro du journal *Libération*.
Sartre en est le directeur.

**1974**  Mai, publication d'un livre de Ph. Gavi, P. Victor,
J.-P. Sartre, *On a raison de se révolter*, entretiens sur la
politique.
Été : entretiens avec Simone de Beauvoir (publiés à la
suite de *La Cérémonie des adieux*, 1981).

**1975**  Séjour au Portugal.

«Autoportrait à Soixante-dix ans», entretien avec Michel Contat (repris dans *Situations, X*).

**1976**     Publication de *Situations, X*.
Octobre, sortie de *Sartre par lui-même*, un film d'A. Astruc et M. Contat.
Des notes inédites pour le quatrième tome de *L'Idiot de la famille* sont publiées dans le *Magazine littéraire*.

**1977**     Se joint à une manifestation de dissidents russes contre la visite officielle de Brejnev à Paris.

**1979**     Mai, numéro d'*Obliques* consacré à Sartre, sous la direction de Michel Sicard.

**1980**     Prépare avec Pierre Victor un livre, *Pouvoir et liberté*.
Mars, parution de «L'espoir maintenant», dialogue de Sartre avec Pierre Victor redevenu Benny Lévy.
15 avril, mort de Sartre. L'enterrement devient presque fête, conformément au titre d'une de ses pièces d'adolescent : *J'aurai un bel enterrement*. Ses cendres sont déposées au cimetière du Montparnasse (le Mont Parnasse : retour ironique de l'illusion biographique répudiée dans *Les Mots*...).

# MANUSCRITS
# ET BIBLIOGRAPHIE
# DES ŒUVRES

## 1. Manuscrits

Ne sont ici données que des indications sommaires et limitées aux textes (littéraires) les plus connus. Ces informations proviennent de trois sources :

– Les volumes des *Écrits de jeunesse* et des *Œuvres romanesques* préparés par Michel Contat et Michel Rybalka. Indispensables instruments auxquels la présentation qui suit est grandement redevable.

– Les séances de travail de l'équipe Sartre de l'Institut des Textes et Manuscrits Modernes (I.T.E.M.), sous la responsabilité de Michel Contat.

– *Les Bulletins* d'information du Groupe d'Études sartriennes (notamment les n° 4 et 5, juin 1990 et 1991, où se trouvent des notes de M. Contat sur les manuscrits inédits).

L'inventaire des manuscrits en possession desquels se trouve Arlette Elkaïm-Sartre n'a jamais été publié.

### a. Textes romanesques

**Écrits de jeunesse**
– «L'Ange du morbide» : pas de manuscrit connu.
– «Jésus la chouette» : trois manuscrits consultables sur microfilm à la Bibliothèque Nationale, sur disquette (transcription diplomatique) et

photocopie à l'Institut des Textes et Manuscrits Modernes, C.N.R.S., 61, rue de Richelieu, 75002 Paris.

– «La Semence et le Scaphandre» : un manuscrit de 106 feuillets consultable sur disquette à l'I.T.E.M.

– «Er l'Arménien» : un cahier ; microfilm à la Bibliothèque Nationale (B.N.), disquette et photocopie à l'I.T.E.M.

## La Nausée

– Manuscrit de 513 feuillets consultable à la B.N. ; quatre encres qui correspondent à quatre moments de rédaction.

Ce dossier génétique a été la base du travail d'édition pour la Bibliothèque de la Pléiade ; voir M. Contat, «Manuscrit, édition originale, édition "canonique" établie avec l'accord de l'auteur, à qui se fier ? L'exemple de La Nausée», *Cahiers de textologie*, n°2, *Problèmes de l'édition critique*, Minard, 1989, pp. 141-148.

## Le Mur

– «Le Mur» : le manuscrit est la propriété de M. Robert Dreyfus-Valette. M. Contat et M. Rybalka en ont relevé les variantes pour établir le texte donné dans l'édition de la Pléiade.

– «La Chambre» : pas de manuscrit connu.

– «Erostrate» : le manuscrit est propriété privée.

– «Intimité» : pas de manuscrit connu.

– «L'Enfance d'un Chef» : pas de manuscrit connu.

## Les Chemins de la liberté

– *L'Âge de raison, Le Sursis* : manuscrits vendus par Sartre à un collectionneur suisse en 1945.

– *La Mort dans l'âme* : deux manuscrits, à Paris (un membre de l'entourage de Sartre, 544 feuillets) et Los Angeles (professeur George H. Bauer, environ 800 feuillets, comportant des fragments inédits qui ont été publiés dans l'édition de la Bibliothèque de la Pléiade).

– *La Dernière Chance* : le manuscrit appartient à G. H. Bauer, Los Angeles. Il est partiel, puisque ne couvrant pas la totalité des deux épisodes publiés, en novembre et décembre 1949 dans *Les Temps*

*Modernes,* sous le titre de *Drôle d'amitié,* et repris dans l'édition de la Pléiade.

## b. Théâtre

– *Les Mouches* : pas de manuscrit à la B.N.
– *Huis clos* : 17 feuillets manuscrits à la B.N.
– *Morts sans sépulture* : le manuscrit est la propriété de l'Université d'Ottawa.
– *La Putain respectueuse* : un manuscrit à la B.N.
– *Les Mains sales* : le manuscrit appartient à l'héritier de Jean Cocteau.
– *Le Diable et le Bon Dieu* : manuscrits et dactylogramme à la B.N.
– *Kean*, d'après Alexandre Dumas : dactylogramme à la B.N.
– *Nekrassov* : feuillets manuscrits à la B.N.
– *Les Séquestrés d'Altona* : manuscrits à la B.N.

## c. Textes autobiographiques

– Journaux de jeunesse, 4 cahiers, inédits, à la B.N.
– *Lettres au Castor* : manuscrit à la B.N. ; les passages censurés (afin d'épargner des personnes encore vivantes) par Beauvoir pour la publication de 1983 sont marqués d'un trait rouge. Il manque les lettres que Sartre a écrites à Beauvoir depuis Berlin (genèse de *La Nausée*). Les lettres de Beauvoir à Sartre se trouvent également à la B.N.
– Journaux de l'avant-guerre et de la guerre : 5 carnets en partie inédits ; manuscrits à la B.N. Le premier des *Carnets de la drôle de guerre*, intitulé «Journal de guerre», doit être publié par Arlette Elkaïm-Sartre. Les carnets II, VI à X, XIII et XV sont (pour l'instant ? ) introuvables. Pour «La Mort dans l'âme», fragments de journal (10-14 juin, 18-20 août 1940, publié dans la Pléiade), deux ensembles de feuillets autographes étaient en possession de Simone de Beauvoir et Arlette Elkaïm-Sartre.
– *Les Mots* : un dossier (composé à la fois de manuscrits et tapuscrits), lacunaire mais très important, se trouve à la B.N. ; il est consul-

table sur photocopies et disquettes (transcription diplomatique) à l'I.T.E.M. et couvre, sans continuité parfaite, toute la période d'élaboration des *Mots* (1953-1963).

L'équipe Sartre dudit Institut prépare un volume d'études fondées sur ce corpus de manuscrits, qui sera édité par M.Contat et intitulé *Comment Sartre a écrit* Les Mots.

– Des lettres de Sartre à Michelle Vian, ainsi que des lettres écrites de 1962 à 1966, et en 1971, à Lena Zonina (interprète russe à qui *Les Mots* sont dédiés) ont été achetées par la B.N.

# 2. Éditions des œuvres

On ne recense ici, sauf rares exceptions, que les volumes sartriens ; les sources sont avant tout *Les Écrits de Sartre,* Gallimard, 1970, et les *Œuvres romanesques,* Bibliothèque de la Pléiade ; un (p) signale les textes publiés de façon posthume.

## Scénarios

*Les Faux-Nez* :
> *La Revue du cinéma,* n° 6, printemps1947, pp. 3-27.
> *La Revue du Cinéma, Anthologie*, Gallimard, collection «Tel», 1992, pp. 421-457.

*Les Jeux sont faits :*
> Éditions Nagel, 1947.
> London : Routledge, 1990, éd. by B.P. O'Donohoe (introduction, bibliographie sélective, notes).

*L'Engrenage :*
> Éditions Nagel, 1948.
> *L'Avant-scène*, n° 89, 1954.
> *La P... respectueuse* suivi de *L'Engrenage,* Gallimard, «Le Livre de Poche», n° 55, 1954.

Lausanne, La Guilde du livre, collection «La petite Ourse», s. d.

*Le Scénario Freud* (1958-1960) :
Gallimard, 1984 (p), texte établi et préfacé par J.-B. Pontalis.

## Textes romanesques

*Écrits de jeunesse* (1922-1927) :
– Édition blanche, N.R.F., 1990 (p), texte établi et annoté par M. Contat et M. Rybalka.

*La Nausée*
– Gallimard, édition blanche N.R.F.
  Achevé d'imprimer du 5 avril 1938.
  À partir de 1960, édition recomposée qui supprime les mots «Roman» et «Fin».
– Gallimard, collection «Pourpre», 1950.
– André Sauret éditeur, collection Grand Prix des meilleurs romans du demi-siècle, 1951.
– Gallimard, Le Livre de Poche, n° 160, 1956.
– *Œuvre romanesque*, t. I, Éditions Lidis, 1965.
– Gallimard, Le Livre de Poche Université, 1966, étude et notes de G. Raillard (70 pages).
– Culture, arts, loisirs, 1967 ; avec un cahier d'études illustré dû à André Gérel.
– Collection Folio, 1972.
– *Œuvres romanesques* de Jean-Paul Sartre et de Simone de Beauvoir, t. I, Éditions du Club de l'Honnête Homme, 1979.
– Gallimard, Bibliothèque de la Pléiade, 1981. Édition de référence pour tous les textes romanesques. Documents, relevé de variantes, important travail d'annotation historique et littéraire.
– P. Reed, *Sartre* : La Nausée, London : Grant & Cutler, 1987 (introduction et notes).
– Gallimard, collection Folio, 1990. Reprend le texte de l'édition de la Pléiade.

*Le Mur*
• le recueil :
– Gallimard, édition blanche, N.R.F., achevé d'imprimer du 26 janvier 1939.
– Gallimard, collection Le Livre de Poche, n°33, 1953. En 1970, 1200000 exemplaires avaient été vendus.
– Éditions Rencontre, Lausanne, 1965 ; avec une préface de Jean-Louis Curtis.
– Gallimard, collection Folio, 1972.
– *Œuvres romanesques* de Jean-Paul Sartre et de Simone de Beauvoir, t. I, *La Nausée, Le Mur*, Éditions du Club de l'Honnête Homme, 1979.
– Gallimard, Bibliothèque de la Pléiade, 1981.
– Gallimard, collection Folio, 1992.

• chaque nouvelle :
– «Le Mur» : *Nouvelle Revue française,* n° 86, 1er juillet 1937 ; texte repris avec quelques variantes dans le recueil de 1939.
– «La Chambre» : *Mesures*, 3e année, n° 1, 15 janvier 1938, pp. 119-149 ; repris avec quelques variantes dans le volume de 1939.
– «Erostrate» : pas de publication avant celle du recueil de 1939.
– «Intimité» : *La Nouvelle Revue française*, n° 299, 1er août 1938, et n° 300, 1er septembre 1938 ; version «censurée», et plusieurs variantes par rapport au texte de 1939.
– «L'Enfance d'un Chef» : pas de publication avant celle de 1939.

*Les Chemins de la liberté*
• *L'Âge de raison, Le Sursis* :
– Fragments de *L'Âge de raison* dans *Messages* (1943) et dans *L'Arbalète* (été 1943).
– Gallimard, NRF, 1945.
– Gallimard, «le Livre de Poche», 1960.
– *Œuvre romanesque,* t. III, Éditions Lidis, 1965.
– Gallimard, Folio, 1972.
– Gallimard, Bibliothèque de la Pléiade, 1981.
– Gallimard, Folio, 1986 (reprennent le texte donné dans l'édition de

la Pléiade) ; puis 1991 (nouvelles couvertures ! ).

• *La Mort dans l'âme* :
– *Les Temps Modernes*, n° 39 à n° 44, décembre 1948-juin 1949.
– NRF Gallimard, août 1949. Légères variantes par rapport au texte des *Temps Modernes.*
– Gallimard, Le Livre de Poche, 1962.
– *Œuvre romanesque*, tome V, éditions Lidis, 1965.
– Gallimard, collection Folio, 1972.
– *Œuvres romanesques* de Jean-Paul Sartre et de Simone de Beauvoir, tome 4, Éditions du Club de l'honnête homme, 1979.
– Gallimard, Bibliothèque de la Pléiade, 1981.
– «Journal de Mathieu», *Les Temps Modernes*, n° 434, septembre 1982, pp. 449-475.
– Gallimard, collection Folio, 1986, puis 1991.

## Théâtre

• *Bariona* (écrit en 1940) :
Atelier Anjou-copies, 1962 (500 exemplaires numérotés hors commerce).
Élisabeth Marescot Éditrice, 1967, hors commerce.
*Les Écrits de Sartre*, par M. Contat et M. Rybalka, Gallimard, 1970, pp. 565-633.

• *Les Mouches* :
Première au théâtre de la Cité le 3 juin 1943, mise en scène de Charles Dullin.
Fragments dans *Confluences*, vol. III, n° 19, avril-mai 1943.
Gallimard, avril 1943.
Gallimard, *Théâtre*, I, 1947.
Gallimard, *Théâtre*, 1962.
Harper & Row, 1963 (édition scolaire, avec une introduction de F.C. St-Aubyn et R. G. Mashall).
Gallimard, Le Livre de Poche, 1964 : *Huis clos* suivi de *Les Mouches.*

Gallimard, collection Folio : *Huis clos* suivi de *Les Mouches*, 1972 ; puis 1992 (nouvelle couverture : photographie d'acteurs).

• *Huis clos* :

Première au théâtre du Vieux-Colombier le 27 mai 1944, mise en scène de Raymond Rouleau.

«Les Autres», *L'Arbalète*, n° 8, printemps 1944, pp. 37-80.

Gallimard, 1945 ; puis *Théâtre, I*, et *Théâtre.*

Gallimard, Le Livre de Poche, 1964.

Gallimard, collection Folio : *Huis clos* suivi de *Les Mouches,* 1972.

Hachette, collection Lire aujourd'hui, 1975, éd. par Th. Bishop.

Gallimard, collection Folio, 1992.

• *Morts sans sépulture* :

Première en France le 8 novembre 1946, au théâtre Antoine, mise en scène de Michel Vitold.

Fragments dans *Valeurs* (Alexandrie), n° 4, janvier 1946 et *Spectateur*, 12 novembre 1946.

Marguerat (Lausanne), novembre 1946.

*France-Illustration, Supplément littéraire et théâtral*, n° I, mars 1947.

Gallimard, *Théâtre*, I, 1947.

Gallimard, *Théâtre,* 1962.

Gallimard, *La Putain respectueuse* suivi de *Morts sans sépulture*, collection Folio, 1972 puis 1992.

• *La Putain respectueuse :*

Première le 8 novembre 1948 au théâtre Antoine (direction Simone Berriau).

Éditions Nagel, 1946.

Gallimard, *Théâtre, I,* 1947.

*La P... respectueuse* suivi de *L'Engrenage*, Gallimard, Le Livre de Poche, n° 55, 1954.

Gallimard, *Théâtre*, 1962.

*L'Avant-scène Théâtre*, 1-15 mai 1968.

Gallimard, *La Putain respectueuse* suivi de *Morts sans sépulture,* collection Folio, 1972 puis 1992.

• *Les Mains sales* :
Première le 2 avril 1948 au théâtre Antoine ; mise en scène de Pierre
    Valde, aidé de Jean Cocteau.
*Les Temps Modernes,* n° 30, mars 1948, et n° 31, avril 1948.
Gallimard, juin 1948.
Gallimard, Le Livre de poche, n° 10, 1953.
Gallimard, collection Pourpre, 1954.
Gallimard, *Théâtre,* 1962.
Gallimard, collection Folio, 1971 ; puis 1992.

• *Le Diable et le Bon Dieu* :
Première au théâtre Antoine le 7 juin 1951, mise en scène de Louis
    Jouvet.
*Les Temps Modernes,* n° 68, juin 1951 ; n° 69, juillet 1951 ; n° 70,
    août 1951.
Gallimard, octobre 1951.
Gallimard, Le Livre de Poche, n° 367, 1958.
Gallimard, *Théâtre,* 1962.
*L'Avant-scène Théâtre,* «spécial Sartre», 1-15 mai 1968.
Collection du Théâtre National Populaire, Gallimard, novembre 1968.
Gallimard, collection Folio, 1972 puis 1991.

• *Kean,* d'après Alexandre Dumas :
Première au théâtre Sarah-Bernhardt le 14 novembre 1953, mise en
    scène de Pierre Brasseur.
Gallimard, février 1954.
Galimard, *Théâtre,* 1962.

• *Nekrassov* :
– Première le 8 juin 1955 au Théâtre Antoine, mise en scène de Jean
    Meyer.
– *Les Temps Modernes*, n° 114-115, juin-juillet 1955 ; n° 116, août
    1955 ; n° 117, septembre 1955.
– Gallimard, 1956.
– Gallimard, collection Folio, 1973 ; puis 1992.

**313**

– Il existe un tableau supplémentaire, intitulé «Le Bal des Futurs fusillés», publié dans *Les Lettres Françaises,* 16-23 juin 1955, et repris dans M. Contat et M. Rybalka, *Les Écrits de Sartre,* op. cit., pp. 714-719.

• *Les Séquestrés d'Altona* :
Première au théâtre de la Renaissance, le 23 septembre 1959.
Fragments dans *France-Observateur*, 24 septembre 1959.
*Les Temps Modernes*, n° 164, octobre 1959 ; n° 165, novembre 1959.
Gallimard, 1960.
Gallimard, *Théâtre*, 1962.
Gallimard, Le Livre de Poche, n° 1418-1419, 1965.
London : University of London Press, avec introduction et notes de Ph. Thody, 1965.
Gallimard, collection Folio, 1972 ; puis 1991.

• *Les Troyennes,* d'après Euripide :
Première le 10 mars 1965 au théâtre du Palais de Chaillot par le Théâtre national populaire.
Collection du Théâtre National Populaire, mars 1965.
Gallimard, 1966. [Non disponible en librairie].

## Textes autobiographiques

• *Lettres au Castor et à quelques autres* (1926-1963) :
Gallimard, 1983 (p), 2 tomes, texte établi par Simone de Beauvoir.

• «Lettres à Wanda» (1937) :
*Les Temps Modernes*, n° 531-533, *Témoins de Sartre,* octobre-décembre 1992 (p), vol. 2, pp. 1290-1433 (à Wanda Kosakiewicz, été 1937, de Grèce).

• *Carnets de la drôle de guerre* (1939-1940) :
Gallimard, 1983 (p), texte établi par Arlette Elkaïm-Sartre.
• «La Mort dans l'âme», fragments de journal (10-14 juin, 18-20 août 1940) :

Partiellement publié dans *Exercices du silence,* volume collectif (Bachelard, Eluard, Tardieu, Audisio, Queneau, Frénaud, Adamov, Leiris, Lescure, Bataille), cinquième cahier de la nouvelle série de la revue *Messages,* Bruxelles, décembre 1942 ; repris dans *Les Écrits de Sartre,* op. cit., pp. 638-649.
Repris avec une suite inédite dans *Œuvres romanesques,* Bibliothèque de la Pléiade, Appendice II.

• *La Reine Albemarle ou le dernier touriste. Fragments* (1951-1952) : Gallimard, 1991 (p), texte établi et annoté par Arlette Elkaïm-Sartre.

• *Les Mots :*
*Les Temps Modernes,* n° 209, octobre 1963 ; n° 210, novembre 1963.
Extraits sous le titre «L'Enfance de Sartre», *L'Express,* 28 novembre 1963.
Gallimard, janvier 1964.
Gallimard, collection «Folio», 1972.
Hachette, collection «Lire aujourd'hui», 1975, éd. par E. Morot-Sir.
Methuen (London), 1981, éd. par D. Nott (introduction de 68 p.).
Rowohlt (Reinbeck bei Hamburg), 1983, éd. par H. Mayer, 1983 (bibliographie : pp. 208-220).
Gallimard, collection «Folio», 1991 (nouvelle pagination, index des noms et des œuvres inspiré des travaux de Ph. Lejeune).

• *Sartre, un film réalisé par Alexandre Astruc et Michel Contat* (1972) : Gallimard, 1977.

• *Entretiens* avec Simone de Beauvoir (1974) :
S. de Beauvoir, *La Cérémonie des adieux,* Gallimard, 1981.

# Essais

• Essais biographiques de psychanalyse existentielle
*Baudelaire :*
Fragment («Un collège spirituel») dans *Confluences,* n° 1, janvier-février 1945, pp. 9-18.
«Fragment d'un portrait de Baudelaire», *Les Temps Modernes,* n° 8, mai 1946, pp. 1345-1377.
Introduction à Baudelaire, *Écrits intimes,* Éditions du Point du Jour, 1946.
Tiré à part, Éditions du Point du Jour, 1946.
Gallimard, 1947.
Gallimard, collection «Idées», 1963.
Gallimard, collection «Folio/Essais», n° 10, 1988.

*Mallarmé,* travail entrepris entre 1947 et 1952 :
Fragments publiés en 1953 (*Les Écrivains célèbres,* éd. Mazenod, t. III) et 1979 (*Obliques*).
Repris dans *Mallarmé. La lucidité et sa face d'ombre,* Gallimard, collection Arcades, 1986, texte établi et présenté par Arlette Elkaïm-Sartre.

*Saint Genet, comédien et martyr :*
Fragments publiés dans *Biblio,* n° 5, mai-juin 1950 («À propos du mal») ; dans *Les Temps Modernes,* n° 57 à n° 62, juillet 1950 à décembre 1950 (nombreuses variantes par rapport au texte de l'édition en volume) ; dans *Neuf,* n° 2, Noël 1950 (deux pages non reprises dans le volume définitif).
Gallimard, 1952.

*L'Idiot de la famille :*
Des fragments du travail sur Flaubert, qui seront largement remaniés pour l'édition du texte définitif, ont été publiés dans *Biblio* et *Livres de France,* 17e année, n° 1, janvier 1966, pp. 19-23 («Père et fils») ; dans *Les Temps Modernes,* n° 240, mai 1966, et 241, juin 1966 («La conscience de classe chez Flaubert» ; puis dans les n° 243 à 245, août à octobre 1966 («Du poète à l'Artiste»).

Gallimard, Bibliothèque de philosophie, tomes 1 et 2, 1971 ; tome 3, 1972.

Gallimard, collection Tel, 1983.

L'édition de la Bibliothèque de philosophie a été revue et complétée (par les notes pour le tome 4), en 1988 ; nouvelle pagination, texte établi et annoté par A. Elkaïm-Sartre.

• Essais de critique littéraire, philosophique, politique

*Situations, I :*

Gallimard, octobre 1947.

Gallimard, collection Idées, 1966.

Gallimard, collection Folio/Essais, 1993.

*Situations, II :*

Gallimard, 1948 ; le volume comprend «Présentation des *Temps Modernes*», «La Nationalisation de la littérature», «Qu'est-ce que la littérature ? ».

Gallimard, collection Idées, 1964.

*Qu'est-ce que la littérature ?*, Gallimard, collection Folio/Essais, mai 1985 (le volume ne reprend donc pas tout *Situations, II*).

*Situations, III* :

Gallimard, juin 1949.

*Situations, IV :*

Gallimard, 1964.

*Situations, V :*

Gallimard, 1964.

*Situations, VI :*

Gallimard, 1964.

*Situations, VII*

Gallimard, 1965.

*Situations, VIII :*
Gallimard, 1972 ; le «Plaidoyer pour les intellectuels» a été également
   publié par Gallimard dans la collection Idées, octobre 1978.

*Situations, IX :*
Gallimard, 1972.

*Un théâtre de situations,* (textes réunis par M. Contat et M. Rybalka) :
Gallimard, collection Idées, 1973.
Gallimard, collection  Folio/Essais, 1992 (édition augmentée).

*Situations, X :*
Gallimard, 1976.

• Essais exclusivement politiques
*Réflexions sur la question juive :*
Fragment dans *Les Temps Modernes,* n° 3, décembre 1945
(«Portrait de l'antisémite»).
Paul Morihien, novembre 1946.
Gallimard, 1954.
Gallimard, collection Idées, 1961.
Gallimard, collection Folio/Essais, janvier 1985.

*Entretiens sur la politique*, avec David Rousset et Gérard Rosenthal :
Gallimard, mars 1949.

*L'affaire Henri Martin*, témoignages et documents commentés par
   Jean-Paul Sartre :
Gallimard, octobre 1953.

*On a raison de se révolter*, avec Philippe Gavi et Pierre Victor :
Gallimard, 1974.

# Philosophie

• «La théorie de l'État dans la pensée française d'aujourd'hui», *Revue universitaire internationale*», n° 1, janvier 1927.

• «Légende de la vérité» :
*Bifur*, n° 8 juin 1931, pp. 77-96.
Réédition Jean-Michel Place, 1976.

• *La Transcendance de l'Ego : esquisse d'une description phénoménologique :*
*Recherches philosophiques*, n° 6, 1936-1937.
Librairie Philosophique, Vrin, 1965, introduction, notes et appendice par Sylvie Le Bon.

• *L'Imagination :*
Librairie Félix Alcan, 1936.
P.U.F., 1949.
P.U.F., collection Quadrige, 1981.

• *Esquisse d'une théorie des émotions :*
Hermann, collection Actualités scientifiques et industrielles, 1939.
Hermann, collection L'esprit et la main, janvier 1960.

• *L'Imaginaire :*
Fragment (première partie : «Le certain»), sous le titre «Structure intentionnelle de l'image», *Revue de métaphysique et de morale,* 45ᵉ année, n° 4, octobre 1938, pp. 543-609.
Gallimard, Bibliothèque des Idées, février 1940.
Gallimard, collection Idées, 1966.
Gallimard, collection Folio/Essais, n° 47, 1986.

• *L'Être et le Néant, essai d'ontologie phénoménologique :*
Gallimard, Bibliothèque des Idées, juin 1943.
Gallimard, édition reliée, 1947.

Gallimard, collection Tel, 1980.

• *L'Existentialisme est un humanisme :*
Éditions Nagel, 1946. Nombreuses réimpressions.

• *Cahiers pour une morale* (1947-1948) :
Gallimard, Bibliothèque de philosophie, 1983 (p), texte établi par A. Elkaïm-Sartre.

• *Vérité et existence* (1948) :
Gallimard, NRF essais, 1989 (p), texte établi et annoté par A. Elkaïm-Sartre.

• *Questions de méthode :*
*Les Temps Modernes*, n° 139, septembre 1957 ; n° 140, octobre 1957.
Avec l'adjonction d'une conclusion, dans *Critique de la raison dialectique*, tome 1, Gallimard, Bibliothèque des Idées, 1960.
Gallimard, collection Idées, 1967.
Gallimard, collection Tel, n° 111, octobre 1986, texte revu et annoté par A. Elkaïm-Sartre.

• *Critique de la raison dialectique :*
Fragment dans *Voies nouvelles,* n° 3, juin-juillet 1958, pp. 4-9.
Précédé de *Questions de méthode,* tome 1 (Théorie des ensembles pratiques), Gallimard, Bibliothèque des Idées, avril 1960 ; réédition en 1985, (texte établi et annoté par Arlette Elkaïm-Sartre, table analytique par J. Simont et P. Verstraeten) ;
Tome 2 (1958 : L'intelligibilité de l'Histoire), Gallimard, 1985 (p), texte établi et annoté par A. Elkaïm-Sartre.

• J.-P. Sartre, «La conférence de Rome, 1961 : marxisme et subjectivité», *Les Temps Modernes*, mars 1993 (p), n° 560, pp. 11-39.

• Les notes prises par Sartre pour sa dernière morale (en 1964-1965) ont été présentées (résumé et commentaire) dans *Sur les écrits posthumes de Sartre*, P. Verstraeten éd., 1987, Éditions de l'Université de Bruxelles.

• J.-P. Sartre, B. Lévy, *L'espoir maintenant. Les entretiens de 1980,* Verdier, 1991, 100 p. (reprend les entretiens publiés dans *Le Nouvel Observateur* en mars-avril 1980, la publication de la partie inédite n'ayant pas été autorisée).

• *Situations philosophiques*, Gallimard, collection Tel, 1991 (reprend la plupart des essais philosophiques contenus dans la série des *Situations,* de I à IX).

# Bibliographie critique

(Dans chaque rubrique, la présentation des références se fait selon un ordre *chronologique*).

# I - Instruments bibliographiques de base

M. CONTAT, M. RYBALKA, *Les Écrits de Sartre*, Gallimard, 1970, 786 p. ; suppléments parus dans le *Magazine littéraire,* n° 55-56, septembre 1971, pp. 36-47, et n° 103-104, septembre 1975, pp. 9-49 ; dans *Obliques,* n° 18-19, 1979, pp. 331-347.

R. WILCOCKS, *Jean-Paul Sartre : A Bibliography of international criticism*, Edmonton : The University of Alberta Press, 1975 ; résumé et supplément dans *Obliques*, n° 18-19, 1979, pp. 348-357.

F. LAPOINTE, *Jean-Paul Sartre and his Critics : an International Bibliography*, Bowling Green : Bowling Green State University, 2° édition augmentée, 1981.

*Bulletin du Groupe d'Études Sartriennes*, n° 1 à 6, 1987 à 1992.

M. RYBALKA, M. CONTAT, *Sartre : bibliographie 1980-1992*, C.N.R.S. Éditions, 1993, 248 p.

# II - Documents et études biographiques

S. DE BEAUVOIR, *Mémoires d'une jeune fille rangée,* Gallimard, 1958 [cité dans la collection Folio, 1980].

A. GORZ, *Le Traître,* Le Seuil, 1958 ; collection Points, 1978 [trois pages de portrait].

S. DE BEAUVOIR, *La Force de l'âge,* Gallimard, 1960 [cité dans la collection Folio, 1988].

*La Force des choses*, I et II, Gallimard, 1963 [cité dans la collection Folio, 1980].

*Tout compte fait*, Gallimard, 1972.

F. JEANSON, *Sartre dans sa vie,* Le Seuil, 1974.

L. SENDYK-SIEGEL, S. de BEAUVOIR, *Sartre. Images d'une vie,* Gallimard, 1978.

M. PERRIN, *Avec Sartre au Stalag XII D,* J.P. Delarge, 1980.

M. CONTAT ET M. RYBALKA, «Chronologie», *Œuvres romanesques,* Gallimard, Bibliothèque de la Pléiade, 1981, pp. XXXV-CIV.

G. MICHEL, *Mes années Sartre. Histoire d'une amitié,* Hachette, 1981, 216 p.

A. COHEN-SOLAL, *Sartre. 1905-1980,* Gallimard, 1985 ; collection Folio/Essais, 1989, 944 p.

J. CAU, *Croquis de mémoire,* Julliard, 1985.

R. HAYMAN, *Sartre : a life,* London : Weidenfeld & Nicolson, 1986 ; New York : Simon and Schuster, 1987, 572 p.

L. SENDYK-SIEGEL, *La Clandestine,* Maren Sell, 1988, 191 p.

J. GERASSI, *Jean-Paul Sartre, hated conscience of his century. Volume 1 : Protestant or Protester ?,* Chicago and London : University of Chicago Press, 1989, 213 p. ; trad. par Ph. Blanchard, Monaco : Éditions du Rocher, 1992, 303 p.

*Les Temps Modernes,* n° 531 à 533 : *Témoins de Sartre,* octobre-décembre 1990, pp. 1107-1290.

D. BAIR, *Simone de Beauvoir, a biography,* New York : Summit Books, 1990 ; trad. par M.-F. de Paloméra, Fayard, 1991, 834 p.

A. COHEN-SOLAL, *Album Jean-Paul Sartre,* Gallimard, 1991, 320 p.

E. BEN-GAL, *Mardi, chez Sartre. Un Hébreu à Paris, 1967-1980,* Flammarion, 1992, 332 p.

M. CONTAT, «"Rien dans les mains, rien dans les poches" (Sartre et le Nobel)», *Quai Voltaire,* n° 6, automne 1992, pp. 79-99.

# III - Sur l'ensemble de l'œuvre

CL. E. MAGNY, «Système de Sartre» [*Esprit,* mars 1945] et «Existentialisme et littérature» [*Poésie,* 1946], *Littérature et critique,* Payot, 1971, pp. 60-100.

M. BEIGBEDER, *L'Homme Sartre,* Bordas, 1947, 205 p.

F. JEANSON, *Le Problème moral et la pensée de Sartre,* Le Seuil, 1947, rééd. 1965, avec une Postface : «Un quidam nommé Sartre», 348 p.

J. PAULHAN, «Jean-Paul Sartre n'est pas en bon termes avec les mots», *Petite préface à toute critique* [1951], *Œuvres complètes,* II, Cercle du livre précieux, 1966, pp. 296-308.

G. PICON, «Sartre par lui-même» [1955], *L'Usage de la lecture,* Le Mercure de France, 1979.

F. JAMESON, *Sartre, the origins of a style,* New Haven : Yale University Press, 1961 ; New York : Columbia University Press, 1984, avec une Postface, 258 p.

M. MERLEAU-PONTY, "Un auteur scandaleux», *Sens et non sens,* Nagel, 1966, pp. 73-84.

M. A. BURNIER, *Les Existentialistes et la politique,* Gallimard, collection Idées, 1966, 189 p.

J. M. G. LE CLÉZIO, «Un homme exemplaire», *L'Arc,* numéro spécial *Jean-Paul Sartre,* n° 30, 1966 ; réédition 1990, librairie Duponchelle.

S. LILAR, *À propos de Sartre et de l'amour,* Grasset, 1967.

M. D. BOROS, *Un séquestré : l'homme sartrien,* Nizet, 1968.

G. H. BAUER, *Sartre and the artist,* Chicago : University of Chicago Press, 1969.

M. CONTAT ET M. RYBALKA, *Les Écrits de Sartre,* Gallimard, 1970, 786 p.

J. LECARME, éd., *Les Critiques de notre temps et Sartre,* Garnier, 1973, 192 p.

T. M. KING, *Sartre and sacred,* Chicago and London, Chicago University Press, 1974.

F. GEORGE, *Deux études sur Sartre,* C. Bourgeois, 1976, 439 p.

D. LA CAPRA, *A Preface to Sartre,* Ithaca : Cornell University Press, 1978 ; Cornell Paperbacks, 1987, 250 p.

A. COSTES, «Les chemins de l'écriture sartrienne : premiers balisages», [1979], *Cahiers de sémiotique textuelle,* n° 5-6 : *Études sartriennes,* n° II-III, G. Idt et M. Rybalka éd., Paris X : Publidix, 1986, pp. 105-117.

M. SICARD éd., *Sartre, Obliques,* n° 18-19, 1979.

J. PACALY, *Sartre au miroir : une lecture psychanalytique de ses écrits biographiques,* Klincksieck, 1980, 472 p.

G. IDT, «Sartre "mythologue" : du mythe au lieu commun», *Autour de Jean-Paul Sartre : littérature et philosophie,* P. Verstraeten éd., Gallimard, collection Idées, 1981, pp. 117-157.

M. SICARD éd., *Sartre et les arts*, *Obliques*, n° 24-25, 1981.

D. HOLLIER, *Politique de la prose. Jean-Paul Sartre et l'an quarante*, Gallimard, 1982, 310 p.

B. PINGAUD, «Flaubert et le mythe de l'écriture», *L'Expérience romanesque*, Gallimard, collection Idées, 1983, pp. 119-143.

R. GOLDTHORPE, *Sartre : literature and theory*, Cambridge : Cambridge University Press, 1984 ; Paperback, 1986, 246 p.

G. IDT, «Sartre», *Dictionnaire des littératures de langue française*, Bordas, J.P. de Beaumarchais, D. Couty et A. Rey, éd., 1984, pp. 2278-2293.

A. BOSCHETTI, *Sartre et* Les Temps Modernes, Les Éditions de Minuit, 1985, 324 p.

J. COLOMBEL, *Jean-Paul Sartre*, Le Livre de Poche, collection «Textes et débats», 1985 (t. 1) et 1986 (t. 2), 762 p.

CL. BURGELIN éd., *Lectures de Sartre*, Presses Universitaires de Lyon, 1986, 340 p.

A. BUISINE, *Laideurs de Sartre*, Presses Universitaires de Lille, 1986, 164 p.

F. GEORGES, *Sillages. Essais philosophiques et littéraires*, Hachette, 1986, 316 p. [avant tout le chapitre VI, «Sartre et le nom du fils», pp. 209-241].

H. DAVIES, *Sartre and* Les Temps Modernes, Cambridge : Cambridge University Press, 1987, 265 p.

A. BUISINE, «Un style, des styles», *Romanic Review*, vol. 48, n° 4, November 1987, pp. 490-507.

C. HOWELLS, *Sartre : the necessity of freedom*, Cambridge : Cambridge University Press, 1988, 286 p.

J.-F. LOUETTE, «Sartre, la littérature et les petits pois», *Les Temps Modernes*, n° 513, avril 1989, pp. 29-52.

J.-F. LOUETTE, «Sartre : Dieu ou le football», *Les Temps Modernes*, n° 516, juillet 1989, pp. 108-118.

M. SICARD, *Essais sur Sartre. Entretiens avec Sartre*, Galilée, 1989, 380 p.

G. IDT, «Le bouffon posthume», *Magazine littéraire*, n° 282, novembre 1990, pp. 29-31.

J.-F. LOUETTE, «Sartre : la boxe du style», *Magazine littéraire*, n° 282, novembre 1990, pp. 45-48.

S. Z. CHARMÉ, *Vulgarity and authenticity : dimension of otherness in the world of Jean-Paul Sartre*, Amherst : University of Massachusets Press, 1991, 255 p.

J.-F. LOUETTE, «Le prix de Sartre», *Les Prix Nobel de littérature*, R. Boyer éd. Éditions de l'Alhambra, 1992, pp. 697-707.

J.-F. LOUETTE, «Stendhal ou le refuge perdu de Jean-Paul Sartre», *Stendhal Club*, n° 139, 15 avril 1993, pp. 203-218.

J.-F. LOUETTE, «Sartre et la contingence», *Magazine littéraire*, n° 312, juillet-août 1993, pp. 60-64.

# IV - Études spécifiques

## Sur les scénarios

O. ET A. VIRMAUX, «Sartre scénariste», *Cinématographe*, n° 120, juin 1986, pp. 50-54.

S. TERONI, A. VANNINI éd., *Sartre e Beauvoir al Cinema*, Firenze : La Bottega del Cinema, 1989, 126 p.

A. LAVERS, «Portrait de Sartre en Freud», *Cahiers de sémiotique textuelle*, n° 18 : *Études sartriennes,* n° IV, G. Idt éd., Paris X : Publidix, 1990, pp. 171-186.

E. ROUDINESCO, «Sartre lecteur de Freud», *Les Temps Modernes,* n° 531 à 533 : *Témoins de Sartre*, octobre-décembre 1990, pp. 589-613.

## Sur les textes romanesques

### Sur les *Écrits de jeunesse*

M. RYBALKA, «Les écrits de jeunesse de Sartre», *Magazine littéraire,* n° 55-56, septembre 1971, pp. 14-15.

M. CONTAT, "L'Ange du morbide", ou le mystère de la femme qui crache», *Sartre et la mise en signe,* M. Issacharoff et J. Cl. Vilquin éd., French Forum : Lexington, Klincksieck : Paris, 1982, pp. 114-126.

*Vues d'ensemble sur romans et nouvelles*

M. BLANCHOT, «Les romans de Sartre» [*L'Arche*, 1945], *La Part du feu*, Gallimard, 1949, pp. 195-211.

J.-L. CURTIS, «Sartre et le roman», *Haute École*, Julliard, 1950, pp. 165-205.

J. GRACQ, «Pourquoi la littérature respire mal», *Préférences*, Corti, 1961.

G. PRINCE, *Métaphysique et technique dans l'œuvre romanesque de Sartre*, Droz, 1968, 147 p.

E. KERN, *Existential thought and fictional techniques : Kierkegaard, Sartre, Beckett*, New Haven et Londres : Yale University Press, 1970, 254 p.

G. PRINCE, «Le comique dans l'œuvre romanesque de Sartre», *P.M.L.A.*, vol. 87, n° 2, mars 1972, pp. 295-303.

J.-L. CURTIS, *Questions à la littérature*, Stock, 1973.

B. T. RAHV, *From Sartre to the new novel*, Port Washington, N. Y., Kennikat Press, 1974.

A. HELBO, *L'Enjeu du discours. Lecture de Sartre,* Bruxelles : Éditions Complexe, 1978, 286 p.

G. IDT, M. CONTAT, «Préface», *Œuvres romanesques,* Gallimard, Bibliothèque de la Pléiade, 1981, pp. IX-XXXIII. [Le même volume fournit une importante bibliographie sur chaque roman ou nouvelle].

PH. THODY, *Jean-Paul Sartre*, Macmillan, 1992, 176 p.


Sur *La Nausée*

(On consultera avec le plus grand profit – et de même pour *Le Mur* ou *Les Chemins de la liberté* – le dossier de presse rassemblé par M. Contat et M. Rybalka pour la Bibliothèque de la Pléiade ; il comporte notamment les recensions faites par Nizan – également reprise dans *Pour une nouvelle culture*, Grasset, 1971 – et Camus – reprise dans *Essais*, Gallimard, Bibliothèque de la Pléiade, 1965).

CL.-E. MAGNY, «Sartre ou la duplicité de l'être», *Les Sandales d'Empédocle*, Neuchâtel : La Baconnière, 1945 ; Paris : Éditions du Seuil, 1960, pp. 105-172.

A. ROBBE-GRILLET, «Nature, humanisme, tragédie», *La Nouvelle Revue Française*, octobre 1958, et *Pour un nouveau roman,* Éditions de Minuit, 1963, pp. 45-67.

F. JAMESON, «The laughter of *Nausea*», *Yale French Studies*, n° 23,

Summer 1959, pp. 26-32.

J. PELLEGRIN, «L'objet à deux faces dans *La Nausée*», *Revue des sciences humaines*, n° 113, janvier-mars 1964, pp. 87-97.

G. POULET, «*La Nausée* de Sartre», *Études sur le temps humain, Le Point de départ*, Plon, 1964, pp. 216-236.

F. KERMODE, «Literary fiction and reality», *The Sense of an ending, studies in the theory of fiction*, Londres, New-York : Oxford University Press, 1966, pp. 127-152.

D. FLETCHER, «The use of colour in *La Nausée*», *Modern Language Review*, vol. 63, n° 2, avril 1968, pp. 370-380.

G. IDT, La Nausée : *analyse critique*, Hatier, collection Profil d'une œuvre, 1971, 79 p.

G. RAILLARD, La Nausée *de Jean-Paul Sartre*, Hachette, collection Poche critique, 1972, 94 p.

G. IDT, «*Les Mots*, sans les choses, sans les mots, *La Nausée*», *Degrés*, volume I, n° 3, Bruxelles, juillet 1973, pp. 1-17.

T. KEEFE, «The ending of Sartre's *La Nausée*», *Forum for Modern Language Studies*, vol. XII, n° 3, juillet 1976, pp. 217-235.

G. PRINCE, «L'odeur de la nausée», *L'Esprit créateur*, vol. XVII, n° 1, printemps 1977, pp. 29-35.

H. DAVIES, «*La Nausée* as narrative of compensations», *Australian Journal of French Studies*, sept.-déc. 1978, pp. 279-288.

S. DOUBROVSKY, «Le Neuf de cœur. Fragment d'une psycholecture de *La Nausée*», *Obliques*, n° 18-17, 1979, pp. 67-73 ; repris dans *Autobiographiques : de Corneille à Sartre*, P.U.F., collection Perspectives critiques, 1988.

G. IDT, «Modèles scolaires dans l'écriture sartrienne : *La Nausée* ou la "narration" impossible», *Revue des sciences humaines*, Tome XLVI, n° 174, avril-juin 1979, pp. 83-103.

P. NEWMAN-GORDON, «Sartre, lecteur de Proust ou le paradoxe de *La Nausée*», *Bulletin de la société des amis de Marcel Proust et des amis de Combray*, n° 29, 1979, pp. 103-117.

G. PRINCE, «Ouvertures dans *La Nausée*» [1979], *Cahiers de sémiotique textuelle* n° 5-6 : *Études sartriennes*, n° II-III, G. Idt et M. Rybalka éd., Paris X : Publidix, 1986, pp. 55-66.

P. NEWMAN-GORDON, «Sartre, lecteur de Proust ou le style de *La Nausée*», *Bulletin de la société des amis de Marcel Proust et des amis de*

*Combray*, n° 31, 1981, pp. 323-330.

Y. ANSEL, La Nausée *de Jean-Paul Sartre*, Pédagogie moderne, Collection Lectoguide, Bordas, 1982.

S. DOUBROVSKY, «Phallotexte et gynotexte dans *La Nausée* : "Feuillet sans date", *Sartre et la mise en signe*, M. Issacharoff et J. C. Vilquin éd., Klincksieck, 1982, pp. 31-53 ; repris dans *Autobiographiques, op. cit.*

M. FONTAINE, «Espace et topographie romanesque dans *La Nausée*», *Espaces romanesques*, M. Crouzet éd., P.U.F., 1982, pp. 183-195.

N. HEWITT, «Looking for Annie, Sartre's *La Nausée* and the Interwars Years», *Journal of European studies,* XII, 1982, pp. 96-112.

P. V. ZIMA. *L'Indifférence romanesque : Sartre, Moravia, Camus*, Le Sycomore, 1982.

V. RAOUL, «The diary novel. Model and meaning in *La Nausée*», *The French Review*, vol. LVI, n° 5, avril 1983, pp. 703-710.

J. GILLIBERT, «Onanisme romantique. En relisant *Voyage au bout de la nuit* de Céline, *La Nausée* de Sartre, et... en découvrant *L'Apprenti* de R. Guérin», *Revue française de psychanalyse,* XLVII, 1983, pp. 1205-1211.

P. REED et R. MC LURE, «*La Nausée* and the problem of literary representation», *Modern Language Review*, vol. 82, n° 2, avril 1987, pp. 343-355.

S. TERONI, *L'idea e la forma. L'approdo di Sartre alla scrittura letteraria,* Venezia, Marsilio, 1988, 166 p.

J. DEGUY, «*La Nausée* ou le désastre de Lanson», *Roman 20/50*, n° 5, juin 1988, pp. 25-36.

E. LECARME-TABONE, «Le rabaissement de l'objet du désir dans *La Nausée*», *Roman 20/50*, n° 5, juin 1988, pp. 43-54.

J.-F. LOUETTE, «Désillusions biographiques dans *La Nausée*», *Cahiers de sémiotique textuelle,* n° 16 : *Le Désir biographique*, Ph. Lejeune éd., Paris X : Publidix, novembre 1989, pp. 137-158.

J.-F. LOUETTE, «*La Nausée*, roman du silence», *Littérature*, n° 75, octobre 1989, pp. 3-20.

R. GOLDTHORPE, *La Nausée*, London : Harper Collins Academic, 1991, 267 p.

F. THUMEREL, «Sartre : relire *La Nausée*», *L'École des lettres*, n° 8, 9, 10, février-mars 1991, pp. 3-31, 3-38, 27-32.

C. NDIAYE, «Roquentin et la parole vierge», *Poétique*, n° 91, septembre 1992, pp. 287-298.

J.-F. LOUETTE, «Naturalisme et mise en abyme dans *La Nausée*»,

*Recherches et travaux*, n° 43, Grenoble III, 1992, pp. 261-288.

J. DEGUY, *La Nausée*, Gallimard, coll. Foliothèque, 1992, 252 p.

A. BUISINE, «Sommeils et réveils d'Antoine Roquentin», *Études sartriennes*, V, Paris X : Publidix, septembre 1993.

*Sur les nouvelles*

«Dépaysement»

B. THIBAULT, ««Dépaysement» : une nouvelle "manquée" de Jean-Paul Sartre», *French Forum,* vol. 16, n° 1, January 1991, pp. 81-90.

*Le Mur*

G. IDT, Le Mur *de Jean-Paul Sartre. Techniques et contexte d'une provocation*, Larousse, 1972, 223 p.

N. BAILEY, «Le mur dans *Le Mur* : étude d'un texte à partir de son titre», *L'Esprit créateur,* vol. XVII, n° 1, printemps 1977, pp. 36-50.

• «Le Mur»

S. DOUBROVSKY, «Sartre and Camus : a study in incarceration», *Yale French Studies*, n° 25, 1960, pp. 85-92.

A. PY, «Le recours à la nouvelle chez J. P. Sartre : étude du «Mur»», *Studies in Short Fiction*, vol. III, n° 2, Winter 1966, pp. 246-252.

D. ROGOZINSKI, «Le clin du mur», *Revue des Sciences Humaines*, Tome LIII, n° 181, janvier-mars 1981, pp. 139-156.

• «La Chambre»

J. SIMON, «Madness in Sartre : Sequestration and "The Room"», *Yale French Studies,* n° 30, Fall-Winter, 1962-1963, pp. 63-67.

J.SIMON, «Sartre's Room» *Modern Language Notes*, LXXIX, 5, December 1964, pp. 526-538.

J. GREENLEE, «Sartre's "La Chambre" : The Story of Eve», *Modern Fiction Studies,* vol. XVI, n° 1, printemps 1970, pp. 77-84.

M. ISSACHAROFF, "La Chambre" : ou les séquestrés de Sartre», *Travaux de linguistique et de littérature*, XII, 2, 1974, pp. 187-196 ; repris dans *L'Espace et la Nouvelle*, Corti, 1976.

J. BELLEMIN-NOEL, «Derrière "La Chambre"», *Les Temps Modernes,* n° 531-533 : *Témoins de Sartre*, octobre-décembre 1990, pp. 665-683.

• «Erostrate»

G. WOODLE, ««Erostrate» : Sartre's Paranoid», *Review of Existential Psychoanalysis and Psychiatry*, vol. XIII, 1974, pp. 30-41.

J. BELLEMIN-NOEL, «Le diamant noir : échographie d'«Erostrate»», *Littérature*, n° 64, décembre 1986, pp. 71-89 ; repris dans *Interlignes, Essais de textanalyse*, Presses Universitaires de Lille, coll. Objet, 1987, pp. 165-194.


• «Intimité»

E. MORRIS, ««Intimacy»», *Yale French Studies,* n° 1, printemps-été 1948, pp. 73-79.


• «L'Enfance d'un Chef»

M. SMITH, «The making of a leader», *Yale French Studies*, n° 1, printemps-été 1948, pp. 80-83.

C. ELMQUIST, «Lucien, Jean-Paul et la mauvaise foi. Une étude sur Sartre», *Orbis litterarum*, Copenhague, vol. XXVI, 1971, pp. 222-231.

D. COHN, «Narrated monologue : definition of a fictional style», *Comparative literature*, XVIII, n° 2, Spring 1966, pp. 97-112.

R. AMOSSY, E. ROSEN, «Fonctions du cliché dans le récit à thèse : "L'Enfance d'un Chef"», *Les Discours du cliché*, SEDES/CDU, 1982, pp. 86-93.

S. R. SULEIMAN, «Autorité et imitation : "L'Enfance d'un chef"», *Le Roman à thèse*, P.U.F., collection Écriture, 1983, pp. 286-300.

Y. STALLONI, «J.-P. Sartre, "L'Enfance d'un chef"», *L'École des lettres*, 15 octobre 1985, pp. 3-10, 1er nov. 1985, pp. 3-11.

J.-F. LOUETTE, «La dialectique dans "L'Enfance d'un chef"», *Cahiers de sémiotique textuelle*, n° 18 : *Études sartriennes,* n° IV, G. Idt éd., Paris X : Publidix, 1990, pp. 125-151.


Sur *Les Chemins de la liberté*

V. BROMBERT, «Sartre and the existentialist novel : The Intellectual as impossible hero», *The Intellectual hero ; Studies in the French Novel*, 1880-1955, Lippincott : Philadelphia, 1961, pp. 181-203.

H. PEYRE, «Sartre's *Roads to freedom*», *Sartre : a collection of critical essays*, E. Kern éd., Prentice Hall, 1962, pp. 31-38.

I. Joubert, *Aliénation et liberté dans* Les Chemins de la liberté, Didier, 1973, 318 p.

G. Idt, «*Les Chemins de la liberté* : les toboggans du romanesque», *Obliques*, n° 18-19, 1979, pp. 75-94.

G. Idt, «Les modèles d'écriture dans *Les Chemins de la liberté*», *Cahiers de sémiotique textuelle,* n° 2 : *Études sartriennes,* n° I, Paris X : Publidix, 1984, pp. 75-92.

F. Noudelmann, «Histoire et idéologie dans *Les Chemins de la liberté*», *Cahiers de sémiotique textuelle,* n° 2 : *Études sartriennes,* n° I, , Paris X : Publidix, 1984, pp. 93-110.

P. Verstraeten, «La question du bonheur de Mathieu dans *Les Chemins de la liberté*», *Philosophie et littérature*, Bruxelles, 1985, pp. 69-97.

R. Baccash, «Le classicisme de Sartre dans *L'Âge de raison*», *Dalhouse French Studies,* 1986, pp. 42-50.

M. Olmeta, «L'écriture de la guerre dans *La Mort dans l'âme*», *Littératures,* Toulouse – Le Mirail, n° 22, printemps 1990, pp. 179-190.

# Sur le théâtre

*Vues d'ensemble*

F. Jeanson, *Sartre par lui-même,* Le Seuil, collection Écrivains de toujours, 1955 ; rééd. augmentée, 1985, 189 p.

G. Marcel, *L'Heure théâtrale. De Giraudoux à Jean-Paul Sartre*, Plon, 1959.

G. Sandier, «Socrate dramaturge», *L'Arc, Jean-Paul Sartre*, n° 30, 1966, pp. 77-86.

R. Girard, «À propos de Jean-Paul Sartre : rupture et création littéraire», *Les chemins actuels de la critique,* G. Poulet éd., Plon, 1967, pp. 393-411.

D. Mc Call, *The Theatre of Jean-Paul Sartre*, New York : Columbia University Press, 1969, 195 p.

L. Goldmann, «Problèmes philosophiques et politiques dans le théâtre de Jean-Paul Sartre», *Structures mentales et création culturelle*, Anthropos, 1970, pp. 193-238.

P. Verstraeten, *Violence et éthique. Esquisse d'une critique de la morale dialectique à partir du théâtre politique de Sartre*, Gallimard, 1972, 447 p.

R. Lorris, *Sartre dramaturge,* Nizet, 1975, 367 p.

J. J. Roubine, «Sartre devant Brecht», *Revue d'Histoire Littéraire de la France*, novembre-décembre 1977, n° 6, pp. 985-1001.

J. J. Roubine, «Sartre entre la scène et les mots», *Revue d'esthétique*, nouvelle série, n° 2, 1981, pp. 59-68.

R. A. Caubet, «Thèmes solaires dans le théâtre de Sartre», *Cahiers de sémiotique textuelle,* n° 2 *: Études sartriennes,* n° I, Paris X : Publidix, 1984, pp. 47-56.

D. Hollier, «Actes sans paroles (À propos du théâtre de Sartre)», [1983], repris dans *Les Temps Modernes,* n° 531-533 : *Témoins de Sartre*, octobre-décembre 1990, pp. 803-820.

P. Ayoun, «L'inspiration boulevardière dans le théâtre de Sartre», *Les Temps Modernes*, n° 531-533 : *Témoins de Sartre*, octobre-décembre 1990, pp. 821-843.

*Sur chaque pièce*

• *Bariona*

C. Mohanty, «*Bariona,* the germination of Sartrean theater», *The French Review*, vol. 47, 1974, pp. 1094-1109.

R. Peters, «Bariona entre Brecht et Sartre», *Obliques,* n° 18-19, 1979, pp. 131-137.

• *Les Mouches*

M. Merleau-Ponty, «Sur *Les Mouches* de Sartre», *Confluences*, vol. 3, n° 25, 1943, pp. 514-516.

M. Leiris, «Oreste et la cité», *Les Lettres françaises*, n° 12, 1943 [de publication alors clandestine] ; repris, légèrement développé, dans *Brisées,* Gallimard, collection «Folio/Essais», 1992, pp. 84-88.

J. Sarrochi, «Sartre dramaturge. *Les Mouches* et *Les Séquestrés d'Altona*», *Travaux de linguistique et de littérature*, vol. 8, n° 2, 1970, pp. 157-172.

D. Delmas, «Mythologie et mythe. *Electre* de Giraudoux, *Les Mouches* de Sartre, *Antigone* d'Anouilh», *Revue d'Histoire du théâtre*, XXXIV, 1982, pp. 149-163.

A. Green, «Des *Mouches* aux *Mots*» [1985], *La Déliaison*, Les Belles-Lettres, 1992, pp. 340-370.

I. Galster, *Le Théâtre de Jean-Paul Sartre devant ses premiers critiques.*

Tome 1 : *Les pièces créées sous l'occupation allemande,* Tübingen : Gunter Narr Verlag ; Paris : Jean-Michel Place, 1986, 394 p.

• *Huis Clos*

B. LECHERBONNIER, Huis clos : *analyse critique,* Hatier, collection Profil d'une œuvre, 1972, 79 p.

M. ISSACHAROFF, «Le visible et l'invisible : *Huis Clos*» [1977], *Le spectacle du discours,* José Corti, 1985, pp. 68-75.

I. GALSTER, *Le Théâtre de Jean-Paul Sartre devant ses premiers critiques.* Tome 1 : *Les pièces créées sous l'occupation allemande,* Tübingen : Gunter Narr Verlag ; Paris : Jean-Michel Place, 1986, 394 p.

R. PAULY, «*Huis clos, Les Mots* et *La Nausée*», *The French Review,* vol. 60, 1987, pp. 626-634.

*Comédie-Française,* n° spécial, 185, mai 1990, 63 p.

• *Morts sans sépulture*

CL. K. ABRAHAM, «A study in autohypocrisy : *Morts sans sépulture*», *Modern Drama,* vol. 3, févr. 1961, pp. 353-347.

E. ROBERTO, *La Gorgone dans* Morts sans sépulture *de Sartre,* Ottawa : Presses de l'Université d'Ottawa, 1987, 168 p.

• *La Putain respectueuse*

J. EWING, «Sartre's existentialism and *The Respectful Prostitute*», *Southern Quaterly,* vol. 7, n° 2, janvier 1969, pp. 167-174.

• *Les Mains Sales*

J. ALTER, «*Les Mains sales* ou la clôture du verbe», *Sartre et la mise en signe,* M. Issacharoff et J.-Cl. Vilquin éd., Paris : Klincksieck, Lexington : French Forum, 1982, pp. 68-82.

F. BAGOT et M. KAIL, *Jean-Paul Sartre* : Les Mains sales, P.U.F., coll. Études littéraires, 1985, 128 p.

M. BUFFAT, *Les Mains sales,* Gallimard, coll. Foliothèque, 1991, 247 p.

• *Le Diable et le Bon Dieu*

F. MAURIAC, «Sartre l'athée providentiel», *Le Figaro,* 26 juin 1951.

A. BLANCHET, «Comment Jean-Paul Sartre se représente *Le Diable et le Bon Dieu*», *Études*, vol. 270, n° 9, septembre 1951, pp. 230-241.

P. RICŒUR, «Réflexions sur *Le Diable et le Bon Dieu*», *Esprit*, vol. 19, n° 184, novembre 1951, pp. 711-719.

J. DEBOUZY, «*Le Diable et le Bon Dieu*, mise en scène de Hans Schalla», *Théâtre populaire*, n° 19, juillet 1956, pp. 75-77.

C. AUDRY, «La situation de l'héritier dans le théâtre de Jean-Paul Sartre», *Le Théâtre tragique*, J. Jacquot éd., C.N.R.S., 1962, pp. 451-457.

CL. LAUNAY, Le Diable et le Bon Dieu *de Jean-Paul Sartre*, Hatier, collection Profil d'une œuvre, 1970, 64 p.

R. WILCOCKS, «Thomas l'obscur. Réflexions sur la pratique d'un personnage», *Obliques,* n° 18-19, 1979, pp. 131-135.

M. ARRIVÉ, «Naïves remarques sur un texte dramatique envisagé dans sa manifestation graphique», *Australian Journal of French Studies*, XX, 1983, pp. 278-287.

Y. STALLONI, «*Le Diable et le Bon Dieu*, lecture suivie», *L'École des lettres,* n° 12, 13, 14, pp. 3-16, 3-13, 5-12, avril-mai 1983.

J. PACALY, «Le narcissisme dans *Le Diable et le Bon Dieu*», *Cahiers de sémiotique textuelle*, n° 2 : *Études sartriennes*, n° I, Parix X : Publidix, 1984, pp. 5-20.

H. DAVIES, «L'idéologie théâtrale du *Diable et le Bon Dieu*», *Cahiers de sémiotique textuelles*, n° 2 : *Études sartriennes*, n° I, Paris X : Publidix, 1984, pp. 21-30.

M. MURAT, «*Le Diable et le Bon Dieu* : quelques contradictions du discours théâtral», *Cahiers de sémiotique textuelle*, n° 2 : *Études sartriennes*, n° I, Paris X : Publidix, 1984, pp. 31-46.


• *Kean,* d'après Alexandre Dumas

A. UBERSFELD, «Structures du théâtre d'Alexandre Dumas père», *La Nouvelle Critique,* n° spécial «Linguisitique et littérature», 1968.


• *Nekrassov*

R. BARTHES, «*Nekrassov* juge de sa critique», *Théâtre populaire*, n° 14, juillet-août 1955, pp. 67-72.

M. BENSIMON, «*Nekrassov* ou l'antithéâtre», *The French Review*, vol. 31, n° 1, 1957, pp. 18-26.

M. ISSACHAROFF, «*Nekrassov* ou le discours de la farce», 1979, *Cahiers de sémiotique textuelle*, n° 5-6 : *Études sartriennes*, n° II-III, G. Idt et M. Rybalka éd., Paris X : Publidix, 1986, pp. 105-117.

M. SCRIVEN, «Press Exposure in Sartre's *Nekrassov*», *Journal of European Studies*, XVIII, 1988, pp. 267-280.

• *Les Séquestrés d'Altona*

B. DORT, «Frantz, notre prochain ? », 1959, repris dans *Théâtre public,* Seuil, 1967, pp. 129-135.

A. GISSELBRECHT, «À propos des *Séquestrés d'Altona*», *La Nouvelle Critique*, vol. 11, n° 111, décembre 1959 ; et n° 114, mars 1960, pp. 101-119.

P. BERGEN. «*Les Séquestrés d'Altona*», *La Nouvelle Critique,* n° 121, décembre 1960, pp. 136-141.

O. PUCCIANI, «*Les Séquestrés d'Altona* of J.-P. Sartre», *Tulane Drama Review,* vol. 5, 1961, pp. 19-33 ; repris dans *Sartre, a Collection of Critical Studies*, E. Kern éd., Englewoods Cliffs, NJ : Prentice Hall, 1962, pp. 92-103.

H. LAUSBERG, «Das Stück *Les Séquestrés d'Altona* von Sartre», *Interpretationen dramatischer Dichtungen*, 1962, pp. 93-229.

M. FIELDS, «De la *Critique de la Raison dialectique* aux *Séquestrés d'Altona*», *P.M.L.A*, vol. 78, n° 5, décembre 1963, pp. 622-630.

V. BROMBERT, «Sartre and the Drama of Ensnarement», in *Ideas in the Drama*, New York, Columbia University Press, 1964, pp. 155-174.

PH. THODY, *Les Séquestrés d'Altona*, University of London Press, 1965 [édition commentée].

M. CONTAT, *Explication des* Séquestrés d'Altona *de Jean-Paul Sartre*, Minard, Archives des Lettres Modernes, n° 89, 1968, 86 p.

J. PALMER, «*Les Séquestrés d'Altona* : Sartre's Black Tragedy», *French Studies,* avril 1970, pp. 150-162.

R. GOLDTHORPE, «*Les Séquestrés d'Altona* : imagination and illusion», 1973, repris (remanié) in *Sartre : litterature and theory,* Cambridge University Press, 1984, pp. 134-158.

M. ISSACHAROFF, «Claustration et référence : *Les Séquestrés d'Altona*», *Le Spectacle du discours,* Corti, 1985, pp. 76-81.

J.J. ROUBINE, «Sartre e il "cinema-nel-teatro" : l'esempio dei *Séquestrés d'Altona*», *Sartre e Beauvoir al Cinema,* S. Teroni et A. Vannini éd., Firenze : Edizione La Bottega del Cinema, 1989, pp. 63-74.

P. VERSTRAETEN, «*Les Séquestrés* : nouvelle lecture des *Séquestrés*», *Concordia*, 1990, pp. 42-52.

J.-F. LOUETTE, «L'expression de la folie dans *Les Séquestrés d'Altona*», *Les Temps Modernes*, n° 565, août-septembre 1993, pp. 172-227.

• *Les Troyennes*

M. DIRAT : «Euripide traduit par Sartre : étude d'une version des *Troyennes*», *Bulletin de la Société toulousaine d'Études classiques*, n° 158, mars 1966.

A. SZOGYI : «Sartre and the Greeks», *The Persistent Voice, Essays in Honor of H. Peyre*, W. Langlois éd., New York : New York University Press ; Genève : Droz, 1971, pp. 159-172.

# Textes autobiographiques

Sur les *Lettres au Castor et à quelques autres*

A. BUISINE, «Ici Sartre (dans les *Lettres au Castor et à quelques autres)*», *Revue des Sciences Humaines*, «Lettres d'écrivains», n° 195, 1984-3, pp. 183-203.

G. IDT, J.-F. LOUETTE, «La correspondance de Sartre et Beauvoir durant la drôle de guerre : «voilà de la lettre ou non ! »», *Expériences limites de l'épistolaire : lettres d'exil, d'enfermement, de folie*, A. Magnan éd., Champion-Slatkine, à paraître ; version remaniée dans *Études sartriennes*, n° V, G. Idt éd., Paris X : Publidix, septembre 1993.

Sur *Les Carnets de la drôle de guerre*

G. IDT, «Préhistoire de Sartre biographe d'après les *Carnets de la drôle de guerre*», *Literarische Diskurse des Existentialismus*, H. Harth et V. Roloff éd., Stauffenburg Verlag, Tübingen, 1986, pp. 57-73.

S. DOUBROVSKY, «Sartre : retouches à un autoportrait (une autobiographie visqueuse)», *Lectures de Sartre*, Cl. Burgelin éd., Presses Universitaires de Lyon, 1986, pp. 99-134.

PH. LEJEUNE, «Les enfances de Sartre», *Moi aussi*, Le Seuil, collection Poétique, 1986, pp. 117-163.

S. TERONI, S. SPORTELLI, «Écriture de soi et quête de l'authenticité», *Cahiers de sémiotique textuelle*, n° 18 : *Études sartriennes*, n° IV, G. Idt.

éd., Paris X : Publidix, 1990, pp. 153-170.

A. BUISINE, «Naissance d'un biographe : "Soldat Sartre, secteur 108"», *Les Cahiers de philosophie,* n° 10, 1990, pp. 49-66.

A. BUISINE, «Une étrange machine textuelle», *Les Temps Modernes,* n° 531 à 533 : *Témoins de Sartre,* octobre-décembre 1990, pp. 686-702.

M. CONTAT, J. DEGUY, *«Les Carnets de la drôle de guerre* : effets d'écriture, effets de lecture», *Littérature,* n° 80, décembre 1990, pp. 17-41.

Sur *La Reine Albermarle ou le dernier touriste*

M. CONTAT, «Enquête en cours sur un livre inexistant. Genèse d'un inédit de Sartre : *La reine Albemarle ou le dernier touriste», Leçons d'écriture : ce qui disent les manuscrits,* A. Grésillon et M. Werner éd., Minard, 1985, pp. 217-240.

G. IDT, «Marxismo e poesia», O. Pompeo Faracovi et S. Teroni éd., *Sartre e l'Italia,* Livorno, Belforte, 1987, pp. 75-94.

S. TERONI, «Venise : la ville et le fantasme», *Les Temps Modernes,* n° 531 à 533 : *Témoins de Sartre,* octobre-décembre 1990, pp. 760-774.

Sur *Les Mots*

J. HYPPOLITE, *Figures de la pensée philosophique : Écrits, 1931-1968,* [1964], P.U.F., coll. «Quadrige», 1991, t. 2, pp. 807-813.

M. BENSIMON, «D'un mythe à l'autre : essai sur *Les Mots* de Sartre», *Revue des Sciences Humaines,* juillet-septembre 1965, pp. 415-430.

J. HUERTAS-JOURDA, «The place of *Les Mots* in Sartre's philosophy», *Review of Metaphysics,* n° 21, 1967-1968, pp. 203-233.

PH. LEJEUNE, «L'ordre du récit dans *Les Mots* de Sartre», *Le Pacte autobiographique,* Le Seuil, collection Poétique, 1975, pp. 197-242.

J. LECARME, *«Les Mots* de Sartre : un cas limite de l'autobiographie ? », *Revue d'Histoire littéraire de la France,* novembre-décembre 1975, pp. 1047-1066.

G. IDT, «L'autoparodie dans *Les Mots* de Sartre», *Cahiers du XX$^e$ siècle,* Klincksieck, 1976, n° 6, pp. 53-86.

PH. LEJEUNE, «Sartre et l'autobiographie parlée», *Obliques,* n° 18-19, 1979, pp. 97-116 ; repris dans *Je est un autre,* Le Seuil, collection Poétique, 1980, pp. 161-200.

CL. BURGELIN, *«Jean sans terre,* ou les mots pour ne pas le dire», *Corps création. Entre lettres et psychanalyse*, J. Guillaumin éd., Presses Universitaires de Lyon, 1980, pp. 39-52.

J. P. TOMPKINS, «Sartre *resartus* : a reading of *Les Mots*», *Romanic Review*, vol. LXXI, n° 1, January 1980, pp. 47-56.

G. IDT, «Des *Mots* à "L'Enfance d'un chef" : autobiographie et psychanalyse», *Sartre et la mise en signe*, M. Issacharoff et J. C. Vilquin éd., Klincksieck, 1982, pp. 11-30.

C. MIETHING, *Saint-Sartre oder der autobiographische Gott,* Heidelberg, 1983.

A. SMITH, «*Les Mots* sous l'éclairage des *Lettres au Castor*», *Études littéraires*, XVII, 1984, pp. 333-355.

H. DAVIES, «*Les Mots* as *Essai sur le don* : contribution to an origin myth», *Yale French Studies*, n° 68, 1985, pp. 57-72.

A. GREEN, «Des *Mouches* aux *Mots*» [1985], *La Déliaison*, Les Belles Lettres, 1992, pp. 340-370.

J. STURROCK, «A farewell to fine writing : Sartre's *Les Mots*», *Scripsi,* Melbourne, vol. 3, n° 4, Déc. 1985, pp. 179-198.

PH. LEJEUNE, «Les enfances de Sartre», *Moi aussi*, Le Seuil, collection Poétique, 1986, pp. 117-163.

PH. LEJEUNE, «Les souvenirs de lectures d'enfance de Sartre», *Lectures de Sartre*, Cl. Burgelin éd., Presses Universitaires de Lyon, 1986, pp. 51-87.

M.-G. MURAT, «Jean-Paul Sartre, un enfant séquestré», *Les Temps Modernes,* n° 498, janvier 1988, pp. 128-149.

C. HOWELLS, *Sartre : the necessity of freedom,* Cambridge University Press, 1988, pp. 166-193.

V. HERNANDEZ ALVAREZ, «*Les Mots* de Sartre, psychanalyse et intertextualité», *Estudios franceses*, n° 5, 1989, pp. 97-102.

S. DOUBROVSKY, «Sartre : autobiographie/autofiction», *Revue des Sciences Humaines*, n° 224, octobre-décembre 1991, pp. 17-26.

J.-F. LOUETTE, «*Les Mots* : le style de Sartre selon l'épisode des Fées», *Recherches et travaux*, n° 44, octobre 1993.

M. CONTAT éd., *Comment Sartre a écrit* Les Mots, à paraître [Études fondées sur les manuscrits].

Sur le film *Sartre par lui-même*

PH. LEJEUNE, «Ça s'est fait comme ça», *Poétique*, n° 35, 1978.

# Sur les essais (biographiques et littéraires)

*Vues d'ensemble*

J. EHRMANN, «Of Rats and Men, notes on the prefaces», *Yale French Studies,* n° 30, 1966, pp. 78-85.

V. BROMBERT, «Sartre ou la biographie impossible», *Cahiers de l'association internationale des études françaises,* 1967, n° 19, pp. 155-166.

S. DOUBROVSKY, *Pourquoi la nouvelle critique ?,* Mercure de France, 1968.

R. LE HUENEN, P. PERRON, «Temporalité et démarche critique chez Jean-Paul Sartre», *Revue des Sciences Humaines,* 1972, n° 148, pp. 567-581.

J. HALPERN, *Critical fictions : the literary criticism of Jean-Paul Sartre,* New-York : Yale University Press, 1976.

D. COLLINS, *Sartre as biographer,* Cambridge : Harvard University Press, 1980.

G. IDT, «La "littérature engagée", manifeste permanent» *Littérature,* n° 39, octobre 1980, pp. 61-71.

S. L. CHARMÉ, *Myth and meaning in the study of lives, a sartrean perspective,* University of Pennsylvania Press, 1984.

M. SCRIVEN, *Sartre's existential biographies.* London : The Macmillan Press, 1984, 152 p.

J. DEGUY, *Sartre et la critique littéraire du XIX$^e$ siècle,* publication du Centre Roman 20-50 de l'université de Lille III, 1986.

J.-F. LOUETTE, «Sartre : la dialectique dans la biographie», *Les Temps Modernes,* n° 531 à 533 : *Témoins de Sartre,* octobre-décembre 1990, pp. 721-759.

*Sur chaque œuvre*

• *Baudelaire*

M. LEIRIS, «Sartre et Baudelaire», Préface au volume de Sartre, Gallimard, 1947, reprise dans *Brisées,* Gallimard, collection Folio/Essais, 1992, pp. 136-140.

G. BLIN, «Jean-Paul Sartre et Baudelaire», *Le Sadisme de Baudelaire,* Corti, 1948, pp. 101-140.

J.-F. LOUETTE, «Sartre lecteur de Baudelaire», *Magazine littéraire,* n° 273, janvier 1990, pp. 58-60.

• *Mallarmé*

CL. ABASTADO, «Portait d'un nihiliste. Sartre lecteur de Mallarmé», *Obliques,* n° 18-19, 1979, pp. 195-197.

• *Saint Genet, comédien et martyr*

G. BATAILLE, «J. P. Sartre et l'impossible révolte de Jean Genet», *Critique,* n° 65-66, octobre-novembre 1952.

P. VERSTRAETEN, «Sens et structure de *Saint-Genet* et de *L'Idiot*» [1979], *Cahiers de sémiotique textuelle,* n° 5-6 : *Études sartriennes,* n° II-III, Paris X : Publidix, 1986, pp. 199-230.

J. SIMONT, «Bel effet d'où jaillissent les roses... (À propos du *Saint-Genet* de Sartre et du *Glas* de Derrida)», *Les Temps Modernes,* n° 510, janvier 1989, pp. 113-137.

• *L'Idiot de la famille*

CL. BURGELIN, «Lire *L'Idiot de la famille* ? », *Littérature,* n° 6, mai 1972, pp. 111-120.

G. COHEN, «De Roquentin à Flaubert», *Revue de métaphysique et de morale,* janvier-mars 1976, pp. 112-141.

P. VERSTRAETEN, «Sens et structure de *Saint-Genet* et de *L'Idiot*» [1979], *Cahiers de sémiotique textuelle,* n° 5-6 : *Études sartriennes,* II-III, Paris X : Publidix, 1986, pp. 199-230.

T. KÖNIG, *Sartre Flaubert lesen : Essays zu* Der Idiot der Familie, Reinbeck bei Hamburg, Rowohlt, 1980.

M. SCHULTEN, *Jean-Paul Sartre* L'Idiot de la famille. *Ein methodisches Modell der Dichterbiographie*, Peter Lang, 1991.

# TABLE DES MATIÈRES

## ESSAI :
## SARTRE SOUS TENSIONS

**1 - La bibliothèque est en flammes** ......................... 19

    Plaire à mon grand-père ...................................... 19

    Écrivez radical ...................................................... 22

    Déplaire à l'élite ................................................... 25

    La tension d'un début .......................................... 28

    Raccords ............................................................... 36

    Théodore cherche des allumettes ........................ 39

**2 - Les mâles de l'espèce** .................................... 45

    Le coupable masqué ............................................ 45

    Suis-je de cette espèce ? ...................................... 49

    L'homme seul face aux contre-hommes ............... 53

    L'homme risible ................................................... 60

    Rire ou s'unir ....................................................... 68

    L'homme-femme et l'orang-outang ...................... 71

**3 - Transparence et opacité** ................................. 77

    *Transparence* ...................................................... 77

    J'ai trois amours .................................................. 77

    Un diamant écrivain ............................................. 82

    Un pacte de correspondance ................................ 84

Un «réalisme brut de la subjectivité
sans médiation ni distance» ............................... 86
Deux absolus ................................................. 93
*Opacité* ...................................................... 99

**4 - Glissez, mortels, pour appuyer** ........................ 105
*Une plume de plomb* ........................................ 106
Le style dense .............................................. 106
Sartre scaphandrier ......................................... 113
Le meurtre ou le martyre .................................... 114
Actes embarrassés ........................................... 116
*Actes glissés* ............................................. 122
À mots couverts : le fantastique ............................ 124
À mots couverts : le clin d'œil ............................. 131
À mots couverts : l'engagement négatif ...................... 138

**5 - L'absent et la toupie** ............................... 145
Le carnaval des morts-vivants ............................... 146
L'Esprit qui toujours glisse ................................ 153
Autoparodie ................................................. 158
Réalisme critique ........................................... 164
Une toupie baroque .......................................... 165

# ANTHOLOGIES

**Poétique de l'œuvre** ..................................... 171

I. Principes : la littérature, le style ..................... 172
Le mimologisme et le désir .................................. 172

Parler pour ne rien dire .............................................. 176

Être-dans-le-langage et être-dans-le-monde .............. 177

Du silence : histoire et anomalie .............................. 179

Manger la beauté ...................................................... 181

L'œuvre : nécessité et durée ...................................... 183

Définir son public .................................................... 185

La Faute du XIX<sup>e</sup> siècle : un public mal choisi ........ 188

Nizan : l'écrivain révolutionnaire ............................ 190

L'engagement : écrire pour son époque,
ou l'absolu dans l'éphémère ...................................... 192

Un engagement critique ............................................ 195

Pour un style pluriel ................................................. 196

La truffe ou la plume : l'écriture,
«un besoin pour chacun» ........................................... 198

II. Techniques romanesques ............................................ 200

Le mauvais exemple ................................................. 200

À l'époque de *La Nausée* ............................................ 201

Le sourire du jardin, le secret des choses ................. 205

Le fantastique : la révolte des galets ........................ 207

Dos Passos ............................................................... 209

Une divine erreur ..................................................... 212

«Préciosité du brutal» .............................................. 214

Prose critique : le jeu des miroirs ............................ 217

III. Techniques théâtrales ................................................ 221

Un programme ......................................................... 221

Un langage ............................................................... 223

Une alliance ............................................................. 224

Un malaise ............................................................... 227

**Réception de l'œuvre** .................................... 229

I. Littérature et cinéma ........................................ 230
    «Une certaine vue du monde» .................................. 230
    Saccade, détail, fragment ............................................ 233
    Le «montage par attractions» ...................................... 236

II. Littérature et philosophie ............................................ 241
    Professeur, philosophe, écrivain :
    une position nouvelle ..................................... 241
    Dissertation dans la nouvelle .................................... 247
    Dialectique dans l'autobiographie ............................. 252
    La philosophie, servante de la vie ............................. 259
    L'émotion esthétique et la visée éthique ................... 266

III. Littérature et Histoire ...................................... 271
    *Les Mouches*, pièce résistante ..................................... 271
    Un rêve, écrire en direct ............................................. 274
    Le temps des bâtards historiques .............................. 278

# REPÈRES ET RÉFÉRENCES

Repères biographiques ..................................... 287
Manuscrits et bibliographie des œuvres ................... 305
Bibliographie critique .................................. 323

Imprimé en France par I.M.E. - 25110 Baume-les-Dames
Dépôt légal n° 5757-09/1993
Collection n° 08 - Edition n° 01
**14/4777/0**